天使成长日记

用歌声引领积极人生

宋莹芳　著

中国文联出版社

图书在版编目（C I P）数据

天使成长日记：用歌声引领积极人生 / 宋莹芳著. -- 北京：中国文联出版社，2024.10
ISBN 978-7-5190-5469-4

Ⅰ. ①天… Ⅱ. ①宋… Ⅲ. ①儿童教育－美育－研究 Ⅳ. ① G40-014

中国国家版本馆 CIP 数据核字 (2024) 第 061133 号

著　　者　宋莹芳
责任编辑　周欣
责任校对　秀点校对
装帧设计　魔豆探索

出版发行　中国文联出版社有限公司
社　　址　北京市朝阳区农展馆南里 10 号　　邮编　100125
电　　话　010-85923025（发行部）　010-85923091（总编室）
经　　销　全国新华书店等
印　　刷　明玺印务（廊坊）有限公司

开　　本　710 毫米 x 1000 毫米　1/16
印　　张　20.25
字　　数　280 千字
版　　次　2024 年 10 月第 1 版第 1 次印刷
定　　价　98.00 元

天使童声合唱团简介

天使童声合唱团（以下简称“合唱团”）成立于2011年，现有42个分团，共计团员2000余人。合唱团的团员来自于各个中小学校，年龄在5岁—17岁之间，所有团员需经过"天使"系列考核选拔之后才具备参团资格，均为更有文艺优势的青少年和儿童。合唱团于2021年6月获得“大世界基尼斯之最”，被认证为“中国人数最多的童声合唱团”。建团十余年，合唱团始终秉承专业性、国际化的宗旨，致力于唱出中国文化自信，展现新时代中国少年儿童风貌，并一直活跃在国内各大媒体、各类公益活动及演出平台中，创造出十年上演上千场大型演出的奇迹。

建团以来，孩子们的高修养、高素质的品质，获得导演组和各大媒体的高度赞扬；与央视、人民网、北京卫视等各大卫视、媒体平台，国际、国内知名品牌及公益组织都有着长期且深入的合作关系，并经常参与国家级大型庆典活动和演出，艺术水准受到国家领导人，中宣部、教育部、公安部、文化和旅游部、国家卫健委等部委领导的高度赞扬，被公认为是一支充满朝气且专业性强的儿童专业合唱团体。

推荐语

和天使童声合唱团(以下简称“天使”)合作，源自一个同事的偶然推荐，她引荐给我芳芳老师。之后开始合作，一开始，就很多年。

我们合作过很多节目，北京台春晚、北京国际电影节、北京文化论坛、世园会闭幕式……

我原来不知道芳芳老师的全名，看过这本书，才知道芳芳老师姓宋。

书里有很多孩子们的演出照片，我会不自觉地去想这套服装我在哪个节目用过，然后想起这个节目创排过程的点滴。孩子们的经历，也是我的岁月，不同的是，他们都是八九点钟的太阳，是天使。

我丁克。年过半百，看到孩子就会很开心。

我小时候是有机会去少年宫的，因缘不具，偶有遗憾。那时没有“天使”。

和“天使”合作，有几个节目我是很满意的，其中有2022年春晚的《光亮》，有世园会闭幕式中《我们的田野》。这两个节目都源自同一组导演的作品，她们比我更懂孩子。

世园会闭幕式我们还用了一首歌，《世界上唯一的花》，旋律明快、动作曼妙、令人动容。

这首歌应该是唱给“天使”的。

秦峥　著名导演、节目制作人

这是一部满溢着美与幸福的童年成长日志。一个又一个鲜活的故事，让我们看到在孩子成长过程中，音乐与爱是如何具有穿透时光的强大力量——在这里，孩子们的优秀并非天然，而是可以被激发培育的，那些良好的习惯、美好的人格，在音乐的滋养下悄然生根发芽，含苞吐蕊，终至满树繁花。

李潘　全民阅读形象大使

中央广播电视总台《读书》栏目制片人、主持人

在《跨界歌王》和“天使”相遇。老师们和孩子们对待专业的严谨和认真的态度深深打动了我。天使童声合唱团是我遇到过的最专业最努力的童声合唱团，也是多年来的合作最愉快的团体。芳芳老师的带团经验和教育理念成就了这个独一无二的好团体。推荐芳芳老师的《天使成长日记》，了解“天使”成长故事。

曲世聪　著名音乐人

和“天使”的相遇，是在2019年的《我是歌手》的舞台上。在节目选曲的时候。我的团队选择了一首描写亲情的走心歌曲《长子》。制作人曲世聪老师推荐了天使童声合唱团，孩子们和老师们对艺术创作的认真严谨的态度和在舞台上对歌曲情感的表达都非常到位，为歌曲增色不少。从这首歌开始，也开启了我和“天使”美好的缘分。在之后的几年中，相继邀请孩子们参加了我的演唱会以及抖音奇妙夜的演出等，都获得了极大的成功。团长芳芳老师的书记录了孩子们的成长故事，真实感人，推荐大家都来了解这个可爱的合唱团，读一读“天使”的成长故事。

杨坤　著名歌手

作为一个爱孩子并也时常为孩子的教育焦虑无助的父亲，这本书不但给我提供在当下开拓认知的教育理论和实用方法，更宝贵的是给了身为父母的我们审视自身和修正自身行为及和孩子相处方式的更多视角。也点醒了我教育孩子其实是一个和孩子共同成长的过程。

何琪　著名音乐人

写在前面

今天闲来无事，再次翻看父亲所写的《爱的教育》，这本书收录了父亲的回忆、父亲的外公丰子恺先生的文章，以及丰先生对于子女教育、艺术的思想、理念和故事，生动且感人。其中的一个故事让我印象深刻，文中是这样说的：

外公也用艺术家的眼光和高度来看待孩子的教育培养。

首先，每个孩子都是个性化的，有区别于其他孩子的长处和不足，对不同孩子的“因材施教”极为重要。作为父母，让孩子们在快乐成长的同时，渐渐找到自己的兴趣和爱好，就应当为孩子们创造条件、搭建平台，使孩子成为在各自领域中有作为、有成就的专门人才。他不赞成父母代替孩子设计人生道路，也不同意用一种大一统的模式培养所有的孩子。

丰家的子女后代，有的当大学英语系、数学系教授，有的当编辑、翻译，有的当专利事务所的经理，有的当中学语文教师，几乎个个有成就。小姨从社科院文学所退休后，则专心研究、弘扬丰子恺先生的艺术成就，成为丰子恺先生的艺术传承人。

但是，对所有孩子的教育又具有共性。

他曾多次引用他的老师李叔同的话“士先器识而后文艺”，译为现代话大约是“首重人格修养，次重文艺学习。”更具体地说就是“要做一个好文艺家，必先做一个好人。”可见李先生平日致力于演剧、绘画、音乐、文学等文艺修养，同时更致力于“器识”修养。他认为一个文艺家倘没有“器识”，无论技术何等精通熟练，亦不足道，所以他常告诫人“应使文艺以人传，不可人以文艺传”。

我至今还珍藏着一封家书，是外公写给我的。那是1954年我正上初一的时候，外公了解到我在学校的表现后写的：

菲君：

前几天你母亲说，你上学期在校里，学业成绩是好的，但品行评语不好，是四分。我希望你本学期会改进。

我想，大约是虽然你在学校里最聪明，知识最多，见识最广，但由于你存在看不起教得不好的先生和呆笨的同学的情况，因此他们评你四分。这的确是不好的品性。一个人越是聪明，应该越是谦虚，越是守规则……

你常常跟我去游玩，同时也要常常做守规则的好孩子。不然，在别人看来，是外公教坏了你。

所以从本学期起，要特别注意自己的行为。一个人，行为第一，学问第二。倘使行为不好，学问好杀也没有用（浙江方言，就是"再好也没有用"）。反之，行为好，即使学问差些，也仍是个好人。

所以你在初中学习期间，特别要注意自己的行为。其次注意学问。

回忆起来，外公很少批评孩子，这是他对我唯一的一次严厉批评。

特别是讲到了"行为第一，学问第二"，这是做人的一个准则，也是丰家子女做人行事的规范——信念，规则，信用。收到这封信后我想了很久，深感自责。

自从收到外公的来信后，有一段时间我不敢去外公家。后来还是忍不住，跟我母亲一起去了，低着头叫了声"外公"。外公答应了，他说："菲君改了就好。"接着就带着我和小舅去逛城隍庙了。从此我的心情立刻放松了，记得那天玩得格外愉快。

合上书我思考良久，我不也是在父亲这样的教育下成长起来的孩子么？所以我才有了要培养全人格孩子的想法，"天使"才有了艺术培训体系和德育体系并行的教育框架，作为老师，我们不仅仅要培养孩子爱唱歌、爱艺术，更要培养孩子有良好的道德情操，高尚的修养素质，真挚的感恩之心，优秀的生活学习习惯，让孩子爱艺术，爱人生，爱读书，爱世界。

所以，"天使"培养出了一批批懂感恩，高修养，高素质，懂礼貌，有格局的孩子，也成为了所有合作伙伴心中品德修养的楷模团队，很多朋友和家长提起"天使"都会说：这是我见过的最有修养和礼貌的孩子。我想这一切源于丰先生的家学传承，也源于我们这个教师家庭对这个家族里每一个孩子深厚的沁润和影响，很幸运可以成为丰先生的后人，很幸运可以遇见一个让我敬仰且终生学习的父亲。是他传承丰先生的“爱的教育”，把一颗热爱生活，热爱孩子，热爱教育的种子种在我的心里，让我成长为一名教师的时候，也可以不由自主地沿袭和传承这份爱的教育，把最好的爱和教育给到我的每一个孩子，丰先生对于我们整个家庭来说是仰之弥高的艺术家、教育家，我必将努力终身学习，为我们热爱的教育鞠躬尽瘁，也为传承这份艺术之爱、教育之爱贡献自己的微薄力量。

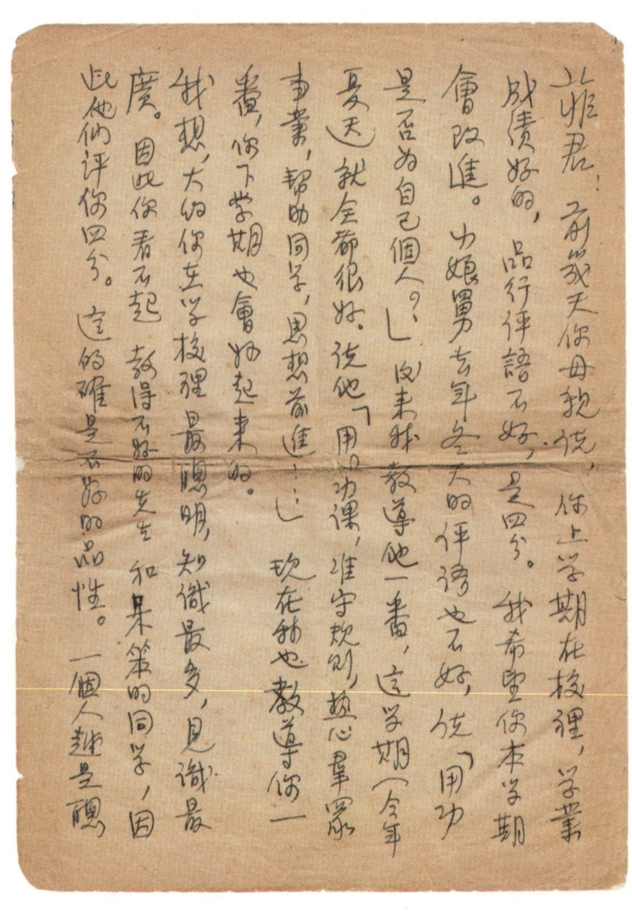

菲君：前幾天你母親說，你上學期在校裡，學業成績好的，品行評語不好，是四分。我希望你本學期會改進。小娘舅去年冬天的評語也不好，說「用功是否為自己個人？」後來我教導他一番，這學期（今年夏天）就全部很好，說他「用功讀課，遵守規則，熱心群眾事業，幫助同學，思想前進。」現在我也教導你一番，你下學期也會好起來的。

我想，大約你在學校裡最聰明，知識最多，見識最廣。因此你看不起教得不好的先生和某幾個同學，因此他們評你四分。這的確是不好的品性。一個人越是聰

丰子恺先生手写信

好，應該越是謙虛，越是守規則。到寧小时候，在学校裡所读最好。但他绝不看輕同学，他常常早半小时到学校，用這时间来幫助同学補習數学。上课的时候，他最坐得端正，最守規則。（将来你学会做文，可在教科書裡讀到。）我们都要向他看齊。

我欢喜快樂，所以有时到杭州，有时到蘇州，有时星期天去遊玩吃东西。但同時又欢喜做個守規則的好人：在社會中不犯法，热心公衆事業；在学期裡不犯校規，热心團体事業。這樣，遊玩的时候更加開心。你常常跟我去遊玩，同时也要常常做守規則的好孩子。不然，别人看来，外公教壞了你。

小娘舅申请入团，已经批准了。不久宣誓，正式成为团员了。你将来也要如此，所以求学期起，要特别注意自己的行为。一個人，行为第一，学问第二。倘使行为不好，学问好殺也没有用。（胡風集團裡的人便是這樣的。）反之，行为好，即使学问差些，也仍是个好人。所以你在初中期间，特别要注意自己的行为。其次注意学问。

听说开学延迟了（推致九月一日），你校倘也延迟，你在开学前还可来這裡住幾天。小娘娘也欢迎你来。

八月廿九夜外公字。

自序

●“天使”的未来人才培养计划

老师分为两种：一种是教学者，另一种是教育者。

两者的差别在于视角不同，教学者的视角在于学生技能技巧的提升，教育者的视角在于如何让孩子成长为更好的人。“老师”这个称谓神圣且高贵，从孩子叫我们一声老师的那天起，他们成长过程中的所有事都和我们息息相关。

这个信念根植于每一位“天使”老师的内心。

老师的一言一行对孩子的成长至关重要，所以，教师被称为“人类灵魂的工程师”。想要给孩子建构一个美好的人生，则要先塑造其美好的灵魂；要塑造其灵魂，则要先为其选择真正的良师。

天使童声合唱团的教育理念不同于普通团队，十余年来致力于以儿童艺术教育的形式为载体，对孩子进行全人格培养，凝聚了“天使”所有老师呕心沥血的经验，总结出有“天使”特色的教育理论系统，我称之为“天使”未来人才培养计划。

这个计划分为两个维度：一是孩子的专业能力目标，二是孩子的德育素养目标。

专业能力培养方面，我们总结出“天使”独有的教育方法论，研发了“天使”专业教育体系教材和教法，以学生为视角，以灵活有趣的方式带动孩子学习音乐和合唱，其核心价值就四个字：“孩子喜欢”。

衡量一位老师多优秀，不是看他曾获得多少奖项，而是看这位老师是否热爱所教学科，是否对孩子充分理解，进而使学生爱上所学学科，成为终身兴趣。

调动孩子的主观能动性是学习中最重要的环节，孩子真的喜欢了，才有足够能量和勇气战胜学习中的所有困难，进而品尝到胜利果实，获得学习的成就感。

“天使”的专业老师们深入研究各种方法，想让孩子爱上音乐，爱上合唱。我们的实践证明，到“天使”学习的孩子，从5岁到17岁，都对合唱和“天使”的音乐课产生浓厚的兴趣。

很多家长担心5岁的孩子一周连续上三个小时的课程会不会累，但孩子们放学之后都不愿离开，都愿意缠着老师再唱几首歌。有些孩子年龄过了17岁，即将上大学，也不愿意离团，为此，“天使”成立了很多少年团。少年团的孩子说："我们上不上演出不重要，重要的是每周能在“天使”唱三个小时的歌，这是我们最快乐和幸福的时光。”彭凯平教授在积极心理学的讲座里说，高度专注会让人产生幸福感，心理学称这种幸福感为“心流”(英文flow，彭教授根据音译和意译相结合，特意翻译为“福流”)，“福流”的产生能大大提升学习和生产的效率。

我们一直倾注热情、提升专业、寻找方法，让我们的孩子真真切切地感受到世间美好的音乐，在合唱中获得巨大的力量。

有合唱做媒介，我们就能和孩子们一起，在凡尘俗世中写出最美好的情感。

“天使”魔法音乐课图表(见图：合唱团员应具备的能力)简单阐述了一名合唱团员应具备的能力以及孩子参与合唱课程的优势，“天使”为这种专业教育方法论起了个名字——“天使”魔法音乐课。期待“天使”魔法音乐课系列教育教材的出版和发行，同时期待“天使”的孩子和老师在深爱的合唱课程中找到最幸福的生活方式。

德育素养方面，“天使”为每个合唱团都配备了专业的德育班主任岗位。德育班主任根据多年教育经验，针对孩子们的性格和修养，共同制定了系统的德育目标。

在此之前，“天使”的老师共同探讨了一个问题，未来的社会到底需要怎样的人才？我们最终得出结论，未来社会不再需要只会单打独斗、不懂合作和沟通的人，而是需要合作共赢的人，这需要培养孩子们良好的合作能力、沟通能力、责任心、专注度、自理能力等诸多方面的能力素养。

合唱团老师们设立了各种德育教育方式，就是要帮孩子建立和养成这种格局。老师们把德育内容细致划分，例如“天使”有礼貌月、行为修养月、自理能力月等德育主题月，所有老师围绕该月的德育主题对孩子的学习和生活细节施加教育影响。

德育班主任会在每个月月底把下个月的主题通过家长群告诉家长，排练课堂上，德育班主任也会预留出一些时间为孩子们讲述该月的德育主题，并为孩子们提出德育要求，指挥老师和钢琴伴奏老师的专业教育内容和排练曲目围绕该月的德育主题开展。

德育老师就是要有一张“婆婆嘴”，孩子没做好时，我们要一直提醒，一次没有印象，两次还会忘，第三次的时候，孩子就会把好习惯内化于心、外化于行。

曾有一个儿童频道的导演跟我说：“芳芳老师，你知道吗，我做了这么多年的儿童节目，“天使”的孩子是说‘谢谢’最多的一个团体，这些孩子真的是温暖到我了。”

每节课后，“天使”的德育老师会把德育教育内容及德育小挑战和小任务发布在家长群，让家长们一起帮孩子养成好习惯。

所以，“天使”的家长群里经常能看到小朋友们的礼貌月打卡、爱帮忙干家务打卡等。

我们还会及时总结教育成果、对孩子进行鼓励，所以“天使”老师们还设计了各种有意思的活动，展示和记录教育成果。

例如，有的合唱团设立了“天使”某某分团电视台新闻联播，有的孩子变成小记者，对孩子和家长进行现场采访；有的做小主持人，有模有样地录制“天使”新闻联播，老师们精心制作，每个月发布这些视频，孩子和家长都可以看到“天使”团队的故事、新闻、新鲜事。有的合唱团创办了“天使”某某分团新闻月报，让孩子们成立自己的报社，并邀请爱写作的孩子、家长、老师做特约撰稿人，把团队的学习成果、新鲜事都发表在了报纸上。

每个期末，“天使”会送给孩子们一份细致的学期总结报告，把孩子们的专业学习内容、学期进步总结、德育学习内容以及孩子们参与的各种演出活动，都认真总结记录下来。

这份报告不是一本简单的成绩册，而是孩子们的成长点滴，它记录着孩子们的每一份努力和进步。

彭凯平教授在积极心理学的讲座中说："我们需要言施、身施、眼施、颜施、心施五种方法，即用语言、肢体、眼神、表情和心灵对孩子施加影响，进而让孩子产生积极心理，改变孩子的认知和行为。"

"天使"的教育方法与彭教授的见解不谋而合。

我们一直在用"五施"法教育着每一个孩子，让孩子们在"天使"的大家庭里健康成长，逐渐变成更好的人。当您看到如下场景，一定会相信我的话：

> "天使"的孩子背包中时刻准备一本书，每次课间休息，每次演出后台备场，他们都在安安静静地阅读。
>
> "天使"的孩子在录制结束时，对节目组所有老师鞠躬致谢，感谢大家对我们的全情帮助及辛苦付出。
>
> "天使"的孩子演出结束后，能分工协作、团结互助，女孩们负责收拾场地的垃圾，男孩们主动承担体力活，搬、抬、扛不在话下。
>
> ……

电影《闻香识女人》里有句深深触动我的台词："如今我走到了人生的十字路口，我知道哪条路是对的，毫无疑问，我知道，但我从来不走，为什么？因为太艰难了。"

是的，对的教育道路会很艰难，但"天使"会非常坚定地走下去。

"天使"的专业培养和德育培养是教育的两条腿，一是"教"，提升孩子的个人能力，二是"育"，增强孩子的道德素养，只有两者兼备，孩子们才能有足够的勇气和智慧，在漫长的人生旅途中，不被困难吓倒。

不是每一种长大都称得上成长，而我坚信"天使"的孩子终究会成长为更好的自己。

听听“天使”的声音

● 本书为天使童声合唱团成立以来发生的教育故事集锦，旨在用“天使”的声音，勾勒出一幅幅动人的教育画卷

为了让故事的编排顺序更加合理化，我们借鉴了中国积极教育奠基人——清华大学心理学系彭凯平教授提出的积极教育SPERMA六大模块的理论架构。

SPERMA来自积极心理学对幸福2.0的阐释，该理论也正契合了天使童声合唱团培养孩子们幸福能力的教育理念。

什么是真正的幸福？

马丁·塞利格曼用happiness指幸福1.0，well-being指幸福2.0。

在英文中，这两个词的意思都是“幸福”，但happiness更侧重于感觉上的幸福，而well-being则更侧重于人生蓬勃发展的幸福。

幸福2.0理论认为，积极心理学的主题应该是一个构建的概念，由若干可测量的元素组成，每一个元素都是一种真实的东西，每个元素都能促进幸福，但没有一种可以单独定义幸福。

马丁·塞利格曼于2010年提出了幸福2.0的理论模型，将心理幸福定义为五个元素：积极情绪(Positive Emotion)、积极投入(Engagement)、人际关系(Relationship)、意义和目的(Meaning & Purpose)、积极成就(Accomplishment),五个单词的首字母合在一起即为PERMA。

PERMA作为幸福2.0的理论框架，每个元素都可以量化，都可以促进心理幸福。在文化心理学和积极心理学的基础上，彭凯平教授结合中国传统文化提出了“积极自我”(Positive Self)的理论，旨在为当代青少年构建更加积极的自我指明方向，培育孩子的自尊自信，引导孩子积极地自我成长。

因此，在PERMA的基础上加上“积极自我”(Positive Self)构成积极教育的SPERMA体系，从六个方面培养孩子幸福的能力。以下是SPERMA的维度说明：

积极自我(Positive Self)体现在高自我评价和积极对待自我方面,通过正确的自我认知和接纳自我,提高自尊、自爱、自信,建立积极的自我效能感,构建积极的自我是幸福人生的基础。

积极情绪(Positive Emotion)是快乐的元素,包含了主观幸福感的所有常见元素:高兴、狂喜、舒适、温暖等,该维度包括体验过去、现在和未来的积极情绪,以及学习增强这些情绪的强度和延长其持续时间的技能。

积极投入(Engagement)的概念源于契克森米哈伊关于“心流”的研究，是一种由于注意力高度集中而产生的沉浸其中心理状态；处于“心流”状态时，通常是没有思想和感情的，我们只会在回顾时说“那真好玩”或者“那真棒”，对于投入的主观感受只能靠回顾。

人际关系(Relationship)源于基本的“归属需要”,也是在人类进化过程中自然选择所形成的,积极和安全的关系与幸福感密切相关。积极很少见于孤独的时候,生活中的幸福经历一般都与他人有关；对人际关系的追求是人类幸福的基石，积极的人际关系对幸福有深刻的正面影响，积极的人类情感在很大程度上是为了社会和人际关系。

意义和目的(Meaning & Purpose)指归属于和致力于某样你认为超越自我的东西，意义不是单纯的主观感受，要从历史、逻辑和一致性的角度出发冷静客观地评判，很可能会与主观的判断不同。

人生的意义在于通过追求目标感而实现有意义的生活，能够意识到意义和目标，有助于我们从逆境中迅速恢复或反弹。

积极成就(Accomplishment)往往是一项终极追求，哪怕它不能带来任何的积极情绪、意义或关系；成就的短期形式就是“为了赢而赢”，但其长期形式是“成就人生”，追求成就人生的人们经常会完全投入他们的工作和事业中。

成就的本质在于它对于个人和人际关系的进步、发展和最终成长的主观追求。

以下内容即按照上述积极教育SPERMA的框架进行展开，让我们来看看“天使”的故事、听听“天使”的声音吧！

音量
语言组织
流利度
口头
舞台、日常
肢体
语言
着装
仪容
坐姿、站姿
体态
德行
物品摆放
课堂坐姿
演出离场归位与安静
行为举止
音乐、歌词的理解
共情
“讲故事”的能力
声音
面部、肢体
肌肉
表现力
提高理解能力
输出掌握内容
增加胆量提升自信
课堂的输出
自信
认识所有人
有成就有价值
自我价值、自我存在感
归属感
团员、老师、作曲家
物品、才艺展示
课堂、课下
尊重彼此
分享
交朋友
整体与局部的辩证统一
友谊
语言、肢体
课堂意识
外出
行为
老师
小干部
服从意识
错误、失败
承受能力
集体意识
聆听理解掌握不同风格的音乐
旋律记忆
体态律动
高音
节奏
和声……
日积月累
乐感

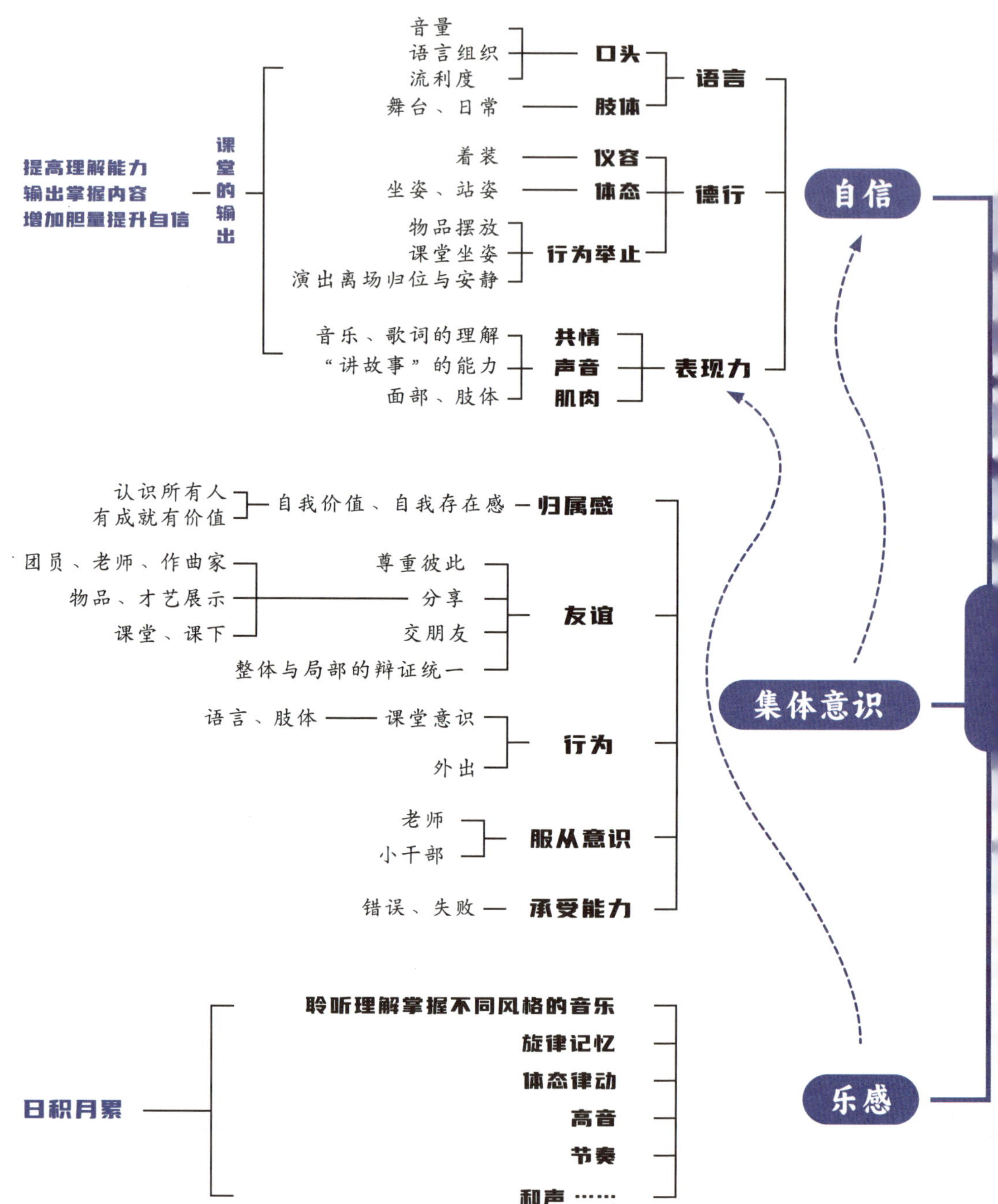

图：合唱
内容

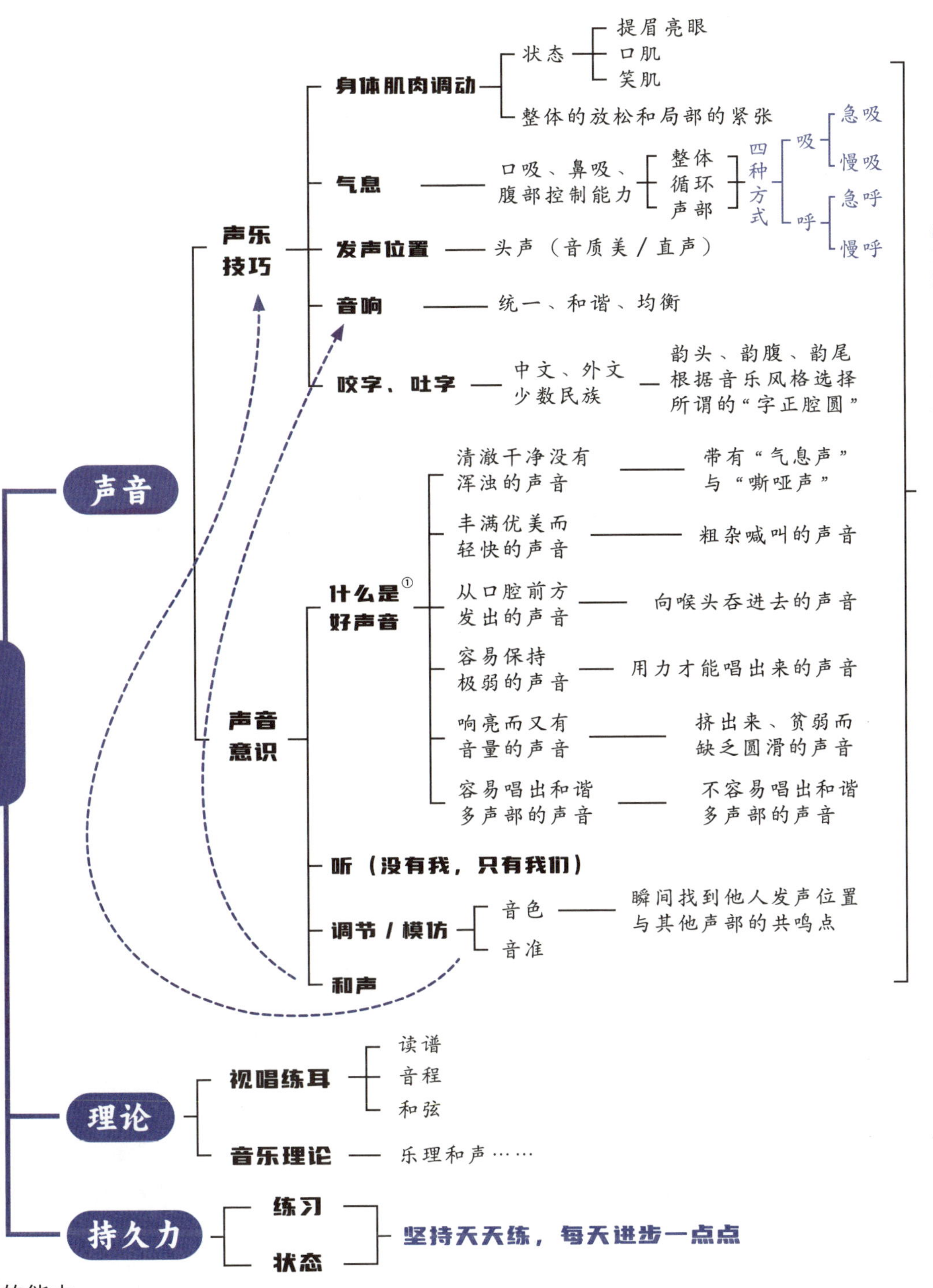

…的能力
…指挥

①摘自：品川三郎《怎样训练美好童声》

目录

Contents

第 1 章 什么是积极自我？

第 2 章 什么是积极情绪？

第 3 章 什么是积极投入？

第 4 章 什么是积极关系？

第 6 章 什么是积极成就？

第 1 章
什么是积极自我？

01 做自己的主人

“我是你妈妈，都是为你好，你必须听我的！”

“这么点小孩子懂什么，让你干吗就干吗！”

“你们几个太淘气，凑在一起就是捣乱、说话、破坏纪律，必须分开！”

类似情景时常在家庭和学校里出现，而在这样的场景下培养出来的孩子大多没有自我、没有主见，对自己不负责任。每个孩子都是独立的个体，一个完整的人，有自己的主见、有自己的权利，更有自己的选择。我们要给予孩子更多理解、尊重和信任。

天使童声合唱团（以下简称“天使”）的孩子们都盼望每学期一次的集训，这段时间可以和自己亲密的小伙伴们同吃、同住、同训练。集训之前，孩子们早就私下商量好谁和谁住一间屋，谁和谁的房间挨着，计划好以后，孩子们兴奋地等待集训的时间。

老师们却很担忧，要带着这么多孩子，一起吃一起住，需要保证孩子们的纪律、安全、睡眠质量等，根据很多大人以往的经验，会想一些克制孩子行为的办法管理孩子，比如硬把孩子们分开，故意把说好住一间屋的孩子分开。

大人以为这样是好的管理方法，殊不知，这会导致心理学上著名的罗密欧与

---

①罗密欧与朱丽叶效应：如果出现干扰恋爱双方爱情关系的外在力量，恋爱双方的情感反而会更强烈，恋爱关系也会变得更加牢固。

朱丽叶效应[①]。

越让孩子们分开，孩子们越想在一起，还会想出别的方法，偷偷在一起玩，再大些的孩子，当他们自我意识萌发，更会表示不理解和无声反抗。为什么很多家长说孩子逆反？那是因为家长让自己站在了孩子们的对立面上了。我们自己也是，如果单位组织活动，你早说好了和办公室的闺密在一个房间，领导偏要让你和你不喜欢的人一起住，你是什么心情？孩子也是独立的人，有独立的人格，为什么没权利选择自己的伙伴呢？所以，大人也要跟孩子换位思考，站在孩子的立场上思考这个问题。

有一年寒假集训前，我接到了很多孩子的私信请求，表达自己想和某个人住在一起的愿望。我感觉挺好，说明孩子对交友有各自的选择，很令人欣慰，于是我在排练的时候跟孩子们说："今年集训，我允许你们自己挑选住宿伙伴，挑自己喜欢的朋友一起住。"

我的话音刚落，孩子们就爆发出雷鸣般的掌声。我赶紧说："等一下，我还没说后续内容。"孩子们说："就知道有条件。"我说："对，是有条件的，你们要知道任何的自由都是建立在对规则的自律上的，你想拥有自由你必须懂得自律，你们认可吗？"孩子们纷纷点头。我接着说，"我也有自己的好朋友，出去住的时候，我也愿意和我最好的朋友住在一起。老师也希望你们开心快乐地完成集训，所以我支持你们自选住宿伙伴，但老师们担心，只要是好朋友就有说不完的话，有忙不完的事，出现很多不自觉的行为，严重影响第二天的学习状态，所以，我尊重你们的选择，相信你们不会辜负老师的信任，规范自己的行为，如果你们可以自律地遵守规则，未来所有的集训，你们都可以做自己的主人，你们觉得这个条件可以成交吗？你们是值得我信任的人吗？"

孩子们又纷纷鼓起掌来。

不出所料，整个集训过程，孩子们每天按时休息按时起床，严格遵守自己的诺言。通过集训，孩子们不仅学到更多知识，还和自己最好的朋友在一起，共同进步、共同成长，共同遵守规则和诺言，团队氛围进一步提升。

我们舞台的后台是众所周知的安静和踏实，天使童声合唱团的老师们不会高声呵斥孩子，也没有严苛控制行为、约束行为的制度，孩子们却能安静地候场和看书，一方面是孩子们日常养成了安静看书的好习惯，另一方面是老师们包容开放的教育理念。孩子们喜欢和谁坐在一起就和谁坐在一起，我们没要求孩子不说话，而是让孩子在这样的场合里，用合适的音量说话。孩子们一旦建立了这样的认知，都不会大吵大闹，能够主动地控制和约束行为，他们知道自己被老师信任和尊重，会用自己的行动去捍卫自己的形象，回报老师的信任。

合唱团里最严格的莫过于每月两次的回课，以及演出之前的回课。回课就是孩子根据老师要求在家练习，拍成视频发给指挥老师，老师根据孩子的情况对孩子一对一辅导，这个过程看似简单，其实不然。录视频的过程总会出现问题，孩子们一次又一次练习，经常有孩子因为录不好视频而哭鼻子。

为了不增加孩子们的负担，老师会甄选第一次回课比较棒的孩子，让他们有“免回课金牌”，不是说不用在家练，而是不用每天打卡。老师相信那些孩子会每天坚持打卡，用最高的水平完成演出任务。

但是孩子不能辜负老师的信任，如果有孩子因为拿了“免回课金牌”就不练习，舞台上的表现退步，不仅会失去演出机会，未来半年之内都不会再拿到“免回课金牌”，所以每次拿到“免回课金牌”的孩子都特别珍惜羽毛，表现优异。

孩子不是我们的附属品，尽管他们只是孩子，也都是独立的个体，有被尊重的需要。我们不能对孩子强加干涉和指令，而是给予同情、理解和建议，我们要像对待朋友一样对待孩子们，把尊重还给他们，也要清晰地提出规则和要求，让孩子懂得自律，懂得所有自由都是在严格的自律的基础上。我们既要相信孩子可以做自己的主人，也要帮助孩子学会做自己的主人。

就像黎巴嫩诗人纪伯伦的诗《论孩子》所写的一样：

你们的孩子，
都不是你们的孩子，
乃是“生命”为自己所渴望的儿女。
他们是借你们而来，
却不是从你们而来，
他们虽和你们同在，
却不属于你们。
你们可以给他们以爱，
却不可给他们以思想，
因为他们有自己的思想。
你们可以荫庇他们的身体，
却不能荫庇他们的灵魂，
因为他们的灵魂，
是住在“明日”的宅中，
那是你们在梦中也不能想见的。

02
让孩子找到最好的自己

樊登老师的著作《读懂孩子的心》中说:“所有父母都有一个伟大的使命,他们是唯一能够和必须拯救自己孩子的人,因为他们具有社会中组织起来的力量,并能在生活的实践中采取行动。他们必须意识到自然界托付给他们使命的意义,这个使命让他们超越社会,并让他们能够支配所有的物质环境,因为他们的手中确实掌握着人类的未来。”

我们在教育过程中,经常发现一些现象,某个孩子可能学习不太好,可是他唱歌特别好听;某个孩子运动能力不太强,可是他逻辑思维能力非常厉害;某个孩子数学不太好,可是他有非常优异的语言能力。家长们却总为此焦虑,总是盯着孩子的弱点,把大量的教育资源往孩子的短板上倾斜。

这是中国家长的问题所在,容不得孩子有弱点。每个家长都希望孩子是样样精通的超人,殊不知,自己已经违背了教育的基本规律。教育的目的不是把孩子变成超人,而是让孩子找到最好的自己。

奥托·瓦拉赫是诺贝尔化学奖获得者,他的成才过程极富传奇色彩。瓦拉赫在读中学时,父母为他选择了文学之路,不料一个学期下来,教师为他写下了这样的评语:“瓦拉赫很用功,但过分拘泥,这样的人即使有着完美的品德也绝不可能在文字上发挥出来。”

此后,瓦拉赫改学油画,可他既不善于构图,又不会调色,对艺术的理解力也不强,成绩在班上是倒数第一。学校的评语更是难以令人接受:“你是绘画艺术方面的不可造就之才。”

面对如此“笨拙”的学生，绝大多数老师认为他成才无望，只有化学老师认为他做事一丝不苟，具备做好化学实验应有的品格，建议他学化学。瓦拉赫智慧的火花一下被点着了，文学艺术的“不可造就之才”变成公认的化学方面“前程远大的高才生”。

因此，人们把瓦拉赫的经历称为“瓦拉赫效应”①。

我也想起我亲身经历的故事，在这里分享给大家，希望妈妈们可以从中得到些许的启示。

我朋友的孩子，从小性格内向，在幼儿园时不喜欢和小朋友玩，上了小学以后，性格问题显得更加明显，而且各科成绩都不好。孩子学习跟不上，完全没有自信，也没有朋友，在班里经常受其他小朋友排挤和欺负，我也从没见过这个孩子仰起头走路和看人的样子。全家为了孩子的事备受折磨。

可这个孩子从小就表现出对音乐的兴趣，虽然数学语文总是学不会，可孩子从5岁开始接触钢琴，显出比普通孩子更多的兴趣和更好的学习能力。但是朋友最怕孩子学习不好，她每天疲于奔命地带着孩子找各种补习班。由于补习主课的时间越来越长，孩子完全没时间做自己喜欢的事情，只能放弃学习钢琴。

后来我开办天使童声合唱团，朋友的孩子来合唱团两年，我看到孩子唱歌的时候，眼睛里散发着自信的光。我突然觉得，孩子可以通过有兴趣的课程建立自信，然后再去挑战他学习并不好的课程。

但朋友不听我的劝导，因为孩子的主课越来越学不好，还让孩子放弃了所有的兴趣爱好。孩子越学越没有自信，越来越不好，我曾经见过的那点自信也不见了踪影。我非常痛心，不想让孩子这辈子就这么被否定。

后来孩子考高中的时候，考得不好，妈妈只好给孩子选择了一个学习钢琴的

①瓦拉赫效应：学生的智能发展都不均衡，有强项和弱项，他们必须找到自己智能的最佳点，智能潜力得到充分的发挥，才能取得优异成绩。

职高，但这个学校有个好处，也能参加高考。因为选择了一所可以继续学习音乐的学校，改变了这个孩子的一生。

入学后，孩子要学习钢琴、乐理、合唱、作曲等专业课程，他就像快要枯竭的小花遇见了难得的春雨一样，忽然焕发了生机。不到一年的时间，孩子拿到了专业全年级第一。最不可思议的是，孩子一直跟不上的文化课也是第一。之前被嘲笑、被否定、被打击的那个孩子再也不见了，孩子连续三年被评为“北京市三好学生”，高考的时候以全校最高分，考入他向往已久的中央民族大学。

中央民族大学音乐系的系主任是一位年事已高的老教授，早就不教小课了，但他还是破例以“关门弟子”的名义收了这个孩子。他说：“我见过许多孩子，这个孩子在钢琴演奏上最有天赋，我要不收，给了别人又舍不得。”

我想，这个孩子在钢琴演奏和学习方面得到了被大家羡慕和夸赞的感觉，从而找到人生的方向。当孩子演奏钢琴时，他陶醉的不仅仅是美妙的钢琴曲，更是那种从未体会过的成功的喜悦和自信。因为孩子蜕变，朋友再不焦虑，和谐和幸福又重回家庭。

我一直认为，人是靠自信生活的，有了自信，每个孩子都会成功。我们要相信他们的力量，相信自信的力量。我们不要为世俗所左右，不要被大多数人的焦虑而影响。失败不是因为孩子输在了起跑线上，是因为孩子选错了方向。有时候，选择比努力重要。

让小鸟去学习游泳，让小鱼去学飞翔，不仅不能让它们成功，还会让它们失去可以成功的机会和自信。从心理上否定自己，缺乏自信的人，怎么都不可能成功。

世界上每个人都不一样，就像花园里的花各自不同。在园丁的花园里，有喜阴的花、有向阳的花，当我们了解了花儿们的习性，要学会让每朵花都娇艳。

在积极心理学的研究中，就有一本书《园丁与木匠》，说的就是你作为父母，到底是园丁还是木匠的心态。如果是木匠，就会想方设法把孩子像做家具一样，通过锯子、锤子、刨子那样去把孩子的棱角都磨去，做成家长自己想要的桌子、椅子。但是，你想想，如果是用木匠的心态去教育孩子，孩子会经历什么样的痛苦。如果是用园丁的心态来养孩子，就让孩子充分地享受阳光雨露，我们作为家长再去施肥、浇水，让孩子自己茁壮成长，成为他本来的样子，孩子可能是开花的玫瑰，如果没有及时开花，那他也可能是参天大树。

朋友家孩子的故事也体现了积极教育发展优势的原则，特别反对用传统的木桶理论来解释孩子的发展。传统的木桶理论通过发现人的长板和短板，然后拼命去补充短板，但这个短板本来就是孩子不擅长的地方，孩子越补越没有信心。还不如让孩子把长板充分发挥出来，就像把木桶斜过来一样，你就会发现长板越长，盛水量越多。

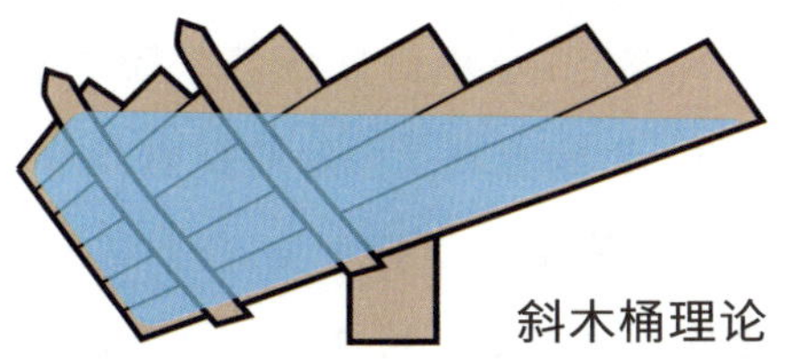
斜木桶理论

当孩子把长板发挥好了，他的自信心也建立起来了，在学有余力的情况下，也会带动他其他方面的学习。这也符合心理学家班杜拉所提出的自我效能感原理，孩子的自我效能感建立起来了，学习的能力也就提高了。

芳芳老师说

尊重孩子的成长规律，允许孩子用自己的态度、速度、角度成长和学习、探索这个世界，大人的角色是引导、帮扶、陪伴，而不是代替、指定、强迫。教育是一个慢的过程，成年人眼里微不足道的小事，在孩子看来，可能是足以幸福一天的秘密。

03

相信相信的力量

天使童声合唱团有个名叫小唐的小淘气，他不是传统意义上特别守规矩的孩子，在学校里，不太被老师接受，也得不到其他小朋友的认可，为此，小唐妈妈很着急。

有一次演出，小唐妈妈的记者朋友在"天使"后台采访，她回去后兴奋地跟小唐妈妈分享，说她看到了一群特别有修养，特别有礼貌的孩子，60个孩子的后台竟然鸦雀无声。她原本以为化妆间没人，进去之后才知道，孩子们都在安静地看书，充满安静的学习氛围。孩子们接受采访时，态度彬彬有礼，侃侃而谈，让人震撼。

那个记者朋友告诉小唐妈妈，她从没见过这样一个孩子团体，太棒了。她的话打动了小唐妈妈，随后小唐妈妈上网了解了"天使"，就给孩子报了名。

小唐来考试的时候，小唐妈妈充满担忧，怕孩子考不上，怕孩子给老师添麻烦，怕同学不能接受他，就提前和我们负责招生的老师铺垫了很多。

从妈妈的微信中，我能看出妈妈的忐忑，决定去考场看看孩子。见到孩子，我一点没觉得孩子淘气不听话，相反，我看到他在音乐和表现力方面相当有天赋。音色动听，表现大方，进团考试成绩很好。老师们一开始也担心，怕他淘气或不合群，我告诉老师们，教育最重要的是环境，小唐同学只要到了"天使"这个充满爱和包容的环境，就会改变的，我们相信"天使"的力量，更相信孩子能够改变。

经过很长一段时间的训练，小唐同学发生了质的改变，刚开始时，他的行为习惯确实不是很好，可在老师们的各种鼓励和认可，以及同学们的包容和友善中，他变得越来越好。

记得他第一次上舞台时，管不住自己，东张西望，因缺乏自信，他不敢抬头笑。我走到他身边告诉他："我觉得你在表现力方面很有天赋，而且你每次排练都不请假，老师们认可你的努力，看好你才让你参与这种大型的演出，你要相信自己一定行，加油哦小伙子，我们看好你。"说出这些话的时候，我忽然看到孩子的眼睛里闪过一道自信的光。上台之前，我特别安排了团里比他大的孩子，过去拍拍他的肩膀说："加油哦，我们都看好你。"

我始终相信，一个人在足够宽松和充满温情的环境里才能放松身心，人的创造力和最好的状态一定是在宽松环境中激发出来，所有人都认可和信任他，他才能获得安全感，放开自己，创造惊喜。

作为教育者，我们要有一双善于发现的眼睛，去寻找孩子身上的优点，并且肯定他、认可他；给他创造温暖和宽容的教育环境，激发孩子内心的主观能动性，帮助孩子建立自信心。

小唐果然没有让我失望，第一次站在舞台上就赢得了大家的认可，拍摄结束，掌声响起时，孩子终于明白，他可以很自信，可以很优秀，可以通过努力赢得掌声。接下来，所有老师分析了孩子的情况，决定趁热打铁，多给孩子安排一些演出，巩固他的自信，让他相信自己可以成功。

在一次次的演出中，孩子从开始时的局促不安中慢慢抬起了头，眼睛里有了自信的光，露出了发自内心的微笑。孩子更爱合唱团了，每次训练更加努力和踏实，小唐同学成为团里的小榜样、小模范，成了大家羡慕和学习的对象。孩子的话也多了，心情更好了，小唐妈妈说，这是在学校里绝对没有过的。

共青团中央某次的大型演出需要一个男生做主持人，我推荐了小唐同学。接到任务时，小唐妈妈犹豫了，她说："小唐平时连课文都背不下来，肯定不行，您挑别人吧。"我对妈妈说："不，我一定推荐小唐同学，根据我的观察，他的能力很强，又经过这么多大型演出的锻炼，一定可以胜任这个工作，要相信孩子，对孩子有信心。”我又跟妈妈说，“你要相信相信的力量，孩子的信心源于妈妈对孩子的看法，你相信他了，他绝不会辜负你的信任，我们试试吧。”

小唐每天下学回家，第一件事就是主动背串词，背不下来还掉眼泪了，他擦干眼泪继续背，没人逼孩子这么做，但他需要证明自己，需要捍卫妈妈给他的信任。

拍摄当天，我破例让妈妈跟着去影棚。主持人有三个，还有一个成年人和一个女孩子，拍摄的时候，成年主持人不断地看手卡、看提词器，小唐同学的主持词却如行云流水。那个女孩子因为没有背熟主持词，一直哭鼻子，现场导演跟我商量，直接把主持词给了小唐同学，没想到，他看了几遍就会背了，完成得很完美。全部录完后，现场所有导演都给孩子鼓掌，导演跟我说，“天使”的孩子就是不一样，这个孩子简直太棒了。

我偷偷看了一眼小唐妈妈，她眼里有泪花，这是充满幸福和骄傲的眼泪，不知不觉我也泪湿了眼眶。谁能想到，这个站在我们面前，侃侃而谈大方得体的男孩子曾是学校里不被认可的淘气包呢？作为老师，最幸福的事，莫过于用我们的专业帮助一个孩子成长，看到孩子的变化，那种成就感是任何一个职业都无法感受到的。相信相信的力量，这是每个教育者都要懂得的道理，因为在我们的信任里，有未来的栋梁。小唐的故事也体现了教育心理学中的罗森塔尔效应[①]（或称皮格马利翁效应），当你相信孩子是优秀的时候，他也会去极力表现他的优秀的一面。在相信着和被相信着的时候，我们都会不由自主地去进行自我验证。就像罗森塔尔教授随机指定学校里的几个孩子，认为他们是天才的时候，几年之后这些原本并不突出的孩子就变得璀璨夺目了。这就是相信的力量，这种相信的力量甚至在皮格马利翁的传说中让那个雕塑变成了真人美少女。而且，我们还要不只是因为看见了才相信，更是要因为相信了才会看见。

---

①罗森塔尔效应：认为教师对学生的期望，会在学生的学习成绩等方面产生效应。如教师寄予很大期望的学生，经过一段时间后测试，他的学习成绩比其他学生有明显提高。因此效应与希腊神话中皮格马利翁的故事相似，故又名皮格马利翁效应。

04

孩子的尊严，需要用心保护

尊重和自尊一体两面，如果一个人长期得不到外界尊重，就很难维持自我尊严，一直处于低自尊状态。传统的育儿法一直不太重视孩子的尊严，要么认为孩子是父母的附属品；要么认为自己是成年人，有着比孩子丰富得多的人生阅历。这些想法都是倚强凌弱的心理体现，不利于孩子正常的心理成长。

孩子也是独立的个体，他们与父母不存在完全的依附关系，他们有独立的人格、思想和尊严。在孩子的人格养成过程中，家长们一定要给予足够的尊重，让孩子们认知到尊重和自尊的重要性。否则，孩子长大后也很难懂得尊重别人，要么就会成为一个低自尊的人。不被尊重的人，很难理解尊重在人际交往中的重要性，难以真正发自内心地尊重别人。

天使童声合唱团一直认为每个孩子都是独立个体，每个孩子的努力都值得被尊重，每个孩子的人格都应该被保护。

可是在外出表演的时候，我们又经常面临一些很让人愤怒的事情，一些机构或者个人认为合唱团里都是孩子，偶尔会轻视或者慢待他们。“天使”的老师们总是第一时间站出来，为孩子们争取利益，维护孩子们的尊严和人格。

“天使”曾经承接过一场冰上项目的拍摄活动，虽然我们提前预估了拍摄期间可能会遇到的问题，但到了现场后，现场的保温和休息条件还是无法满足孩子们的需求。老师们提前准备了一些热水和暖宝宝，但是连续8小时的长时间拍摄，还是耗尽了孩子们的体力与能量。

带队老师发现这个情况后，从下午3点开始，一直与负责演员的执行导演沟通，务必按时按量给孩子们准备好晚餐，让孩子们尽快补充能量。

但是，意外还是发生了，直到晚上8点，孩子们的晚餐还没有解决。而其他所有的工种都已经在下午6点就用完了晚餐。甚至一些人因为同样长时间的冰上工作，能量损失严重，吃了两份饭。

孩子们的晚餐，就这样消失了。

带队老师向执行导演询问情况，还被一顿数落，现场的老师们一边觉得委屈，一边担心已经9小时没有吃喝一直坚持拍摄的孩子们，急得直哭。

我们听着前方老师哭着打来的求助电话，心急如焚。

临近夜里9点，我们和导演组紧急沟通，了解事情的具体情况，同时安排孩子们撤离现场，到最近的餐厅用餐。

和导演组沟通的过程中，因为执行导演一系列不负责任的言辞，以及对孩子和老师缺乏最基本的尊重，初次沟通不欢而散。

“天使”团队连夜召开线上会议，重新梳理整个事件过程，团队给出了最终的处理意见：由公司法务起草公函，要求导演组在尊重事实、尊重孩子、尊重老师的前提下，调查此事，并向现场忍饥挨饿9小时的孩子，以及被执行导演辱骂的老师道歉。

在我们没有收到道歉之前，请不要使用“天使”的任何拍摄镜头以及歌曲录音。

可能有些人觉得我们小题大做，不就晚几个小时吃饭吗，有什么大不了的？但是孩子们在我们心中的地位太重要，我们不愿看到孩子们受到一点点伤害，更何况孩子是和成年人一样，为整个节目组的拍摄项目做出同等努力的付出，为什么孩子不能收获同等待遇和尊重呢？

就因为他们是孩子，就可以被忽视，就可以被冷落，甚至被辱骂吗？

我们向导演组发出公函后，马上接到了总导演的电话，他先是对孩子们的职业精神的表现力和坚持的态度做出了特别高的评价。他说孩子们专业的程度和不怕苦的精神打动了所有人，大家都说现在这样的社会环境里，很难遇见这么坚强而高效的学生团体。但是没想到会出现这样的问题，这个年轻执行导演的态度和处理问题的方式也让整个导演组很震惊。

作为总导演，他更是一名孩子的父亲，他也非常心疼和爱护孩子，听到这个事情也非常气愤。

直到我在群里发了这条信息，他们才了解到真实情况，感到震惊和气愤，也严厉地批评教育了那个年轻导演，同时代表导演组向“天使”的老师们和孩子们表示最真诚的歉意，询问如何弥补老师们和孩子们的损失。

听了导演的陈述，我们非常理解导演组的不容易，这么多人，这么大的集体，不可能总导演什么都顾及到，下面的执行层面出了问题，总导演也真的不清楚，我们更理解节目总体的拍摄进程和难度。我们也缓和了态度，告诉导演我们不是为难大家，只是作为老师，让孩子受到不公正待遇和委屈是“天使”不能容忍的，所以我们做出了刚刚的反应，听了导演的解释我们也可以互相理解了。

作为演员，虽然我们年龄小，但是我们依然敬畏舞台，敬畏每一场演出机会，克服一切困难磨炼自己的意志保证演出质量，但作为孩子的老师，在保证节目质量的前提之下，我们更爱护孩子的身体。孩子都是我们看着长大的，就像自己的孩子一样，希望导演组可以理解我们的感受。我们收回我们的公函，积极配合导演组做后续的拍摄和宣发，导演组也非常感动。

后来我们和导演组成为特别好的合作伙伴，彼此也成了很好的朋友。当然，孩子们参与后续的活动，导演组都会给孩子安排得妥帖。

维护孩子的自尊心，不仅是天使童声合唱团的责任，家长们也应该有意识地保护孩子的尊严，在生活细节中尽可能地给孩子足够的尊重，需要注意以下几个方面。

1. 不要当着外人的面呵斥与打骂孩子

孩子和大人一样，在乎自己在外人眼中的形象。

他们当着外人的面被打骂时，很清楚地感觉自己没面子，往往会表现得更不听话，甚至会强词夺理，原因是他们想通过反抗的形式维护自己在外人面前的尊严。

遇到这种情况，父母们正确的做法是，把孩子带离人群，到一个没有任何外人在场的地方，用低声且坚定的语气和态度对孩子进行教育。

2. 不要当着别人的面揭孩子的短

如果孩子身上发生难堪的事情，他们本身也有羞耻感，不希望别人提起那些事儿。

可很多大人认为他们只是孩子，就会像开玩笑一样，当着孩子的同学、朋友、老师的面，提起他们很不光彩的事儿，比如尿床、穿反鞋子之类的。

也许大人觉得孩子这样很萌、很有趣，以为这是好玩的事儿，却只会让孩子觉得尴尬。

长此以往，孩子们可能会对社交产生恐惧感，或者拒绝和这个总揭他短儿的人接触共事，哪怕这个人是他的父母。

其实，家长完全可以不去提孩子的那些成长过程中的“糗事”，做一个可以向外人花式炫耀自己子女各种微小优点的父母。

3. 不要拿别人之长量孩子之短

有些家长在别人夸自己的孩子的时候，为了表达谦虚，就说：“他不行，别吹牛了，他不如哪个孩子学习好，赶得上一半就不错！”或者希望鞭策自己的孩子，“你看谁家的孩子，你怎么就不能像人家一样呢？”

这种拿别人之长量孩子之短的方式，都会为孩子树立起一个永远也无法达到的目标。这种不切实际的比较，让孩子觉得自己很无能，对自己进行负能量评价，变得自卑和消沉。

从更深层次上来说，孩子在被家长拿来比较的时候，他从家长的眼里看不到你对他的关爱，只能被动地被家长商品化、工具化。

孩子会认为自己所有的努力和自己无关，仅仅是为了父母的面子上好看而已。那么孩子对于学习的内部动力是缺失和不足的，这同时也为孩子在未来的成长过程中有可能出现的逆反和厌学等情况埋下了伏笔。

当我们遇到需要“比较”的对话场景时，我们可以这样说：“对，没错！那个孩子在数学上的天赋确实非常出众，而我的孩子的天赋更多体现在钢琴上，有机会你真应该听听我儿子的钢琴，弹得好听极了！”更好的做法是让孩子自己跟自己比，让孩子看到他今天比昨天有了进步，只要你能看到孩子身上的成长，并且能够肯定他的成长，孩子也会给你带来意想不到的变化。

4. 不要随意为孩子的物品做主

当孩子小的时候，别的小朋友来家里玩，家长为了显示自己的大方，就拿自己孩子的玩具随意送人，也不征求自己孩子的意愿，当孩子发现玩具被妈妈送了人情，伤心大哭时，还被妈妈数落小气。如果送出的玩具对于孩子而言并不十分重要，那么孩子的情绪很快就会平复下去。但万一很不幸，家长随手送出的是对于孩子非常重要的一个玩具，孩子失去的不仅仅是自己的最爱，还有寄托在这个玩具身上的故事和情感，孩子的情绪还会简简单单地平复下去吗？哪怕情绪平复下去了，依然会在孩子的心理层面留下深深的“后遗症”，这样的情况哪怕只要发生一次，孩子都会铭记一生。在他未来的成长过程中，想让他们学会分享，将会是一件非常困难的事情。

教育的前提是尊重，教育的目的是让孩子实现自我完善，教育的最大价值是为孩子赋予独立人格。

孩子只要来到这个世界上，就不是任何人的附属品，他们只属于自己。

05

要钻石心，不要玻璃心

在日常的教育教学中，我经常发现：有的孩子，你表扬他的时候很开心，但老师不能对他做出任何一丁点儿的否定，哪怕老师是和颜悦色说的，负面情绪都能挂满孩子的小脸，甚至眼泪“吧嗒吧嗒”往下掉。还有的孩子，因为心理的高敏感状态，经常会和其他小朋友闹不愉快。小伙伴开玩笑的一句话，有可能会被他做出恶意解读，逐渐失去友谊。

以上这些情况就是一种玻璃心的状态。

如果您的孩子正好拥有一颗玻璃心，在平时的教育中该怎么做呢？

首先，我们要先了解，什么样的孩子会拥有一颗玻璃心。这就要谈一谈关于孩子“自尊水平”的概念了。

自尊水平是衡量孩子心理健康程度的重要指标，自尊水平过低的孩子，对自己评价过低，容易陷入自卑、抑郁等情绪；自尊水平过高的孩子，又会对自己评价过高，而耐不住生活中的小挫折，特别在意别人对他的低评价。

心理学研究中把自尊分为三个类型。

依赖型自尊 就是一个人获得自尊的方式，绝大部分取决于外界的认同，可能会非常在乎别人的评价。

独立型自尊 获得的自尊感，更多的是来自和自己的比较，更关注自我的实现和完成。是不是比过去进步了，是不是比过去更好了。

无条件型自尊 就是一种“不以物喜、不以己悲”的状态。在评价自己的能力时,既不和别人比较,也不和自己比较。只是专注事情本身,只想把事情做好。

如果孩子属于依赖型自尊,同时心理又比较敏感和脆弱,就会造成孩子玻璃心的情况。这种孩子对自己的要求比较高,学习成绩会比较好,对自己的评价值和期待值也是比较高的,因此他们不能接受自己有缺点,或者不能接受别人否定自己的观点和意见。这样的孩子容易自我意识过强,让大家觉得太“独”,没人愿意和他合作。

另外,他们不能接受生活中的挫折,遇见坎坷就变得十分脆弱,进而全盘否定自己的一切,甚至选择极端的方式解决问题。

所以,对于这类拥有玻璃心的孩子,在成长过程中,家长要设置一些孩子可以接受范围之内的小挫折,不断去磨炼孩子的心智,才能让他的心理素质逐渐坚毅起来。

曾经有一个比较悲剧的案例,是这样发生的。

有一个在小县城里成长的孩子,他的妈妈特别重视教育。除了让孩子学习之外,衣食住行什么都不需要孩子来做。孩子很努力,学习成绩非常好,考上一所好大学,本硕连读。但他生活中的一切都是妈妈照顾,没有任何生活自理能力,不会洗漱、不会穿衣,甚至不会吃饭!学校对他做出退学处理时,他和他家人全都崩溃了。最终,孩子对人生失望,造成不可挽回的结果。

我们培养孩子的时候,不仅要注重培养孩子的学习探究能力,更要重视孩子的生活自理能力及心理承受能力。

不会生活的人就不会学习,这是一句亘古不变的真理。

现在的家庭,往往是六个大人围绕着一个孩子,孩子在各种夸奖鼓励中成长,所有事情都顺心如意,变得过度自我,认为自己就是绝对主角,容不下一点挫折。当他来到学校,或者走入社会,就会发现自己的普通,这种强烈的冷暖反差,会让玻璃心产生一道道裂痕。

我们要经常告诉孩子,你只是家庭中的一员,家庭里的每个人都是主人,没有谁更重要，不会什么都依着你。大家照顾你是因为你年龄小，但只要在你能力范围之内的事情，你必须要自己做。

当你能力足够的时候，你要多为其他人做事，你才能成为咱们这个家庭集体中受欢迎的那个人。用这样的方式提升孩子的责任心，同时孩子也不会产生所有人必须围绕他转的心态。

鼓励孩子是提升孩子自信的最好方式，这个毋庸置疑，但是鼓励也需要有艺术，不能孩子做什么事都夸耀孩子，这会让孩子习惯了他做什么都是对的，都必须得到表扬，当他听到不同意见时，自然无法接受。

我们表扬孩子的时候，要表扬他的努力，表扬他做事的过程，更不能让孩子觉得自己是“天才”。另外，要经常告诉孩子，所有的人的成功都不是天生的，都要经过很多坎坷和困难。这也是一种成长型思维[①]。

通过表扬孩子的努力而不是表扬孩子的聪明，就可以培养孩子的成长型思维，让他在遇到困难和挫折的时候，相信自己通过努力可以改变自己的能力，从而不屈不挠，勇于接受挑战。

因此，要在孩子能够承担的范围内，舍得让孩子受一些挫折考验。如果我们现在不舍得让孩子经历挫折，到了社会上，孩子将要承受根本承担不了的结果。

除此之外，要经常带孩子参加一些有挑战性的集体活动，如登山、攀岩、徒步、越野等，让孩子知道他可以成为第一，但不会永远都是第一。参加集体活动时，孩子能在团体中找到榜样，能让孩子形成良好心理素质。

在天使童声合唱团里，我们也见过比较玻璃心的孩子。当老师说某某，你的音不准，你先不唱，先听其他人唱，他的小脸儿明显地就不好看了。但是老师也会经常这样去提醒其他孩子，当他看到大家遇见这样的事，都不会因为老师的提醒

---

①成长型思维：教育心理学家卡罗尔·德韦克提出成长型思维和固定型思维，成长型思维是指让孩子理解人的能力是可以通过努力不断成长的，而固定型思维是指认为能力是天生的，后天不能够改变的。

而焦虑或者不开心的时候，他也就会因为榜样的力量而明白老师是为了自己的提升而做的善意提醒。当他们慢慢有了朋友，有了榜样，孩子的心结也就慢慢地打开了。

记得当初拍摄某品牌的宣传片，正值六月，是最热的时候，而且采用户外拍摄，这对孩子来说是很大的考验，参与此次活动的大部分孩子都是有户外拍摄经验和心理准备的。不过现场有个五年级的小姑娘，第一次参与户外拍摄。

阳光炙烤大地，孩子们一个镜头一个镜头地拍摄，每当我看到那个女孩，她都噘着小嘴，哭丧着脸，垂头丧气的样子。拍摄参与人数少，没有孩子能被遮挡，这个女孩的表情造成多次NG，老师提醒她的时候，我明显看到她眼神里的不服气和不开心。

我走到她身边，轻轻地搂着她的肩，低声说："天气太热了对吧，身体有什么不舒服吗？"

她看看我说："其实也没有啦，就是觉得太晒了，睁不开眼睛，也不太想坚持。"

我说："你看身边的伙伴们，有的比你大，有的比你小，但是大家都在努力克服困难，努力坚持，不是你一个人在奋斗和坚持，而是很多小朋友在一起努力，但是你一个人表现不好，镜头就可能重新拍，我们还要继续在阳光下晒着，那么所有努力坚持的同学们都要陪着你一起重新拍。我知道你为了这个演出努力每天回课，这么枯燥的回课，你能每天坚持打卡，老师都觉得你特别棒，我们之前做那些事的目的不就是为了今天的绽放吗？你们这么大的孩子心里肯定有自己的偶像吧，你们每天都看到偶像镜头前光鲜亮丽的样子，今天你终于体会到他们的不容易了吧？这个世界上没有一件事能随随便便成功，我们的努力不仅仅要对得起自己曾经的付出，更要对得起周围伙伴们的坚持，我相信你没问题的，对吗？"

由于我的劝解，她情绪明显好了很多，开心地点点头，嘴边还露出很美的微笑，我马上说："对了，这样的笑容就是最美好的样子，一会儿拍摄的时候我们就把这个笑容送给自己，送给镜头好不好？”

孩子开心地点头，后来的拍摄顺利了很多。一停下来，我当着全体孩子说：“刚刚我看到咱们的新队员xxx小朋友努力坚持自己的表情和微笑，她为我们的拍摄做出了贡献，我们大家给她鼓励一下，也给自己鼓鼓掌，感谢每一个为了小伙伴而努力的自己。”见我表扬她，她一下开心起来，小胸脯挺得更直了。

拍摄结束以后，我跟她总结今天的事：“宝贝，今天我看到了你的努力和进步，你真的给我惊喜，我发现你是个坚强的孩子，这么热的天还依然保持微笑拍摄，你真的很棒，从今天开始你就已经战胜了自己，变成一个有自控力的老队员啦，恭喜你，未来加油吧，希望在更多舞台上看到你。”

说完我给她一个大大的拥抱。看着孩子开心地回去了，我也非常欣慰，我知道一个小娇气要开始慢慢蜕变成坚强的花蝴蝶啦，我在心里跟她说，我的宝贝，不是老师狠心让你磨炼性格，而是这个世界里充满了竞争和恶劣，你必须要从小学会坚强而乐观地面对人生。

除了老师，爸爸妈妈对孩子的影响也很重要，孩子和小伙伴产生矛盾时，或者孩子有不愉快的经历时，父母要正向引导，让他们保持积极的心态。

面对挫折，父母也不要过度反应，孩子也就变得不那么敏感了。

培养孩子良好健康的心理状态，是从量变到质变的过程，也是一个慢慢引导的过程。每个孩子对待事物的态度也和孩子的性格有关系，如果孩子有一颗玻璃心，我们不要着急，可以慢慢改变。

从玻璃变成钻石，父母们需要耐心，也需要时间。

想让孩子从玻璃心变成钻石心，父母得先有一颗钻石心。不要焦虑，不要害怕，不要患得患失，孩子变强大的过程里，父母得先让自己变得强大。

06

努力做好自己，成功交给时间

学习是一个不断向上攀登的过程，起步的时候往往很容易，越往上走越难。从20分提高到60分不难，从60分提高到90分也相对简单，但是从90分提高到95分就非常困难了。

我们学任何技能或学科，都有一个瓶颈期，出现“高原现象”[①]。

天使童声合唱团有一个曾经学习特好的孩子，可他妈妈有次特别着急地找到我，说：“最近一段时间，孩子的学习成绩一直停滞不前，没有明显进步，孩子心态也很烦躁，没有以前踏实努力，是不是最近孩子有什么心事？”我观察了一段时间，跟这个妈妈说：“你不必着急，孩子现在应该是进入了学习的高原反应期。”

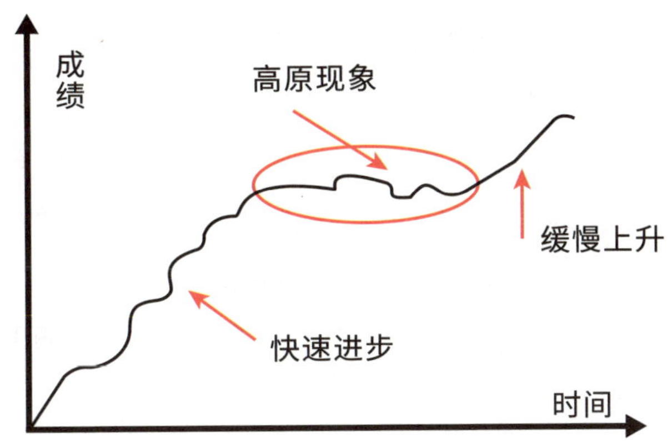

① “高原现象”：是教育心理学中的一个概念，指在技能的形成过程中，出现暂时停顿或下降的现象。在成长曲线上，表现为保持在一定水平不上升，或者有所下降，但在突破“高原现象”之后，又可以看到曲线继续上升，这种例子在现实生活中不胜枚举。

在总复习的初期，每一个同学的学习效果也较明显，但经历了一段时间的复习后，成绩就再难有较大提高，甚至忽高忽低，沉浮不定。有的同学头脑昏昏沉沉，什么事都不想干，看不进书，也记不住内容，性情易急躁烦闷，这就是进入“高原现象”的表现了。尤其是成绩比较好的学生，在这一阶段，会表现出精神懈怠和迷茫，听课效果差，有人几乎失去进取心。

正所谓：“一鼓作气，再而衰，三而竭。”如果长期处于“高原现象”，孩子们的心力也会逐渐疲惫。这个时候，孩子们最需要我们的信任、鼓励和支持，而不是对孩子随意猜忌，甚至批评和否定。这样更打击孩子的积极性，让孩子产生厌学心理。高原期是学习过程的非常重要的节点，如果能平安度过，孩子马上会迎来更好的进步期，但很多孩子，就输在了这个最接近成功的地方。

我告诉那个焦虑的妈妈，大人都有心理疲惫期，我们有什么理由让孩子永远精神振奋呢？孩子出现这样的问题，说明孩子累了，我们可以用他喜欢的方式让他休息、调整状态、梳理心情，然后再次迎头挑战压力。

风雨过后一定是最美的彩虹。关键就是要让家长也了解孩子的学习和心理发展的规律，了解了规律之后，家长也就不会过度慌乱了。后来果然不出意外，孩子经过调整，学习又迈上了一个新的台阶。

说到这个故事，我想到天使童声合唱团的孩子们也有很多类似的经历。很多孩子过关斩将考上天使童声合唱团之后，都非常珍惜在“天使”的学习机会，付出很多努力，孩子的进步也很快。过了一段时间后，孩子出现了学习的“高原反应”。更重要的是，妈妈们也开始经历心理上的疲惫期，面对逐步加深的学习内容，更有难度的回课，孩子们学得很吃力，妈妈们就开始焦虑了。当妈妈们开始焦虑，第一反应就是放弃。

每当出现这种情况，老师们都非常痛惜。毕竟孩子和家长们之前都那么坚持和努力，在孩子刚有起色的时候，就突然放弃。我听到指挥老师跟我说：“真可惜，这么好的一个小苗子,之前那么难都能坚持下来,真替孩子感到遗憾。”

我们有许多与“天使”一起成长起来的孩子,也都曾进入过“高原期”,孩子们有哭着回课、擦干眼泪继续学的,有在录音棚里一站最少四五个小时的,有到了六年级还坚持每次排练来打卡的……

今天,依依妈妈在微信群里回忆起依依第一次进录音棚,她和小伙伴们一录就是12小时的场景。现在,依依成了好多歌曲的领唱,在天使童声合唱团的帮助下出了两首原创单曲,一首是某公益项目的主题曲,另一首是某集团给因疫情耽误婚期的人们制作的歌曲。

世界上没有随随便便的成功,每个闪耀着光芒的笑脸背后都蕴含着辛酸的泪水。当孩子的学习出现“高原现象”的时候,妈妈们千万不要焦虑,应该拉着孩子的手,告诉他们:这是任何学习发展的规律,这是一种正常的现象,勇往直前的人生才更精彩!

能度过“高原现象”的唯一办法就是坚持,最好的办法也是坚持。

就像我经常和妈妈们说的,我并不是要求孩子们必须坚持合唱,是不想让家长们这么轻易放弃努力,给孩子埋下一个轻言放弃的心理隐患。

不经历风雨,怎么见彩虹?没有人能随随便便成功。

在积极心理学的研究中,坚持和毅力也是一种美德,合起来称为“坚毅”,其英文grit原意为“坚硬而耐磨的沙砾”,用以代指能够用坚持和毅力持之以恒、用心良苦的积极品质。而且,专门研究“坚毅”品质的积极心理学家安吉拉·达克沃思的研究发现,相比“智商”和“情商”,“坚毅”品质更能预测一个人是否能坚持到底、达成目标,做到世俗所要求的成功或收获。值得注意的是,中文版《坚毅》一书的副标题特别提出,要释放激情与坚持的力量,相对于传统意义上一味的“咬紧牙关、不撞南墙不回头”的坚持,我们特别要注意“兴趣是最好的老师”,释放激情与坚持的力量才能达到最好的坚毅效果。

07

不要剪断天使的翅膀

“妈妈，我长大以后想当个快递员。”兜兜忽然跑过来跟我说这话的时候，说实话，我的脑子里有点蒙。我个人觉得各种职业都是平等的，但是快递员也太辛苦了，我脑子里瞬间幻想了一下兜兜当快递员的场景，有点心酸。

我克制着自己，没有反驳孩子的话，说：“当快递员也很好啊！一个好的快递员也有很多很多本领呢。”

他听了我的话，很开心，满脸憧憬地说：“超级飞侠乐迪就是一个特别好的快递员，可以把包裹送到世界各地去，而且特别快速，准时送达。”

我说：“你看超级飞侠的本领就是速度快、准时。他走到哪里，就在哪里帮助别人，把快乐带给别人。”

兜兜说：“所以我想成为超级飞侠！”

我说：“没问题啊，也许你未来可以研究出比乐迪还快速的方法，然后能到更远的地方去送快递呢！”

兜兜瞪着小眼睛说：“是去宇宙里吗？”

我说：“对啊，去任何星星上送快递。所以你要从现在开始努力哦，去看看有谁能带着人们到天上好不好？”兜兜听完我的话，开心地跑出去寻找答案了。

每个孩子小小的心灵里，都埋藏着大大的梦想。这个梦想也许不切实际，天马行空，更有可能让我们大跌眼镜，甚至有时候会觉得很失望。

“我这么费劲儿培养你，你怎么想当个快递员啊？”“我明明想让你搞科研，你怎么喜欢蝌蚪啊？”“你的梦想是帮助地球人搬家到别的星球去？你想什么呢？就你啊，先把你的奥数学好吧，还外太空呢，跟你有关系吗？”

类似的情景，类似的对话，是不是很熟悉？这种场景无时无刻不发生在我们身边，当我们听到孩子们的梦想的时候，尤其是和家长们的期望相悖的时候，家长们的第一反应往往是压制、拒绝、嘲笑。

我给大家讲一个真实的故事吧。

许多年前，湖北大山里有个“奇怪”的男孩，他每天最喜欢做的事，就是躺在草地上，看云层中飞过的飞机，只要听到飞机的轰鸣，他就一动不动，憧憬地抬头看天。他还经常对伙伴们说，他长大后要开飞机。

在那个贫困的年代里，绝大多数中国人都还没见过现实中的飞机，特别是在大山里的孩子。不少人嘲笑和奚落他，但他毫不在意。他的妈妈也没有因为生活困苦而打击这个孩子的梦想，而是把积攒了半年才凑出来的20元钱交给了他，让他去交学费。

多年以后，电视上播放了一个英姿飒爽穿着太空服的人，他正是当年的那个小男孩，他叫聂海胜，他不但飞上了蓝天，还飞上了太空。

梦想之所以被称为梦想，正是因为我们和它有遥远的距离。因此，许多家长认为孩子的梦想就是空想，喜欢给孩子灌输更现实的所谓“梦想”，无形中给孩子的理想设限，束缚了孩子的发展。

其实，仔细想想，作为成年人，我们给孩子设计的工作和生活方式，到了孩子长大后，还一定存在吗？曾经有一个统计数据说，到了20年以后，有65%的职业会被人工智能(AI)取代。那么，有哪些能力是人所特有的，不能够被机器取代呢，彭凯平教授前瞻性地提出ACE理论，指出人有三项能力是不能够被人工智能(AI)取代的，即A：Aesthetic(审美力)、C：Creativity(创造力)、E：Empathy(共情力)。

我们从小培养孩子，不只是要关注孩子的学习能力，更要培养他适应未来社会的能力，所以彭凯平教授提出的ACE理论值得借鉴，我们可以着重培养孩子的审美能力，包括艺术审美和对人性中的善良之美；培养孩子的创新创造能力，鼓励孩子发挥他的好奇心和想象力；培养孩子的共情能力，即发展孩子的情感交流能力，这些都是人类所独有，不能被机器取代的能力。

所以，我们不要给孩子设定理想的界限，不要用自己现在的认知局限剪断孩子梦想的翅膀。有梦想才有未来，当孩子心里有了对未来的梦想时，我们需要做的只有支持。同时也要告诉他们，所有的梦想都是需要用最大的努力来实现的。

作为家长，无论孩子想唱歌、想表演还是想直播卖货，都不要因为孩子的梦想背离了自己的规划和价值观，就急于对孩子进行否定甚至是贬损。

一个连梦想都被否定的孩子是很不幸的。

没有梦想，就等于没有灵魂，孩子还用什么意志去努力？孩子还能用什么去畅想未来？有句电影台词说得好：“做人如果没有梦想，跟咸鱼有什么区别？”积极心理学和积极教育的目标之一就是培养一个“更好的自己”，所以，为了成就更好的自己，设定一个合理的人生目标很有必要。

当我们觉得孩子的梦想完全不切实际时，可以先给孩子一个和他梦想有关的小台阶，鼓励他把梦想当成动力，从现在开始，一步步地为自己的梦想付出努力。

我们更应懂得尊重孩子的梦想，告诉孩子所有的劳动都值得被尊重，无论他想做什么，只要是在用自己的努力创造未来，他就是最棒的。所以，作为孩子的保护者，我们有责任保护孩子做梦的权利和能力，而不是想方设法地折断他们梦想的翅膀。

08

自己人才是同路人

著名教育学家陶行知先生说：

> 忘了你们的年纪，变个十足的小孩子，加入小孩子的队伍吧！会有惊人的奇迹出现，师生立刻成为朋友，学校立刻成为乐园。你觉得和小孩子一般儿大，一块儿玩，一处儿做工，谁也不觉得你是先生，你便成了真正的先生。你会发现小孩子的能力大得很，他能做许多你不能做的事，也能做许多你以为他不能做的事。等到你重新成为一个小孩子，会发现别的小孩子和从前所想的小孩子不同了。
>
> 我们必得会变成小孩子，才配做小孩子的先生。

陶行知先生的话证明了一个观点，教育者要变成孩子们的"自己人"，孩子们才能坦诚跟你交流，和你当朋友，听你的教诲。

为什么许多妈妈苦口婆心，跟孩子说一堆话，不如同学跟他说一句话管用呢？那是因为孩子没把你当成"自己人"。妈妈们千万别伤心啊，这就是一个事实，我们能真正拥有孩子的时段也就不到15年时间，孩子长大了，有了自己的朋友和圈子，你就被划归成家长了，不是孩子的"自己人"了。孩子不听你的话是有原因的，源自心理学的"自己人效应"①。

推销员和朋友同时给您推荐一款护肤品，您更相信谁的？也许您朋友的产品

①自己人效应：在人际交往中，如果双方关系良好，一方就更容易接受另一方的某些观点、立场，甚至对对方提出的难为情的要求，也不太容易拒绝。

更贵一些，但您还是会相信朋友，因为他在您心里是自己人，对吧？现在的电商都热衷做“自己人”销售形式，在朋友圈发布产品，写上试用心得，或推荐到自己人的群里，成交率会大很多。这就是社交中难以避免的自己人效应，这种效应在教育中也能发挥很大作用。

怎么让孩子认为我们是自己人呢？

说说我的经验，“天使”少年团的那帮大孩子喜欢叫我芳姐，我非常受用，这个称呼显年轻是一方面，更重要的是，孩子把我当成自己人。所以，他们愿意跟我说心里的秘密，愿意聚会叫上我。

我怎么跟他们成为自己人的呢？很简单，就是让他们觉得我不是高高在上的老师。孩子们喜欢明星时，我不是告诉他们别追星，而是说我其实也追星耶，我喜欢谁谁谁。当孩子们告诉我心里的小秘密，我会说我这个年龄的时候心里也有一个小男生耶，他学习特别好，我特别崇拜他，暗自努力，就是为了离他更近一点。

孩子们跟我说，他们不喜欢学校里的某某老师，因为那个老师特别不讲理，我会说，我小时候也这样，而且还爱跟老师躲猫猫，让老师抓不到我。

我跟他们聊起小时候那些淘气往事的时候，孩子们的小眼睛亮了起来，他们肯定没想到芳芳老师的童年也和他们一样，有这样那样的小秘密。这种共情方式拉近了我们的距离，他们觉得称呼芳芳老师距离太远，不如叫姐亲热，我也愿意接受这个称呼，就当他们的大姐姐吧。

孩子们需要知心姐姐，很多妈妈在孩子逆反时求助我说，你去说说他们吧，就听你的。

妈妈们平时也要放下自己的角色，多共情和理解孩子，和孩子多沟通，给孩子讲讲小时候的故事，与孩子拉近心与心之间的距离，让孩子慢慢把您当成自己人。

人们喜欢和自己相似的人，社会心理学家做过实验，彼此的态度和价值观越相似，相互吸引力就会越大。可见“自己人效应”中的“自己人”首先要表现出在态度和价值观上的相似性，两个人有共同的价值观，不但容易获得对方的支持与共鸣，也容易预测对方的情感与反应倾向，在交互作用的过程中容易适应。这是“人际吸引力”的效果，俗话说就是惺惺相惜。

我经常说夫妻不能分开评价，一对夫妻可以非常好地结合在一起组成家庭，并一直和谐，说明他们一定是价值观相同的人，就是所谓的情投意合。如果一个特大方，一个特抠门；一个特仗义，一个特计较；一个喜欢清静，一个特爱热闹，估计用不了半年就打得天翻地覆。

对教育来说，一个孩子的教育者必须是情投意合的同路人。我一直是一个比较有个性的人，非常欢迎同频的人，所以，我每次招生要给家长开两个半小时以上的大会，细致入微地讲述“天使”的教育理念。有时在讲解的过程中，就能发现很多和“天使”教育理念不同频的家长，我基本上不敢接收他们的孩子。因为家长和老师的教育理念不同频，孩子一定是受害方。

所以，进入我们妈妈群里的妈妈们，都被“天使”划为“自己人”，我一直相信只有懂“天使”的人才能一路同行，我相信一定有懂我的人与我同路。

就像我们的学员小韬妈妈给我们的来信说：

> 加入“天使”纯属偶然，只是因为朋友提了一句：“听说小区外不远有个合唱团在招生。”就这样我带着孩子参加了面试，经过考核，孩子成为天使童声合唱团望京分团的首批大班学员。
>
> 在接下来的日子里，孩子随着跳动的音符，在音乐的世界里开启了曼妙的时光之旅。最开始的时候，我还担心他跟不上，毕竟我只认得中央“C”，回课和辅导根本帮不上忙，视唱曲集里的谱子就像是爬满了蚂蚁的“天书”，但是我惊奇地发现，孩子学得很起劲，基本不用家长操心。
>
> “天使”优良的团风，让原本有些散漫的孩子，有了强烈的集体荣誉感，我有时候甚至用“退团”来威胁写作业磨磨蹭蹭的孩子。记得有一次大型演出，而且时间就在期末考试前一天，我当时有点儿打退堂鼓，不想让他因为演出耽误了考试，就和他商量。他想参加演出，并保证不耽误考试，结果演出顺利完成，考试成绩居然出乎意料地好，我不禁感叹音乐的魅力和这份发自内心的热爱所散发出的强大推动力。

> 每次演出，老师都会让孩子们安静候场，阅读自己喜欢的读物，离开时窗明几净的候场区域已经成为“天使”的名片。我有幸跟团做过志愿者家长，最深的感受就是一个字“累”，因为演出时间都是根据节目的安排而定的，候场过程中孩子们会有这样那样的小要求，尤其是年龄小的孩子，老师们都是给予无微不至的关心。每一个细节都要想得很周全，才能做到万无一失，所以每次成功的演出背后，都是这些可爱的大“天使”在默默地付出。
>
> 在“天使”的培养下，孩子的气质得到了很大提升，他可以在很多人面前大声发言，行为得体，我们参加了北京冬奥小记者国际营，荣获“全国百强小记者”的称号，孩子还获得了许多公益证书，还和大家一起创造了专属于“天使”的吉尼斯世界纪录。
>
> 榜样的力量是无穷的，当孩子还是小团员的时候，向团里的大哥哥大姐姐看齐，现在孩子成为别人眼中的大哥哥，家里的二宝今年也加入了“天使”，在哥哥的带领下，一起学习合唱，期待有一天能看到哥俩同台演出。很荣幸孩子们能够遇见“天使”，在这个温暖的大家庭里一同歌唱、成长，感谢这场美丽的相遇，让我们乘着歌声的翅膀迎风飞翔，期待“天使”的明天更加美好。

美国总统林肯的就职演说中说：“有人问我有多少财产，我告诉大家，我有妻子和一个儿子都是无价之宝，此外，我也租了一个办公室，室内有一张桌子，三把椅子，墙角还有一个大书架，架上的书值得每个人一读，我本人高且瘦，脸很长，不会发福，我实在没什么可依靠的，唯一可依靠的就是你们。”

我深以为然，“天使”没有背景，唯一的依靠就是同频的家长们，“天使”发展到今天，都是靠家长对“天使”的信任和支持。

你们不仅把自己家的孩子送来“天使”，还把朋友、亲属，甚至领导的孩子介绍来“天使”，那是对“天使”多大的信任和支持啊，这份心意，这份嘱托是“天使”最看重的。我们会把家长们的这份信任和嘱托当作“天使”的至宝，认真呵护倍加珍惜，把“天使”的良心和信誉当成生命来珍重，把“天使”的孩子们当成自己的宝宝一样培养，衷心替“天使”的自己人说一句，“‘天使’爱你们”。

09

与孩子和解，也与自己和解

前几天,我又和兜兜吵了一架。

我家有一个下沉式的猫屋,猫咪们在猫屋里吃饭和上厕所。前几天,兜兜趁我不注意,把猫粮全部撒到猫屋地板上。猫屋很矮,必须从小院里低着头进去,全程弯着腰进行清理。

我非常生气,可当时兜兜的一个小伙伴还在我家玩儿,我得给兜兜面子,所以我没和他吵架,而是认真地提醒他:"你给妈妈造成了很多麻烦,以后不要这么做了,否则妈妈会生气。"

兜兜答应了我。

前天,我和兜兜爸爸收拾小院子,没多久,我亲眼看着兜兜把猫粮又倒在猫屋的地板上,我火冒三丈,声音很大地吼:"我上次跟你说过,让你别再捣乱了,你为什么不听?你是怎么回事儿?怎么那么淘气,那么不听我的话?你现在把猫屋里的猫粮给我收拾好。"

我的声音很大,把兜兜吓哭了。我说:"你哭什么哭,还有理啦?你现在就把猫屋收拾好,不然今晚不要睡觉。"

兜兜说:"我不!"

他的语气非常强硬,导致我更生气,跑到厨房,拿起了扫把,指着兜兜说:"你去不去?你今天不去,我就执行家法。"我作势要打他屁股。

兜兜非常执拗,依然冲我吼:"我不!"

我觉得自己要崩溃了，骂的声音更大。兜兜爸爸过来，也没有给兜兜好脸儿，把兜兜狠狠地骂了一顿。骂完之后，兜兜竟然还说："我不！"

我和兜兜爸都气蒙了。

我把扫把扔在地上，说："你今晚不收拾干净就不要睡觉，我俩谁都别理谁。"然后把他一个人丢在客厅的沙发上，我跟兜兜爸回了自己屋。

回屋后，我平静了很多，郁闷地看着他爸爸。兜兜爸跟我说："你是不是有点儿后悔啦？"我说："我不后悔跟他发火，只是觉得这件事情应该让他长个记性，明明之前说好了，他不再犯这个错误。"

兜兜一直坐在沙发上哭，不来跟我说话。过了好一会儿，兜兜跑过来跟我说，他想睡觉了。我跟他说："我告诉过你了，你不把猫屋收拾干净就别睡觉。"于是他又大哭起来。

我忽然想到，我之前写了那么多文章，让妈妈们对孩子进行情感引导，可我现在对孩子是怎样教育的呢？

我沉静下心来，反思自己。我冷静想了一会儿，刚才到底是因为孩子犯了不可饶恕的错误而发火，还是因为孩子对我逆反了而发火的？

到底因为孩子犯了不能弥补的错误，还是觉得自己没面子了呢？

我觉得可以跟孩子好好谈一谈。于是我把兜兜叫过来，安静地跟他说："今天妈妈很不开心，你知道吗？"他小心翼翼地说："知道。"我说："妈妈因为什么不开心，你知道吗？"他说："知道，我又把猫粮撒在猫屋的地上。"

我拉着他的手，"我们之前说过，谁做的事，要自己处理。你把猫粮撒在猫屋底下，妈妈让你去处理你又不答应，我当然会生气。你为什么连续两次把猫粮撒在猫屋的地上呢？"

兜兜见我态度缓和了很多，还拉着他的手，有了一些安全感，委屈地说："妈妈，我不是故意把猫粮倒到地上，是想自己喂猫，可我每次看到猫粮碗里的猫粮都是满的，所以就想先把猫粮倒出来，再喂一次猫。"

我说："你是想帮妈妈干活儿，对吗？"

他说："对，我就是想帮妈妈分担一下喂猫的工作。"

我说："你以后遇到这种情况，完全可以跟妈妈说：'妈妈，下次猫粮让我来喂可以吗？'妈妈能理解你，你也不用再把猫粮撒到地上，你觉得呢？"

他说："是，我知道错了。"

我说："妈妈让你去收拾，你为什么拒绝呢？"

他说："我不是不想收拾，只是那个猫屋太高了，从窗台那够不到地面，我真的很害怕，怕收拾的时候摔倒，我想从外面走进去，用笤帚把它扫起来，可以吗？"

听到兜兜的话，我真的很后悔，大人觉得很矮的猫屋，对他来说却很高。发火那一刻，我完全站在自己的角度上想问题，没想到对于孩子来说，那个猫屋的窗台看起来那么可怕。我更没想到，逼着孩子从屋子里收拾猫屋有多难。

我说："妈妈明白你是好意啦，但你没把话说明白。妈妈很生气而你又觉得委屈的时候，可不可以跟妈妈说：'妈妈暂停，你听我把话说完。'妈妈一定平心静气地听你把话说完好吗？"

他说："我们现在去收拾猫屋好吗？"我说："好的，妈妈陪你把猫屋里收拾干净。"于是，我拉着兜兜的小手，从外面的门里进去，一起把猫屋的地面收拾得干干净净。

晚上躺到床上，我和兜兜聊天儿，我说："兜兜，妈妈今天发了一大通脾气，是妈妈不对，妈妈跟你道歉。"兜兜搂着我的肩膀，亲亲我，说："今天也是我不对，我没把话说完，而且和你顶嘴了，以后我也要注意。"我说："好的，没有问题，那我们就和解啦。"兜兜问我："妈妈，什么是和解？"

什么是和解？

和解就是我们和孩子不再是敌对、对立、掌控的关系，而是心灵和心灵契合的关系。与孩子和解的过程，也是与自己和解的过程。谁说爸爸妈妈一定永远是正确的，谁说孩子不能违背爸爸妈妈的意愿，谁说爸妈呵斥孩子就是为孩子好，谁说孩子在家庭中永远是从属地位？

当我们放下身段，当我们站在孩子的角度思考问题，当我们蹲下身子，愿意倾听孩子的声音，当我们试着理解孩子的感受，就是与孩子和解。

我们遇见事情不要先想：孩子又不听话了，又淘气了，违背我了，我是妈妈，我没有面子了，孩子犯错误了，他没给我争气了……只要我们放下这一切，其实就是和自己的和解。

我们与自己和解了，就发现亲子关系没那么难处，也会发现孩子完全不是我们想象中那般顽皮，更会发现，我们和孩子可以走得这么近。

芳芳老师和兜兜的这个故事充分说明了道歉与和解的重要性。其实，在很多时候，家长跟孩子发完火，自己都会感到非常的自责和愧疚——学了很多家庭教育理念，为什么一到着急的时候还是控制不住自己的情绪呢？

我们首先要做的就是接纳自己的不完美，我们确实不是完美的家长，正是因为不完美，我们才需要不断的学习。其次，我们要及时地跟孩子道歉，真诚而郑重地道歉。有的家长可能放不下面子，口头的道歉可能略显敷衍，建议给能看懂字的孩子写一封道歉信，如果孩子看不懂字，就把这封信录音给孩子听。道歉也要有仪式感，才能打动孩子的内心。

及时道歉，也就做到了及时和解。孩子内心的安全感还是来自父母，如果父母变成了凶神恶煞的形象，孩子内心的脆弱还如何安放？我们作为家长，要经常向孩子表达父母和家庭是他安全的港湾，只要有父母在，就是孩子最坚强的后盾。这样在孩子遇到各种人生困惑和挫折打击的时候，才不至于去寻短见、走绝路。因为，在心底那个最柔软的地方，父母和家庭永远都值得他去安放。

10

做一个坚毅勇敢、自信独立的“坏孩子”

不知大家有没有想过,到底什么是好孩子,什么是坏孩子?

首先,好与坏的定义,不是孩子们彼此间的定义,而是完全由成年人指定。对老师来说,成绩不好的学生就是“坏孩子”;对父母来说,不听话的孩子就是“坏孩子”;对其他家长来说,整天在外面野的孩子就是“坏孩子”。可是,对孩子本身而言又如何呢?

我们都曾是其他人眼里的好孩子,也曾是其他人眼里的坏孩子!我们总说平等对待世间每个生命,可当我们给孩子们贴上好与坏的标签,就破坏了一切尊重。大人们,尤其是教育者,万万不能给孩子贴标签、扣帽子!

一个标签可能会毁掉孩子一生!

天使童声合唱团里有一个小男孩,在学校里就是所谓的“坏孩子”,学校老师要求所有人都不要理他。但在我眼里,他是热情、纯真、善良的“好孩子”,偶尔犯一些男孩子成长过程中都会犯的小错误。孩子犯了错,大人不去关爱和提供帮助,而是冷嘲热讽,甚至给孩子贴上歧视性标签,身处烦恼中的孩子怎么走出泥潭呢?怎么成为所谓的“好孩子”呢?

给孩子贴“坏孩子”标签的人,才是真正的“坏孩子”。当妈妈跟自己孩子说,不要和某人玩,他是坏孩子时,就已经在孩子的心底埋下自私冷漠的种子!

我亲戚家的妹妹,从小是别人眼里的好孩子,学习优异,行为乖巧。上小学时,老师为了让她帮助别人进步,安排一个学习不太好的孩子当她同桌。她妈妈知道后，告诫妹妹，不要和这个孩子一起玩，会被他带坏。同桌三年，妹妹和“坏孩子”说话不超过10句。有一次，我们逛街时，遇到了这个“坏孩子”，他从很远的地方就跑过来打招呼，妹妹却拉着我的手，看也不看老同学一眼，转身走了。那一刻，我看到了他眼里的失落，也看到了妹妹的冷漠。

失去爱与包容，孩子的未来何去何从？

最后，我们把目光聚焦于那些“坏孩子”吧。摘掉有色眼镜，去除所有偏见，用爱与包容的视角看一看，也许我们会发现他们身上有着璀璨的闪光点。从辩证的角度来看，“好”和“坏”都是相对的，但孩子的辩证思维还没有建立起来，家长们也可以借此机会跟孩子探讨“好孩子”和“坏孩子”的标准。以下就是苏格拉底跟他的学生进行的一段关于“善恶”的辩论，供大家参考。

> 学生：请问什么是善行？
>
> 苏格拉底：盗窃、欺骗、把人当奴隶贩卖，这几种行为是善行还是恶行？
>
> 学生：是恶行。
>
> 苏格拉底：欺骗敌人是恶行吗？把俘虏来的敌人卖作奴隶是恶行吗？
>
> 学生：这是善行。不过，我说的是朋友而不是敌人。
>
> 苏格拉底：照你说，盗窃对朋友是恶行。但是，如果朋友要自杀，你盗窃了他准备用来自杀的工具，这是恶行吗？
>
> 学生：是善行。
>
> 苏格拉底：你说对朋友行骗是恶行，可是，在战争中，如果军队的统帅为了鼓舞士气，对士兵说，援军就要到了。但实际上并无援军，这种欺骗是恶行吗？
>
> 学生：这是善行。

积极心理学的核心理念之一就是思维的灵活转变，能够从看似不好的一面找到好的转机，也是锻炼我们的积极思维。中国传统文化非常看重思维的转变，就像“塞翁失马”的故事一样，我们要借此“教机”（教育机会）锻炼孩子的辩证思维和逻辑观点。

11

掌控权和责任感

父母之所以有掌控权，其实是父母走过的路比孩子多，经验比孩子丰富，能感受到孩子成长路上的坎坷。父母又是爱孩子的，不希望孩子摔跟头，发现问题时，就要竭尽全力地说服孩子听话，不要犯错。

当孩子想把想法付诸实践时，家长们的掌控权就被伤害了，认为我是你爸妈，你得听我的。父母是可以掌控，但不是针对孩子的心灵和做法，而是针对事件的发展方向。

就像学员小涵的家长给我们的来信中所说：

> 我家有俩“天使”娃，哥哥已入团5年，算是“天使”的老团员了。5年来，他方方面面的改变和成长自不必说，妹妹打小就跟着我们接送哥哥排练、录音、演出……也算是一名资深的天使合唱团“小跟班”。今年，妹妹终于如愿成为一名“小“天使””，通过这一年的学习，妹妹进步很大，也越来越自信大方！回望有“天使”陪伴的时光，成长的可不仅仅是兄妹俩，我自己也被“天使”这个温暖的大家庭一路感染着、进步着！
>
> 曾经的我全职带娃，每天围着娃转，神经高度紧张生怕哪里出了错，这也导致我过于关注细节、爱挑孩子毛病。从小就对哥哥的一言一行格外严格，甚至常常不自觉地用超出年龄能力范畴的标准去要求哥哥，美其名曰“为了孩子变得更好”。这样的状态，不仅让自己变得焦虑，也让哥哥容易紧张。久而久之，我成了讨嫌的“爱唠叨又苛刻的妈妈”。
>
> 哥哥刚入团的头一年，每次回课都成了我跟他博弈的“战场”。哥哥一

直很热爱唱歌，也很努力练习，但每次回课时，由于担心他做得不够好，我放心不下，于是一遍遍地录制，还不断用成人的眼光要求他一步到位，忽略了他的努力和进步，结果我俩都被折磨得很疲惫，有时哥哥达不到要求，我甚至还要哭上一鼻子。几回合下来，让原本平常的回课变得火药味十足。我曾一度因回课而感到焦虑，焦虑是会传染的，哥哥自然也很崩溃。这样的状态影响了我俩的亲子关系，也打击着哥哥对唱歌的热情。

指挥的一席话让我恍然大悟："我的孩子们都没有问题！咱们多鼓励孩子自己完成回课，家长要相信孩子的能力。每次回课让孩子过自己这一关，而不是过家长这一关。让他们自己指出问题去练习，并达到自己的标准和认可，在愉悦中感受作品带来的旋律和情感。在这样良性的循环中，孩子才能保持主动性的学习，同时不断提高能力。"

在指挥的点拨下，我意识到自己的问题，此后，不只在面对回课时，包括在其他学习领域，我不再盲目干预孩子，尽可能地给他更多一点自我思考和成长的空间。每每想起指挥能量满满的话，我都觉得信心十足，更何况是孩子呢。孩子的努力被老师看见、被老师信任，无疑是对他们最好的鼓舞。当少了一分抗拒，多了一些理解，哥哥也变得更加有动力，在"天使"良好的学习氛围里加速成长着。

其实哥哥一直都很努力。曾经，我因为怕他骄傲，只把对他的认可放在心里，不但嘴上很少表达赞扬，往往还抓着一点小瑕疵唠叨几句，以至于那段时间，哥哥觉得自己永远做得不够好。记得有一次，即使他站在央视的舞台上彩排，被导演点名表扬时，我依然能感受到他的小紧张。每次演出前，我也总是唠唠叨叨嘱咐一番，生怕他给团里拖后腿，让哥哥很不耐烦，不仅听不进去，反而还成了精神负担，有时候因此拌上几句嘴，自然起不到什么好的效果。

后来通过跟芳芳老师的交流，我深受触动，不断反思自己，逐渐认识到我的这些唠叨和苛责，实际上是没有对孩子做到真正的信任，把自己的焦虑转嫁到了孩子身上，使得亲子关系日渐紧张。芳芳老师跟我说过一段话："孩子的自信都在妈妈的眼里，如果你总是批评他，他内心觉得自己总是不够好，只会慢慢丧失信心；对孩子要有一双发现的眼睛，孩子的努力需要被看见，你总是能发现他的努力他的进步，他就总能一直努力和进步！每个孩子都有属于自己的闪光点，给孩子信任，他会给你惊喜；让孩子放松下来，他会创造奇迹！”

“天使”的老师这么说，也这么做。在“天使”，每一个踏踏实实努力的孩子都被老师看在眼里记在心里，尊重孩子的努力，尽可能地为孩子们提供更多锻炼的机会和施展的舞台。毫不吝啬地夸赞孩子、奖励孩子，孩子的努力得到老师们的回应和认可，自信心爆棚。我被“天使”的精神感染着，在团里的带动下，我也积极改正自己的方式方法，学会了认可和鼓励孩子的长处。自信的能量超乎想象，哥哥慢慢从紧张体质松弛下来，可以在央视舞台上自然从容地领唱，也作为“天使”代表，参演央视《从延安出发》的“小战士”的角色，传递热血少年的爱国情怀。他在用合唱团传递给他的满满的能量勇敢地去迎接更大的挑战，我看到了他心中的力量！

每个孩子的童年时光都如此宝贵，我多么庆幸当初的选择，“天使”不仅打开了孩子不一样的童年世界，也打通了我和孩子之间沟通的桥梁。

从小涵家长的来信中，我们能看到一名家长的心路历程。她一开始不信任孩子，试图强化掌控权，反而阻碍了孩子成长。当她意识到自己的问题，放弃过度干预孩子的学习和生活，给孩子一定自主性，从而让孩子成长得更快。

成长的过程中没有坎坷不必走，没有风雨躲得过。作为父母，我们可以狠心点，让孩子承受一些无关紧要的伤害。我们要做的是，在他承受之前，让他知道可能会发生的结果，和他需要承担的责任，让孩子自己选择。然后放手让他去尝试吧，无论对错，都是孩子人生的重要经历，对他的成长弥足珍贵。

事情过后，要及时和孩子进行总结和沟通。只有孩子经历了错误行为，才能对结果进行总结，避免再犯。而这种无论是失败还是成功，都能在事后总结经验教训，让自己不断取得进步的能力，才是孩子成长过程中最该拥有的财富。

12

勇敢地说“不”

少年团的小韬妈妈发给我一个文章链接，是关于校园霸凌的，我心里抗拒了很多次，最终忍不住看了，果然心里像燃烧了一团愤怒的火，久久不能平静。

近些年，由于教育上过于重视成绩，忽略品德，让本该充满幸福欢乐的校园，时不时曝出一些校园霸凌事件。我作为妈妈和老师，为之忧心忡忡，因为我学的是教育，比任何父母都懂得孩子童年时期受到的校园霸凌，能产生多严重的后果。

被欺凌者可能会出现很多心理问题，比如焦虑、抑郁、孤独、低自尊和低人格认同，这种伤害会持续到他们成年以后。研究发现，长期遭受校园霸凌的孩子，成年后比没遭受校园霸凌孩子的犯罪率高6倍。

如果受害者得不到帮助，很可能用极端手段解决问题。

2016年，一位母亲发表文章《每对母子都是生死之交，我要陪他向校园霸凌说NO》。文章称，她10岁的孩子长期遭到同班同学的“霸凌”，甚至被同学用“厕所垃圾筐扣头”。

此后，孩子出现失眠、易怒、恐惧上学等症状，被诊断为急性应激反应。

作为妈妈，作为老师，有句话一直在我心里沸腾：“拿什么帮助你，我的孩子们。”

像上面文章的题目一样，每对母子都是生死之交，作为妈妈的我们，如何帮助孩子远离校园霸凌？作为一线老师，我想给大家一点点提醒和建议。

1. 让孩子保持身体健康，尽量把身体变得强壮

校园霸凌对象往往是性格懦弱、不爱运动、体型瘦小的孩子，这种孩子的性格也偏内向。想改变孩子的性格，最好的办法就是让孩子参加集体性的体育运动。我曾听过一个心理学家的讲座，她说要帮一个没有自信，甚至懦弱的孩子改变性格，就让孩子参加校篮球队，使之在奔跑和肢体接触的过程中释放心理压力，改变忧郁自卑的性格特质。

2. 让孩子学会交朋友

在学校里容易受到欺负的孩子一般朋友比较少。一个有很多好朋友的孩子，就不是一个独立个体，校园霸凌的人一般不敢欺负一整个群体。另外，会交朋友的孩子一般也懂得交往之道和处事方法，不容易得罪人。

3. 让孩子拥有足够的安全感

有些家长把校园霸凌当成小孩子间的小打小闹，甚至孩子寻求帮助和救援时，家长反过来责备孩子，说孩子太窝囊，怪孩子不懂还手。孩子在外面找不到安慰，如果在家也受委屈，被家长忽略，很难想象孩子会有多么无助和失望。我们要给孩子足够的安全感和幸福感，孩子才能遇事不害怕，孩子也才知道无论发生任何事，还有爸爸妈妈保护着自己。

4. 为孩子挑选良好的教育环境

如果能进入校园，可以观察这个环境里的孩子离开的时候是什么状态。如果孩子们都依依不舍，孩子们和老师的关系比较亲密，说明这个环境相对安全和有秩序。如果这个环境里的孩子都很有礼貌，那么这个环境里的孩子比较懂规矩，这种环境里的孩子基本不会出现霸凌现象。就算有不良倾向冒头儿，老师也会发现和解决。

5. 告诉孩子找成年人寻求帮助

告诉我们的孩子，如果有人无缘无故打你，你一定要在保证自身安全的前提下选择打回去，一定！如果你不敢还手，可以大声呼喊，或者往人多的地方跑，也可以找成年人寻求帮助，比如老师、家长、警察。

6. 在校园霸凌这件事上，没有局外人

我当老师的时候，有一次经过学校一个角落，刚好看到一帮小男孩欺负另一个小男孩。我赶紧跑过去制止，并联系这些孩子的家长，把受委屈的孩子叫到办公室，了解孩子的身体情况和心理情况。我甚至不认识所有孩子，但是我依然坚持找当事人的家长谈话。

据说很多人说我多管闲事，但我从没后悔过。

我想，也许因为我，这个被欺负的孩子心里没有对整个世界失望和惧怕。

我们如果对这种事情采取“事不关己高高挂起”的态度，也许当我们自己的孩子被欺负的时候，也没人去管。

校园霸凌，没有人可以置身事外。

勇敢地说“不”，不只是对校园霸凌说“不”，更重要的是对我们内心的懦弱说“不”！有句谚语说得好——坏人之所以能得逞，是因为好人没有出手！作为家长，我们当然不希望自己的孩子受到校园霸凌。

所以，我们要未雨绸缪，提前给孩子足够的支持，包括身体上和心理上的准备，让孩子有应对危机的能力。

同时，如果出了事情，不管是自己的孩子受了欺负，或者自己的孩子欺负了别人，作为家长都要勇于承担起责任，不要让自家的孩子成为受气包，也别让他成为小霸王！

积极自我小结

人的自我是在不断的成长中建构起来的，也是通过故事的叙述来整合和再建构的。通过以上天使童声合唱团中发生的与“积极自我”相关的故事，相信你也逐步明白了积极自我的内容。人生哲学三问：我是谁、我从哪里来、要到哪里去？也许是需要用一生去追寻答案。儿童青少年在成长的过程中，“自我同一性”是需要回答的问题之一，就是让孩子建立自己对自我的看法和外在（父母、老师、同学、朋友等）的看法的统一，让自己的过去和未来统合在一个健康的有机体中，从而达到身心和谐与健康。

当今社会在互联网自媒体的影响下，已经高度“去中心化”，通过抖音、快手等自媒体工具，每个人都可以成为中心。如果从“自我”的中心化来讲，自我的向心力可以达到前所未有的高度，但在每个人都可以成为中心的同时，如何让孩子们构建一个积极的自我，才是最大的挑战。

天使童声合唱团的积极自我故事给我们带来了现实的启示：每个人虽然都是独立的个体，有自己的独立人格，但人仍然是社会性的动物，我们离不开家长、老师、朋友的社会性支持。在孩子成长的过程中，需要和他相关的每个人都有开放、包容的心态，积极而又灵活的思维，去调动孩子的积极天性，引导孩子走向一个更加成熟积极的自我。

等待期间安静看书的“天使”团员们

第2章 什么是积极情绪？

01

想那只“白熊”，还是不想那只“白熊”？

每个孩子都有自己的喜好，当喜好与学习发生冲突时，父母怎么办？阻断孩子与喜好之间的连接？还是放任不管？如果选择前者，很容易引发父母与孩子之间的对立。这么做有用吗？大多数情况下完全没用，反而让孩子变得更加极端，与父母进入全方位对峙。懂得“白熊效应”[①]的家长，应该采用其他方法帮孩子朝正确的方向发展。

我对“白熊效应”有深刻体会，因为担心孩子坏牙，就不给孩子吃糖，孩子偏偏更加想吃，想办法偷偷跑到厨房拿糖。这就是“白熊效应”的威力，越不让他去做的事，对于他来说反倒变成最有吸引力的事。后来我干脆跟他约定，吃糖牙齿会坏，对身体也不好，所以每天尽量控制自己，少吃一些。糖就放在那里，你随时可以拿得到，但吃完后必须漱口。孩子真的很能自我控制，有时我给他糖吃，他也会主动拒绝。

孩子爱玩游戏，我也会支持他去尝试，不少游戏设计得不错，可以提升孩子的认知和反应。如果我不让孩子接触这些，他和其他孩子就没了共同语言，也会造成孩子的社交障碍。

---

①白熊效应：美国一个心理学家在实验中告诉参与者们，从现在开始到实验结束，脑子里想什么都行，就是不要想“一只白熊”。实验结束后，所有人都反馈，越不让想一只白熊，就越不得不想一只白熊。这个实验告诉我们，很多事你越不让去想，就越放不下。

不过我会限制孩子玩游戏的时长，时间一到，孩子会主动关电脑。因为他知道每天都能玩，就没必要沉迷其中。有时候，家长也可以参与到游戏中，让孩子体验和爸爸妈妈探索游戏世界的乐趣。

当我们发现孩子有某一方面的爱好的时候，恰恰是我们帮助孩子成长进步的最好时机。千万不要粗暴地干涉或者切断孩子的爱好，而是换一个角度思考问题，利用孩子的爱好，帮助他们进步。

同样的“白熊效应”也在天使童声合唱团里出现过。前段时间，少年团的家长说他们的孩子追星，想让我帮着管管。我告诉那些孩子：“你们喜欢的艺人明星，有几个还跟我很熟，我不仅了解他们台前的光鲜亮丽，更了解他们幕后的辛苦付出。”

我告诉孩子们，我也追星，偶像是周杰伦，这样很快就拉近了我和孩子们的距离，我建议他们去听周杰伦的《听妈妈的话》，看电影《不能说的秘密》，就会知道周杰伦从小怎么练琴，怎么一步一步变成超级明星。到了这种时候，孩子们追星的目的会悄然改变，从盲目的喜欢，变成想让自己成为偶像那样的人，更加愿意为了梦想努力和付出。

因为孩子们大多数爱“天使”，所以“天使”也成了他们心里的“白熊”，他们最怕听到爸爸妈妈说：“你再这么浮躁，不好好学习，我们就给你退团。”

一提到“退团”，“白熊效应”立马起作用。很多孩子为了能留在合唱团里，开始听爸爸妈妈的话，变得爱学习了。

我经常和孩子们说：“我知道你们爱唱歌，但你们必须要知道，如果你该做的事情做不好的话，就没人支持你做想做的事情。所以，你们必须要保证你们的学习成绩，爸妈才能支持你们参加合唱团。”

懂得“白熊效应”，做好对孩子的引导和梳理，就能让每个孩子心里的那只“白熊”，变成他们进步的动力。

02 接纳和理解孩子的情感

孩子往往被冠以“单纯”“简单”的标签，意思就是孩子的情感体验比较简单，没那么复杂。这是成年人的误区，其实孩子的情感一点不比成年人的少，只是他们的世界比较“单纯”，表达情感的方式比较“简单”，容易被成年人忽略或者误解。

这种忽略与误解，很容易让孩子产生孤独感和不安全感，明明已经把自己的感受告诉大人了，可是大人为什么表现得那么不在乎呢？

被误解的兜兜

有一天我特别忙，我5岁的儿子兜兜在他房间里玩。没一会儿，他跑过来说：“妈妈，你看我这个玩具又坏了。”我头都没抬，应付着说：“嗯嗯，一会儿妈妈给你弄啊，你等着。”一会儿，他又跑过来，带着哭腔说：“妈妈，我的那个玩具又找不到了！”我说：“等一下，等一下，你没看妈妈忙着的吗？”

兜兜见我不理他，又一个人去玩了，可是没过多久，他又来了，这次哭得更厉害：“妈妈，小狗老给我捣乱，我想玩都玩不好。”我那会儿正忙得焦头烂额，心里非常不耐烦，训斥他说：“你就不能自己玩会儿吗？没看我这忙着呢？这事儿有什么好哭的？”

我发完脾气，兜兜哭得更凶了。

我忽然意识到，我的情绪和态度可能不太对。于是，我放下手里的工作，把兜兜叫过来，抱着他说："我知道你心里有点难过对不对？玩具坏了，还找不到了，小狗还给你捣乱，你心情不好是吗？"

兜兜赶紧点头。我抱紧他，说："妈妈理解你。你是不是觉得自己玩没意思，想让妈妈陪你玩，可又不知怎么说？"兜兜使劲点头，说："对，我想让你陪我玩那个踢球进门的游戏，可以吗？"我说："当然好了，妈妈也特别想陪兜兜玩这个游戏，但妈妈现在有工作需要处理，你先自己玩一会儿，等我一下好吗？"

兜兜说："好的好的，我去屋里等你。"他开心地跑回自己房间，我抓紧时间忙手里的事情，在这个过程里，兜兜真的像之前说好的，再也没来打扰我，我也能在安静的环境里快速做完事情，然后和他玩了踢球进门的游戏。

游戏结束后，我说："兜兜，妈妈还有一些工作没有做完，你可以自己去看看书吗？我们都做点自己想做的事，做完再一起玩可以吗？"兜兜很愉快地答应了，后面的时间里他一直没有打扰我。

后来我总结这件小事，发现问题出在两个方面：一是孩子情感很丰富，但是表达能力比较简单；二是家长认识不到孩子的情感，只能通过他们简单的表达做出不怎么准确的判断，从而冷落了孩子。

我们都有工作忙，没法陪伴孩子的时候，也有孩子不按我们说的指令和方式去做事的时候，这种情况正是因为我们和孩子之间的情感认知和生活经验不对等，导致我们和孩子之间看待事情的态度不同。

大多数家长肯定遇见过比较小的孩子莫名其妙地哭，我们觉得不是什么大事，至于吗？当我们跟他说，多大点事啊，至于哭成这样啊？他们反而哭得更厉害了。更大一点的孩子，因为一件我们觉得不是那么重要的事而影响情绪，进而影响学习。我们越着急，想让他抓紧时间从负面情绪中走出来，步入正常学习和生活的轨道，他们就越烦，烦了态度就越不好。整个事情越来越往坏的方向去发展，进而影响亲子关系，孩子越来越逆反，家长们越来越心力交瘁。

所以，我们要学会对孩子进行情感引导，而不是进行粗暴的管束或者放任不管。情感引导就是主张先和孩子建立良好关系，基于这种良好的情感关系，再对孩子进行引导和教育。《你就是孩子最好的玩具》一书中说："世界上没有什么神奇的教育方法，我是依靠和孩子们建立起来的情感纽带，促使他们合作的。"

研究证明，孩子在非惩罚性的环境中学习效果最好，接受能力也最强。一个孩子如果想要获得幸福和成功的话，拥有长效的交际能力和情感智慧比暂时学业上的成绩重要得多。

如何进行情感引导？

首先我们先认可和接纳孩子的情绪与情感。我认为，当我们真的在心里把孩子当成"孩子"的时候，但是在潜意识里却认为他们是我们的宠物，就像小猫小狗一样。

虽然孩子们本身非常可爱，但是也仅此而已了，他们需要听从我们的指令。这种想法本身就会忽略孩子的感受，我们必须要摒弃这样的潜意识。当我们处理和孩子之间的情感交流方面的事情时,我们不要把孩子当作属于"我"的"孩子"，而要用一种平等的视角来处理彼此之间的关系。

就像那天一开始我对兜兜情感的忽略，他三番五次哭着找我，只是他不知道如何表达让我陪他玩的想法，而我屡次的忽略，让他挫败感剧增，情绪越发失衡而脆弱不堪，造成小狗狗跑去跟他玩都变成了必须大哭一场的理由。

如果我被烦躁的负面情绪掌控，一直说："狗狗去找你玩，你有什么可哭的！你喜欢的狗狗去找你玩，你还哭，那我明天把狗送人得了！你矫情不矫情啊？哭什么啊？有什么可哭的？你怎么这么不懂事，你没看妈妈在忙吗？你就不能自己玩一会儿？这孩子现在越来越不懂事了！"兜兜在接收到我负面情绪引导出的一系列语言攻击时，他会如何自处呢？

换位思考一下，如果我们不懂得如何对最亲近的人表达情感，然后被最亲近的人用这种话指责，我们心里会怎么想？会立刻变得理解他人并认真听话吗？答案肯定是不会！即便有些孩子在听完妈妈这样的数落之后暂时表现得顺从了，但是这样的顺从并不是因为他们内心的情绪真的缓解和释放，而是因为对于家长强权的畏惧和对家长失控的情绪的逃避。

如果孩子一直因为畏惧而选择隐忍，因为逃避而选择拒绝沟通，日积月累之下，心理状态会变成什么样子呢？亲子关系会变成什么样子呢？如果我们从一开始就不能重视孩子的心理诉求，等到问题由内而外地暴露出来，当孩子出现自闭、自卑、暴力倾向、自我否定或者极端逆反等情况，就为时已晚了。

有些家长会带着孩子去医院看“病”，把孩子的种种异常情况归咎为“病”，希望可以从医学角度来解释和通过医生开具的“处方药”来解决孩子心理层面的问题。但是无论是心理医生开具的“处方”也好，还是教育专家给予的建议也好，如果想彻底解决孩子的心理问题，我们最应做的是改变我们对孩子的管教方式，改善亲子关系。

那么我们就要去认真理解孩子的情绪，倾听孩子真正想要发出的声音。

前面我说过我们要对孩子保持一种“平等”的关系，不要把孩子当成“孩子”去对待，这是从彼此沟通、交流和相互理解的视角来说的“平等”。但是孩子终究还是“孩子”，他们和成年人不一样。可能我们觉得小得不得了的事，对于孩子来说就是天大的事了。同理，我们认为十分重要的事情，对于孩子而言也许并没有那么重要。当我们不能理解孩子为什么会因为一件小事而哭泣的时候，孩子也不能理解大人为什么会因为工作而忽略他的感受。

所以我们要站在孩子的视角去看待问题，先接纳和理解孩子的情绪。当孩子情绪不好的时候，我们先认可他们的情绪，给他们一个温暖的拥抱，告诉他们：你的情绪我理解，如果我是你，也会觉得心情不好。当孩子的情绪被认可和接纳的时候，他们才能在被理解的感受中学会表达自己的情感，释放压力。

所以，我们如果想建立更加和谐的亲子关系，让孩子拥有一个健康积极而又乐观的心理环境，那么我们就先从学着接纳孩子的情绪，理解孩子的感受开始做起吧。

学会使用“情绪表达三节棍”

从心理学有关情绪的研究来看，这里要引入一个“情绪颗粒度”的概念。情绪颗粒度就是对情绪认知和识别的精细程度，比如小朋友只会说不开心，但到底是哪种不开心呢？是因为妈妈不理他才不开心，还是因为没有人陪他玩才不开心呢？还是小狗去跟他捣乱带来的不开心呢？所以，想要让孩子准确地表达情绪，我们要先引导孩子去识别情绪。

这里有“情绪表达三节棍”的句式可以参考。

> 首先，我们可以让孩子用“我感到……”来说出现在的心情。
>
> 然后，让孩子回想一下事情经过，用“因为……”说明情绪产生的原因。
>
> 最后，让孩子想想他希望的结果是怎样的，用“我希望……”来说出他期望的结果。
>
> 借用芳芳老师和兜兜的故事来举个例子，可以引导兜兜说：“现在我感到很不开心，因为妈妈没有时间陪我玩，我希望妈妈能够多陪我玩踢球进门的游戏。”

学会了用“情绪表达三节棍”，引导孩子知道生气时要慢慢说，害怕时要勇敢说，伤心时要清楚说。同样，在孩子想要表达积极情绪的时候，也可以让孩子用“情绪表达三节棍”的方法表达，比如“我现在感到很开心，因为妈妈有时间陪我玩了，我希望能抱抱妈妈、亲亲妈妈”。

如果孩子感到特别兴奋，想要跳起来蹦一蹦或者跺跺脚，也可以让他在不影响别人的情况下，适当表达他的开心和快乐。

03

榜样的力量

人类最初的学习方式，也是最直接的方式，就是模仿。孩子小时候会模仿家人的眼神、语气、动作等，在成长过程中会模仿身边的同伴或者成年人等。对孩子来说，榜样的力量无穷大。

父母的力量

孩子小的时候，原生家庭的氛围可以塑造孩子人生的三观。父母的性格、脾气和为人处世的方法会在孩子心中留下深刻印象。

我曾看过一则国外的公益广告：爸爸边走边抽烟，把烟头扔在地上，他儿子跟在后面，也做了同样的动作；一个妈妈被别人超车，她摇下车窗破口大骂，她女儿在后排座位上也摇下车窗破口大骂！

我们每天活在孩子的目光里，你什么样，孩子就什么样。你想让孩子成为什么样的人，首先自己就要先成为一个什么样的人。

有的家长向我抱怨孩子不爱看书，我就问那个家长："请问，您每天看书吗？"如果家长不看书，家里也没有看书的环境，你也没有给孩子准备书籍，孩子怎么可能会养成看书的好习惯呢？

同伴的力量

父母和师长给孩子的教育是自上而下的，对孩子来说有压力，多少会抗拒，这叫作被动教育影响；同伴之间的影响，是平行的，也是平等的，对于孩子来说没有压力，并深信不疑，这叫作主动教育影响。好多家长都说，我费半天劲儿，还不如他们同学一句话管用，其实就是这样的原因。

著名教育家蒙台梭利是全世界最先倡导做混龄班级的人，因为不同年龄段的孩子在一个班级，大孩子就会主动承担榜样的作用，小孩子会不由自主地学习大孩子的样子。所以，如果有机会，一定把孩子送到一个混龄集体里去学习，孩子们既可以向更加优秀的同学学习，也可以成为别人的榜样克己立身。

老师的力量

我曾经遇见过很多朋友，他们都写了一手的好字，我很羡慕，问他们原因，很多人说是因为遇见了一个写字很棒的语文老师。对于学合唱的孩子来说，孩子们的歌唱方法、歌唱位置、歌唱习惯几乎和指挥一样。所以，“天使”选择指挥的时候，要求指挥必须有很好的范唱能力。

榜样的力量确实是无穷的，心理学界的多面手，班杜拉教授就提出了模仿学习①的理论：他带一群小朋友到实验室，让他们看一个成年人击打充气不倒翁，然后班杜拉会让人去奖励这个成年人或者惩罚他。当得到了奖赏的时候，孩子们也会去击打充气不倒翁。如果得到了惩罚，孩子们便不会去表现他们学会的击打行为。

班杜拉的这个行为实验也说明，孩子虽然通过模仿习得了某种不好的行为，但是在成年人的约束下，也是会收敛自己所学到的不好行为。该现象也符合皮亚杰对儿童道德发展规律的归纳总结，他发现儿童的道德发展是从他律到自律的。所以，我们不能放任孩子习得不好的行为而不去约束他，也要制定相应的规则，通过他律来发展孩子的自律。

①模仿学习：以仿效榜样的行为方式为特征的一种学习模式，包括无意模仿和有意模仿。无意模仿是在不知不觉中模仿榜样者，有意模仿是有一定的动机，刻意去学习榜样者的行为模式。

芳芳老师和孩子们

04

正确利用心理上的认知失调

大家都熟悉三国时期空城计的故事。司马懿为什么不敢进城？在于诸葛亮利用了司马懿对他的固有认知，用现在的心理学来解释，叫“认知失调”①。

当认知失调不断增加，人们就想要减少和消除失调的压力。想要减少和消除这种由失调而产生的压力和心理紧张，通常采取以下三种途径：减少不协调的认知成分；增加协调的认知成分；改变一种不协调的认知成分，使之不再与另一个认知成分矛盾。

诸葛亮用司马懿的认知失调，逼退了对方的十几万大军，取得了军事上的成功。而在教育活动中，如果我们正确运用心理学上的认知失调，则可以帮助孩子更好地成长。

1. 改变孩子的行为，使之符合想法

就像很多经验丰富的老师喜欢让比较淘气的小朋友当纪律委员，他就可以在心理认知上认为自己需要做好纪律工作，保证自己不要调皮捣蛋。

在天使童声合唱团，我们经常告诉孩子，你们是“天使”的孩子，要对自己有更高的要求和标准。这么做的目的是给孩子建立一个更高的标准和要求，让孩子有更高的认识，让他发现自己的行为和认

①认知失调：又被称为认知不和谐，指一个人的行为与先前一贯行为大有不同，让人从一个认知推断另一个对立的认知时产生不适感。

知不协调时，努力地改变自己的行为，达到行为和认知的统一。

行为和认知统一的过程，就是孩子提升的过程。孩子在心理暗示的作用下，会变得越来越优秀。所以，想要促进孩子进步，就需要了解孩子，给孩子制造更高的认知标准。这种方法能激励孩子进步的主观性，比大人用各种严格的规定来管理孩子有效得多。

2. 引进新想法，改变不协调状况

比如孩子认为自己比谁都聪明，而期末考试时，却有好几门功课不及格，他就会改变自己原先的想法，明白自己只是班上表现平平的孩子。如果他不愿意承认这一点，就会努力去寻找理由，如太贪玩没用心，如果他从想法上想要改变认知失调，就会主动去改变糟糕的表现，变得更加努力。

认知失调理论的提出者社会心理学家费斯汀格曾做过这样一个实验：他找了一些大学生来参与实验，让他们做一件非常无聊的事情——绕毛线球，拆开毛线球然后再绕成一个毛线球，要坚持 1 个小时。如果能坚持 1 个小时，实验人员会给这些大学生发钱作为奖励，有的人发了 1 元钱，有的人发 100 元钱，然后问他们："你们是不是真的喜欢做这个绕毛线球的事情？"

家长朋友们，你们认为是得了 100 元的人会说喜欢，还是得了 1 元的人会说喜欢呢？实验的结果发现，那些得了 100 元的人说他们根本就不喜欢这个事情，他们就是为了钱才做的，而那些得了 1 元的人却说他们很喜欢做这个事情。这就是一种认知失调的表现，这些得了 1 元钱的人就是产生了认知失调，因为 1 元钱也太少了，不能说服他是为了钱做这个事情，所以他们要说服自己是因为喜欢才做了绕毛线球的事情。

不要给孩子过多的物质奖励，孩子反而会认为他是因为喜欢才会去做那件事情。孩子的认知从不协调变得协调了，你的目的也就达到了。

05

环境属于第一教育（一）

听过我的新生家长讲座的妈妈们肯定听过这个话题：古有孟母三迁，今有家长择校。

现在的学校硬件差不多，家长们为什么还要择校呢？选择同学生源、校风建设，还有老师的教学水平。说到底就是选择名校！家长都听过环境造就人这句话，孩子生活在好的环境，身边都是积极上进、踏实努力的孩子，这个孩子也会变得优秀。

有个毕业男孩的妈妈跟我说："我就愿意让孩子来天使童声合唱团，他们这么大的孩子非常逆反，动不动还会说两句脏话。我就问他：'你敢在合唱团里说脏话吗？'孩子直接说：'我可不敢，会被大家嘲笑的'"。

天使童声合唱团注重团风建设，团规严格。老师们也注重培养孩子的自尊心，对孩子来说，违反团规会极为难堪。孩子们知道，在一个团体里，如不遵守团体规则，就不能融入集体。建设一个集体的风气，对于孩子来说很重要，环境导向起到很大作用。

在日常学习和交往中，老师时刻叮嘱孩子什么是好的行为，让孩子知道什么是对的、什么是美的。其实每个人都是向好而生，尤其是孩子，希望自己优秀而美丽。只是孩子们生活经验有限，有时分不清善恶美丑，教育者必须告诉孩子什么是真善美，纠正孩子审美观。

我经常告诉孩子，"天使"是什么？"天使"就是比普通的孩子更优秀更美的孩子。“天使”是圣洁而一尘不染的，你在各方面要比普通孩子好，你是他们的榜样。这种积极暗示带给孩子正能量刺激，让孩子向着美的方向要求自己。从语言美、行为美到心灵美，再到形象美，要随时随地把正确审美渗透给孩子。“天使”是参与公益活动最多的儿童团体，注重孩子在公益方面的发展，增强孩子的社会责任感，让孩子去帮助更多的人。在这种环境下成长的孩子，未来一定是有着优雅的行为、善良的心灵和阳光的心态的年轻人。

天使童声合唱团开展母亲节、读书节、生日会，还有期末考试大评比、礼貌小标兵评比、叠衣服比赛、收书包比赛等活动，都在为孩子创造最好的教育环境。

“天使”要求老师们有一双发现美的眼睛，只要看到在行为上、语言上、修养上有突出表现的孩子，必须在全班同学面前表扬，不仅是对孩子行为的认可，还能在班级里弘扬正能量，让孩子知道什么样的行为是对的、是美的、是在团里受欢迎的。在这种环境里长大的孩子爱读书、不喧哗、懂得爱自己、爱他人、有修养、有气质、有自信、有勇气。因此，每个孩子在学校里几乎都是最优秀的孩子。

作为美育教育者，重要的不是教孩子唱几首歌，而是提升孩子的审美水平，从小在孩子心里种下善良的种子，培养良好的修养和举止，培养孩子对艺术的热爱、对生活的热情，让孩子用敬畏之心对待每一件事。

天使童声合唱团的做法非常符合积极教育 ACE 的培养理念（其中的 A 就是 Aesthetic：审美力），对孩子审美感的培养，确实需要从小处抓起，多做积极的心理暗示，用环境中的美来感染孩子、影响孩子。清华大学彭凯平教授的研究发现：在审美过程中人们会产生愉悦感，这种积极的审美回应会使人们对审美对象产生更多的喜爱之情，审美愉悦和流畅性在审美过程中具有重要作用。

美和审美，是人类和社会发展进程中高尚而又普遍的精神现象。早在《庄子·至乐篇》中就提到，审美愉悦是“至乐无乐”。庄子认为，有别于温饱等生理满足后所得到的愉悦感，审美所能获得的是一种在忘我和超脱状态中的快乐，这种愉悦感虽然并不会伴有强烈的情感震荡，但波澜不惊一样是恬静祥和的积极状态。

从小涵的妈妈的来信中，我们能看到“天使”的环境对孩子的影响。

大家好，我是天使童声合唱团小涵的妈妈，很高兴能够通过这种方式认识大家！

2019 年，还是幼儿园小朋友的小涵在经历了初试、复试后，有幸加入了天使童声合唱团这个大家庭。那种脱颖而出的成就感至今难忘。

即使是一片树叶，也能倾倒一个季节，而无数片树叶，伴着优美的旋律漫天飞舞的时候，将倾倒整个世界。合唱团作为一门艺术，是一门需要所有团员凝聚在一起完成的艺术。合唱的艺术其实就是做人的艺术！从孩子最初时哭哭啼啼不进教室，到现在快快乐乐开心歌唱，背后是天使童声合唱团老师的爱和陪伴，是父母的坚持。坚持的路上有遇到困难后的沮丧与急躁，也有一点点克服困难的开心。每一位能坚持下来的孩子都应该感谢老师的鼓励、关爱，感恩父母的付出与支持。走过荆棘，在怀疑中保持坚定，在迷茫中不停奔跑，让我们坚持到最后的是热爱。

小涵在天使童声合唱团学到了很多东西，每月会有不同的德育主题月，孩子的思想在一点一滴中筑牢，本领在一点一滴中练就，作风在一人一事中塑造。孩子最开心的事莫过于每周末 3 小时的课程了，学知识的同时还有“天使”邮票，这可是外面买不到的呢。无论上课、排练，还是集训，孩子从未缺席。如果不是真的热爱，如果不是有一群爱孩子的老师们，孩子怎么能有这样的热情？天使童声合唱团的平台足够大，孩子先后参加过春晚、北京国际电影节等多场演出，台上一分钟，台下十年功，孩子经常排练到凌晨，从不叫苦叫累，书包总是整整齐齐，可见天使童声合唱团对孩子综合素质的培养。在如此严格的合唱团训练中，孩子学会了安静、学会了倾听、学会了合作、学会了服从、学会了分享、学会了尊重。老师用点滴的爱铸就孩子绚烂的未来！

辛勤培育、守候成长、呕心沥血、见证成长！感谢芳芳老师搭建的快乐平台，感谢“天使”每一位用爱心、诚心、耐心去启迪孩子纯洁童心的老师们。做有温度的事，唱有感情的歌，和“天使”一起成长！

06

环境属于第一教育（二）

学习成绩好的孩子未必智商比别的孩子高，而是注意力和单位时间学习效率高。提升孩子的注意力是家长和教育者们一直研究的课题，其实环境对孩子的注意力提升起着重要作用。

给大家展示两个画面吧，都是我做一线老师时的真实经历。

画面一：上课铃响，我走到走廊上，离得老远就听到班里孩子大声喧哗和打闹。进了教室，好多孩子跟没看到我一样自顾自说笑。再一看班里，桌椅歪七扭八，地面有扔得乱七八糟的书包啊，铅笔盒啊，各种书啊，墙面上的班级板报的照片掉下来一个角。

作为老师的我，再有修养，也禁不住想发火。

大家一定特别理解我当时的感受吧！在这种杂乱的教育环境下，孩子的心情肯定浮躁，能有好的注意力吗？能有好的学习效果吗？

画面二：上课铃响，我走进教室，安静得连根针掉到地上都听得到。屋里桌椅整齐，地面干净。每个人的桌面上整整齐齐、干干净净，除了必要的学习用具，没有乱七八糟吸引孩子注意力的东西。

在这种班级，老师恨不能多讲点知识，孩子的心都像环境一样干干净净、一尘不染，孩子的学习效率自然高。

时间长了，不仅可以提高个人学习效率，还能让孩子养成良好的学习习惯和生活习惯。

天使童声合唱团对班主任老师的要求是，背包的摆放方向一致，衣服的折叠方法一致，桌椅在孩子上课前摆放整齐，屋子一定要干干净净，不能有乱七八糟影响孩子注意力的东西。我们对孩子的要求是，上课统一穿天使蓝团服，蓝色是可以让人心情宁静和稳定的颜色，利于孩子变得安静踏实。班级里有一样的包、一样的衣服，整齐的颜色，孩子们能集中注意力。加上严格的团规，“天使”的教室即便上百人也会安安静静、踏踏实实的，“天使”的老师不用举着喇叭大嗓门喊话，就不会有崩溃的状态，也一定会把愉悦的心情和态度带给孩子们。

看学校环境的好坏不仅要看学生的来源和师资力量，还要看学校日常学习生活中，老师们是否面带由衷的笑容。

老师幸福，孩子才会跟着幸福。当老师们把爱给了孩子，才会发现孩子们的可爱。我从不相信一个心里对自己的工作充满抱怨的人可以把爱和幸福带给其他人。所以，我们希望孩子在天使童声合唱团的大家庭里，慢慢养成良好的学习和生活习惯。感受幸福，唱出有感情的歌。

积极心理学有个关于微笑的研究，把发自内心的真诚的微笑命名为“迪香式微笑”。

迪香是法国的一位医生，他发现人在笑的时候有三块肌肉在动，一是嘴角肌可以让嘴角上扬,露出上下八颗白牙,二是颧骨肌（苹果肌）可以让脸部发生变化，这两块肌肉都是大脑可以控制的。你想要装笑的时候也可以做出嘴角上扬、露出牙齿、脸部发生变化的表情，但是会有一种“皮笑肉不笑”的感觉。而发自内心的真诚的微笑会有第三块肌肉的参与，就是眼角肌（也叫眼轮匝肌），这块肌肉可以让眼角发生变化，让眼睛笑起来，这种微笑才是真正的微笑，是一种眉开眼笑的感觉,才是最能表现积极心态的微笑。这块眼角肌是不受大脑的意志控制的，你想要假笑、装笑的时候，是不会显示出眼睛的微笑的。

家长朋友们，欢迎大家来天使童声合唱团检阅我们的“迪香式微笑”，真诚的发自内心的微笑不但可以表现自己的积极心态，还可以感染更多的人！

07

环境属于第一教育（三）

家是避风港，是每个人最亲近的地方，对低龄孩子来说，家庭教育外部环境必须足够安全。一方面，孩子不能很好地照顾自己；另一方面，孩子从出生到3岁是建立安全感的最关键时间。此时，孩子需要妈妈的温暖和呵护，他们一睁眼，看到最有安全感的人陪在身边，就会很满足。

对孩子来说，还需要家人足够的陪伴。

在孩子形成安全感的过程中，父母没有缺席，一直陪伴在身边，孩子会非常有安全感。这个时期是孩子性格形成的最初时期，快乐和活泼的孩子都是有良好家庭氛围的孩子。

对孩子的家庭学习环境来说，应遵守几个原则：简单、干净、整洁。孩子的学习环境一定要简单，如果满地玩具，满屋乱七八糟，孩子的心肯定是浮躁的，容易出现走神和马虎等家长头疼的问题。

我前几天带兜兜学识字，平时在他自己的小桌子旁学习，效率蛮高，他目光所及之处，绝不能看到别的东西，免得分散注意力。有次在姥姥家待得时间长，就在姥姥家学，他先坐在地上，把学习用具放在沙发上，坐姿就开始歪扭了起来。身体一扭动，他整个精力就涣散，我拿了一个硬板凳过来给他坐，注意力集中了很多，学习效率也提升不少，身体肌肉紧张的状态带动他保持注意力。没多一会儿，大姨来给送一杯水，姥姥来给穿件衣服，姥爷来关心一下学习进度……整个学习过程比平时长了很多，更重要的是，我第二天带他复习，他几乎什么都没记住。我大为发火，可回想一下，这是孩子的错吗？明明是学习环境不对！

孩子的学习环境一定要保持：简单、干净、整洁。

家庭教育环境中还有一个内部问题，对孩子的教育，家人一定要统一思想、统一标准，温暖包容。统一思想就是对孩子的教育理念相同，首先是爸爸妈妈的理念要一致，经常讨论孩子的教育问题，交换教育观点和想法。

大家遇到问题时多沟通，谁对听谁的，统一行动。

如果家里有老人，一定要多和老人沟通交流，让老人认同父母的教育理念和策略。很多时候不是孩子的问题，而是家庭成员的教育理念和标准不同。

比如妈妈刚说不许吃糖，孩子一撇嘴不高兴，老人立马把糖塞进孩子嘴里，破坏妈妈的要求。长此以往，敏感的孩子无所适从，聪明的孩子有机可乘。更可怕的是妈妈教育孩子时，老人争当保护伞，甚至大人之间出现矛盾，对孩子的成长更是不利。在孩子看来，规则就是父母的叨唠和老人的纵容，没什么大不了的。

在这种环境中长大的孩子，上学之后都会出现任性、不听话、散漫、注意力不集中等问题。

为了孩子的教育问题，家里一定要立一个规矩，一个人管孩子，其他人都走开或闭嘴，有不同意见的话，在孩子不在的时候再讨论。

还有一个办法，就是教育孩子的时候把孩子带到单独的屋子，一个人面对面地和孩子说清楚，无论如何都不能让第二个人进来。

这时孩子会知道，我只能听从一个人的意见，没有讨价还价的余地。

孩子所有长辈和教育者的方向和目标必须一致，否则孩子会像被撕扯的八爪鱼，找不到成长的方向，永远没办法前进。

家庭教育的规则也可以请孩子来参与制定，形成书面的文字规则，由大家共同监督执行。

08

做有温度的事

有次跟一个妈妈聊天，她说："我家儿子说他特别喜欢芳芳老师，认为芳芳老师也喜欢他。"于是她问孩子："你怎么感觉到的呢？"

孩子说："今天去演出，芳芳老师拍了拍我的头，表扬我了。"

对孩子来说，老师一个简单的鼓励性动作，就给他们带来了心灵上的愉悦。对大人来说就是一个简单的动作，对孩子来说，却可以带给他们一天的好心情。

美国心理学家哈利·哈洛（Harlow）做过一个实验。

> 一些小猴子刚出生就被带离母亲。
>
> 哈利·哈洛为它们制造了两种"假妈妈"，一种是铁线绕成的坚硬妈妈，但铁线妈妈那里有奶瓶。另一种是软布做的柔软妈妈，这个妈妈只有触觉抚慰，没有奶水。
>
> 动物也好，人也好，都应该更依恋给自己提供食物的照顾者。但那些小猴们紧紧抱着没有乳汁的"软布妈妈"。它们当然会饿，在饥饿驱使下，找到"铁线妈妈"吮吸奶水，但只要一填饱肚子，就会尽快回到"软布妈妈"那里。大部分时间里，小猴子都依偎着"软布妈妈"。
>
> 哈利·哈洛继续实验，把能发出巨大声响的、造型可怕的敲鼓机器人放进笼子，看惊吓之下，小猴子如何选择。
>
> 小猴子果然大为惊骇，毫不犹豫地奔向了"软布妈妈"，用尽力气抱住她，在"软布妈妈"身边平静下来。即使一出生就只跟"铁线妈妈"相处的小猴子，也会优先选择"软布妈妈"。

哈利·哈洛又继续实验，这次的小猴子从出生起，没跟任何一个“假妈妈”或其他幼猴相处，孤独地待在笼子里。在8个月的“无母亲”生活之后，小猴子也被放进有两个假妈妈的笼子。当可怕机器人出现时，它们不会奔向任何一个假妈妈，它们绝望地抱着自己、摇摆身子、瘫倒在地。

不但如此，这些小猴子长大后几乎无法融入猴群，更胆小、更惧怕其他猴子。无论如何，它们都无法跟其他猴子正常社交、和平共处。小猴子里的雌猴即使当了母亲，也无法照顾自己的幼猴。

哈利·哈洛研究发现，小猴子们出生后跟母亲分离超过90天，此后再跟母亲或伙伴相处，也永远无法成长为正常猴子。

哈利·哈洛的结论是，母亲绝不仅仅是食物提供者，更重要的是，母亲给予的安慰和保护。在生命初期，母亲是一个“安全港”，幼兽们在惊惧、烦恼、痛苦时会到母亲身边，那是它们平静下来后重新出发，探索世界的基点。没有“安全港”的幼兽，只能待在绝望中，紧紧抱住自己。

联想到我们的孩子，会经常说“妈妈你陪我玩一会儿吧”“爸爸你陪我去看看书吧”，而我们正在忙碌，会不耐烦地说，“妈妈正工作，你先自己玩一会儿”。当孩子摔倒的时候，和小朋友吵架的时候，我们是不是会说，有什么可哭的，至于这么娇气吗？

我们慢慢就会发现，孩子们和电视、电脑的关系比和我们都亲密。

有次我家阿姨回家休息，兜兜天天哭着说想阿姨。

我不耐烦了，跟他说：“阿姨有自己的家，也要回家的，妈妈可以照顾你啊。”

兜兜哭着说：“可阿姨愿意和我玩啊，阿姨总是抱我。”

我忽然被孩子的话震住了，检讨自己陪伴孩子太少，给孩子的温暖太少，是不负责的妈妈。我开始刻意改变自己，当兜兜不小心摔倒时，我虽然要求他自己站起来，但是会抱抱他，给他揉揉摔疼的小腿，然后告诉他，下次一定要小心，不要再磕到腿了，他要是受了伤，妈妈会心疼。

后来，兜兜经常说：“我跑步可要小心，不能摔倒，不然妈妈会心疼。”

他说这话的时候，我都能感受到他语气里的幸福。

昨天我们聊天，聊到有些大人说话不注意，伤到孩子的心，兜兜插嘴说："就是的，伤到了孩子的心，妈妈会心疼的。"

有些爸爸妈妈时常忙忙碌碌心力交瘁，给孩子提供最好的生活条件，创造最好的学习环境，可孩子还是不能提升。其实孩子内心缺乏对父母的依恋感，这种缺失会让孩子缺失安全感，安全感的缺失会让孩子产生自卑心理，从而影响孩子的进步。

著名人本主义心理学家马斯洛是哈洛的学生，他在哈洛研究的基础上提出了人类需求的金字塔体系。

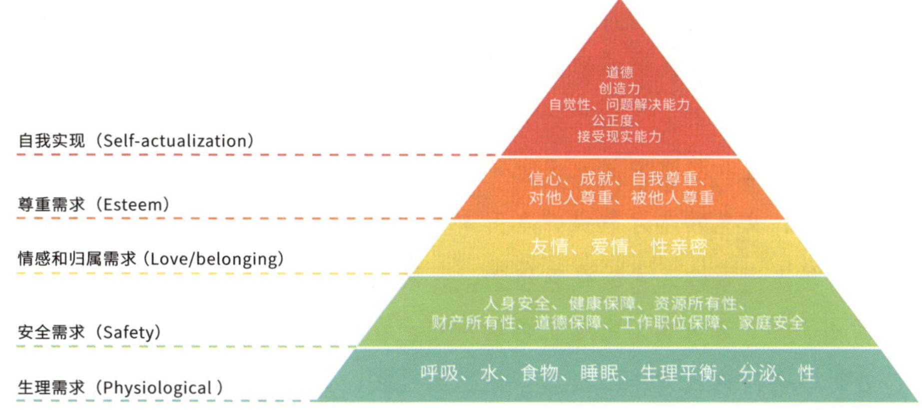

很多孩子缺乏的是爱和自尊需要的满足，他们调皮捣蛋的目的是吸引父母和老师的注意。老师也需要知道，在日常教育中不能只盯孩子的学习能力和成绩，更要注重孩子的心理需求，全身心地关心爱护孩子。

哪怕最简单的拍拍头，拍拍肩膀都可以满足一个孩子对爱的渴求。

在日常生活中，多一句问候、多一些安慰、多一点鼓励、多一些支持、多一点拥抱、多一些温存，都能让孩子感受到幸福和安全，改变孩子的生活和学习的态度与结果。

所以，教育不是冰冷的程序输入，是一个灵魂影响另一个灵魂的过程，是一个充满了爱和温度的过程，是做有温度的事。

09

教育工作者要提升学生的审美标准和情趣

四川省安岳县有一座石窟佛像，村委会觉得佛像老旧，找了几个油漆工刷了一层漆，结果让原本隽秀飘逸的佛像丑不堪言，成为“土味审美”的笑柄。

看到这种故事，让人哭笑不得，这也说明，我国的教育对美育不够重视。这跟我国的历史进程和经济发展水平密不可分。政治稳定才能发展经济，经济富足才能发展文艺，文艺繁盛才能提升全民审美素养。在美育教育方面，我们还要走很长的路，作为中国的艺术教育工作者，我们重任在肩。

看看当下的艺术教育对孩子们的影响吧。在许多成年人印象里，孩子们上台演出，就得画个绿色或紫色的眼影，粗黑的眼线，大红嘴唇再加上一对毛毛虫般的眉毛，孩子出场时，亲妈都不认识，我只想问：这真的美吗？

这样给孩子化妆的成年人明显缺乏审美水准，艺术教师个人的修养、审美水准和格局会对孩子产生潜移默化的影响。谁说中国孩子上台时必须浓妆艳抹？谁说中国孩子上台时必须穿得像过年时的红包？谁说中国孩子走在路上肯定大声喧哗？当“天使”的孩子们穿着天使蓝的团服，安安静静昂首挺胸地走在马路上、走进演播厅、走出国门时，全世界都惊讶地看到了不一样的中国孩子。

当天使童声合唱团的老师和孩子们把蓝色和白色穿出最高级的美，好多美育工作者开始改变自己团队的着装要求了。2019 年的北京市艺术节合唱比赛中，我接连不断地收到大家发来的照片，说这不是天使童声合唱团的衣服吗？这个衣服怎么跟天使童声合唱团的衣服这么像？

很多合唱团的老师们也会悄悄要求孩子们在课余和演出间隙带一本课外书，更有些合唱团把“天使”的理念直接拿来用，字都不改。虽然这种行为欠妥，但看到中国审美水平的提升，我深感欣慰。只要有人愿意来“天使”学习，“天使”就会敞开大门，知无不言，言无不尽。

我殷切地希望，未来的中国的孩子有修养、懂规则、善良宽容，具有高级审美意识。

中华文化历经数千年传承、发展和融合，形成了超脱于世界的独具一格，万古流芳的文明体系。看看我们的故宫、颐和园、长城、敦煌壁画、江南园林，再诵读一下经史子集、唐诗宋词。当这颗蔚蓝星球上大多数地区的人处于懵懂时，中华文化的先民们就已经创造出灿烂的艺术文明。只是我们太长时间没有好好欣赏它，没有认真读懂它，没有坚持传承它。

现在，是时候为孩子们建立文化自信了。

孩子的相貌和童音，是人生中最纯最美的东西，这个阶段转瞬即逝。我们不应为了迎合流量和关注度，让孩子浓妆艳抹，用成年人的方式歌唱。孩子的美，是高级而干净的美。

要欣赏这种美，需要大众提高审美水平，需要美育教育者不畏世间利益，坚守初心。做老师首先对得起良心，心里干净，才能带出纯净的孩子，才能让孩子看到真正的美，才能辅导出天籁的童声。最好的老师不是传授技能技巧，而是用他的方式和爱点燃孩子们对学科和艺术学习的热情和探索的欲望，所有科目的学习都是一个发现美的过程，让孩子们发现美，愿意主动探索美。

所有学科都不是一项技能，而是一门艺术。我们的美育之路任重而道远。

10

培养审美习惯，“臭美”也是美

在我的职业生涯里，很在意学生说的一句话：“老师特别爱臭美！”

这句话体现出部分人对“美感”的排斥心理，在这种心理的作用下，孩子很难建立起良好的审美习惯。

“美”是我们生活中非常重要的一部分，许多审美习惯都是童年时期建立的，当一个人有了发现美、欣赏美的眼睛，就会对生活的品质有更高要求，也更在意自己的美感，从而生活得更精致一些。

爱美之心，人皆有之，“臭美”这个词本身是一个历史性产物，在物资匮乏的时代，人们想美也不敢美，敢于挑战的人，一定是“臭”的。随着社会的发展，生活水平迅速提升，当解决物质需求之后，对美的追求就是人心所向，成了更高层面的基本需求。不应该再有“臭美”一说。

我就是一个所谓的“臭美”之人，喜欢买好看的衣服，出门之前把妆容化得精致大方，把衣服穿得得体漂亮，再搭配上好看的包包和鞋子，会给人很好的印象。我自己也会自信快乐，做事的成功率自然就会提高。

同样，我在生活中也非常追求美。无论是自己的房子，还是租来的房子，我和我老公都会尽心尽力把房间按自己的喜好装饰。漂亮简洁的房间，再加上有浪漫感觉的花园。即便在我们承受事业压力的疫情期间，只要坐在美丽的小院里，看看书，喝喝茶，感觉一切都会美好起来。好多人说：“这是你租来的房子，用得着对别人家的房子这么上心吗？”我用我听到过的最好的一句话回答：“房子是租来的，但日子是自己的！有的事我决定不了，但我要把我能决定的事做好。”

我妈一来我家就叨叨说：“吃饭就吃饭，干吗买那么好看的餐具？喝茶有个杯子就得了，还各种样子的一套一套的，咖啡又苦还得自己磨豆，速溶的不好吗？”

我想说，你爱生活，生活就爱你；你把日子过精致了，你的人生都是精彩的。我的生命长度有限，但我可以决定我生命的高度。我不过低配的生活，一个对生活有要求的人，肯定是对身边所有事都有要求的人，这也可以用配套效应来解释。一个对生活有要求的人，对待工作一般不会太差劲，生活水准会越来越高。因为他们有一个共同的特点，就是从不糊弄。不糊弄就是精致，一种很好的态度。

所以，我觉得，臭美的人会有好运，因为他们都是热爱生活的人。我们对孩子的教育也是一样的，作为妈妈和老师，我愿意给我的孩子穿得好看，有什么不好呢？

美国曾有机构做过一个实验：让一个漂亮女孩头发乱糟糟、穿着邋遢的衣服在广场上流浪，她接近谁，谁都会下意识地躲开。实验者又让这个女孩洗干净脸，穿上很好看的衣服，把头发整理好，站在原来的位置，很多人主动走过去问这个女孩是不是需要帮助，是不是找不到妈妈了。

这个实验告诉我们一件事：人类喜欢用眼睛感知和判断事物良善与否，就是我们常说的“以貌取人”。虽然很多人对此嗤之以鼻，但这是我们躲不开也避免不了的特点，对“美”的趋向选择，是人类进化的原动力之一。

这就是我主张培养孩子审美习惯的原因，当孩子爱美、欣赏美，就更容易得到外界的正向反馈，培养自信心。但是我不主张孩子把心思花在打扮自己上，更不是让小孩穿得跟大人似的，浓妆艳抹。孩子有孩子的美，只需要让自己在穿着上得体大方就好。

我们要追求的是高级的美，这样的美需要从小熏陶，要在孩子的心理上建立高层次的审美观，让孩子懂得什么是真美。虽然天使童声合唱团对孩子的着装要求很高，但我们不允许孩子披头散发，并让孩子把T恤的所有扣子都扣上。所以，

“天使”不是臭美，是真的美。

有些家长认为孩子还小，不懂得美丑，忽略孩子的审美需求，出于一些现实考量，让孩子不经意中陷入窘境。有的家长说：“孩子长个太快，别买衣服了，穿哥哥姐姐剩下的吧！”有的家长说：“孩子整天打打闹闹的，穿得出什么好来啊，凑合买件便宜的！”有的家长说：“孩子要长个儿呢，110 的身高买件 130 的衣服吧，可以多穿两年。”

家长的想法都没错，但我们没有考虑孩子内心的感受。每个人都需要被尊重，有追求美的权利，为什么他是孩子，就没有权利选择得体的合适的衣服呢？

我们前面一直在强调孩子的“衣着美”，衣着美的标准到底是什么呢？是追求名牌吗？不是！就像《如懿传》里说的：日子再不好，也不能丢了体面。

我认为的标准是，只要能让孩子穿得整洁得体，不是邋邋遢遢的样子，看起来神清气爽就够了。这样的孩子，不论谁看到，都会不自觉地对他多一些关照和表扬。这种认可和表扬就会在心理上为孩子架设自信的彩虹，帮助他们取得成就。

我们想让孩子穿得好一点，生活上精致一点，是希望帮助孩子建立积极乐观的人生态度，让孩子知道人生的美，无论未来的生活中经历什么样的艰苦，都不会失去对美好生活的追求。就像很多很有教养的老先生，即便是在极端逆境的历史时期也不会放弃自己，穿得整齐干净，头发梳得利落，只是因为他们心中有对生活美的追求。心中有希望，生活才有目标。

我们要从自己开始，每天早晨化一个精致的妆容，努力减肥健身控制身材，穿上靓丽得体的衣服，把自己的家和办公室装饰得漂亮舒适。提升我们的生活品质，才能提升我们的幸福指数，才能拥有最不遗憾的人生。

积极心理学的研究也发现，审美愉悦感可以带来思维的流畅性，在美的感受中，人的思路开阔、思维敏捷，学习力和创造力都大大增加。让孩子在美的享受中学习，学习效率大大增加，学习效果也会达到最佳。

11 让南风徐徐吹进孩子的心

天使童声合唱团选择老师的时候，有一条铁律：想做“天使”的老师，首先必须爱孩子！“爱”这个字说起来容易做起来难，但我们固执地认为，教育是影响人格的行为和工作，如果教育者没有“爱”做基础，再有学问、再有能力都不适合这个职业。

> 北风和南风比威力，看谁能让行人把身上的大衣脱掉。北风寒冷刺骨，行人把大衣裹得紧紧的。南风徐徐吹动，风和日丽，行人春意上身，纷纷解开纽扣，继而脱掉大衣，南风获得了胜利。

有一项南风法则，也称“温暖”法则，源于法国作家拉·封丹写的寓言。

实际上，南风法则是一种以爱为基础的法则。教育要改变人的心灵，孩子出现问题时，与其强压孩子就范，不如润物无声，用信任打动孩子。

著名教育家陶行知先生“四块糖果”的故事想必大家都听过，那个学生做错了事，心想可能要挨训，但陶先生却找出那么多优点，还给予奖励，学生非常感动，承认了错误。陶先生如果采取生硬说教的方式，有可能让学生产生抵触甚至对抗情绪。

这则故事告诉我们，教育者越强硬，用重压的方式逼迫孩子，越会激发孩子们的自我保护和防御机制，产生逆反心理。这种时候，所有教育理论都不可能奏效，只有润物无声的信任和习习南风的温暖，才能让孩子感受到我们的包容和信任，卸下防御，对我们敞开心扉。

爱是一种积极的情绪状态，也是一种积极的心理品质。积极心理学对这项品质的描述是“给予爱和接受爱的能力”，意思就是不但要表达爱，还要能接受爱。积极心理学之父马丁·塞利格曼有一个观点：人世间有三种爱——男女之间的婚恋之爱和两种不求回报的无私之爱，父母对孩子的爱是一种无私之爱，孩子对父母的爱也是一种无私之爱。

然而，在网上的一个小视频中，实验者让幼儿园的孩子和父母之间互相打分，苛责的父母都不愿意给自己的孩子打高分，满分十分只给孩子打个七八分，都能挑出孩子或多或少的问题，而孩子都不吝惜地给爸爸妈妈打了满分，甚至十二分！其实，父母都爱孩子，可是从表达爱的方式上来看，可能做的都还不够！我们也应该要接受孩子给我们的爱，不要只盯着问题和缺点。

“天使”尤其注重“爱的教育”，会利用每一个契机对孩子进行引导。望京团就发生过一件事儿。2021 年的某个周末，指挥老师上课时，在黑板上写了一首儿歌，让孩子们练习节奏：

一只哈巴狗 坐在家门口 眼睛黑黝黝 想吃肉骨头
一只哈巴狗 吃完肉骨头 尾巴摇一摇 向我点点头

课间休息时，黑板没擦，指挥老师回到教室后，发现黑板上的儿歌中的主人公由“哈巴狗”变成了“指挥老师”，很多同学脸上的笑意还没褪去。指挥老师一瞬间有些不悦，不过她很快意识到这是一次良好的教育机会。她没有立刻找出那个捣乱的同学，也没有鼓励其他同学举报，而是说：“我虽然不知道是谁，但我希望他/她能自己勇敢地举起手，勇敢点，敢作敢当。”

没人举手，不过指挥老师从孩子们眼神的聚焦中，已经知道始作俑者是谁了，她故作“愤怒”地离开教室，离开前说：“这种事情的发生，每个人都有责任，很多人觉得很好玩，没人制止，真是悲哀，我现在很生气，要出去冷静一会儿，你们自己想吧！”指挥老师看了一眼那个男孩，他羞愧地低下头。那个男生学习较为平庸，想用这种方式找存在感。指挥老师想利用这个机会改变这个孩子，5 分钟后，她回到教室，教室里依旧鸦雀无声。

指挥老师说：“这样的集体不是成熟的集体，这样的行为就是不尊重老师，如果对这样的行为，你们都能不以为然，我们学知识也不重要了。是不是任何事情任何人都可以这样开玩笑？你是不是也和你的爸爸妈妈这样开玩笑？而那些笑着的同学是不是和那位恶搞的同学一样？你的笑不是在看热闹，而是在助长他的威风，助长这样的行为！那些不作为的同学，你不是没有能力告诉他这样做不对，而你选择了沉默，我的集体不需要沉默的人！这块黑板我不擦，就留到最后！”

短暂的沉默，有同学举手，表达自己的歉意。有的说“我该及时制止”，有的说“我不该笑着看事情发生”。孩子们表达完歉意，课堂继续，剩下的一小时转瞬即逝，孩子们更认真听讲，看似在“补偿”，实则是指挥老师激发了孩子们对老师和课堂的敬畏之心！

下课后，其他同学被接走了，那位恶搞的男孩被指挥老师留下来，指挥老师说：“我知道这件事情是你干的，你有什么想跟我说的？”孩子的眼神中充满歉意，说：“老师对不起，我真的只是想开一个玩笑，谢谢您没拆穿我。”指挥老师说：“其实我真没生气，我只是想通过这件事情告诉你一个道理，老师和你可以是朋友，但课上永远是师生，你把它留在黑板上不擦，就是对老师的不尊重。”指挥老师又摸摸他的头说，“我们仍然是好朋友，你可以放学了。”

后来，这个男生在一系列的练习、打卡、回课中积极认真，指挥老师又在回课中点名表扬，肯定了他的成长和进步。如今他越发优秀，老师不用操心任何课下内容，他也对自己的专业更加有信心。

在教育中，每一个小事件都可以成为教育契机，一个好孩子可能就由此而来。一个老师对于学生的爱体现在所有时刻，老师要走进孩子心里，和孩子们同频，同时树立老师的威严。

12 唱有感情的歌

艺术源于生活。

有一句话叫作:“乐则生矣，生则恶可已也，恶可已，则不知手之舞之，足之蹈之。”大概意思是，当一个人感觉快乐，不知怎么表达自己的喜悦之情，只能唱起来跳起来才能抒发情感，歌唱和舞蹈是表达情感的艺术形式。

艺术形式的根本是什么？是技巧？是难度？都不是，艺术的根本是情感。

我一直认为，衡量一个艺术作品的好坏，不是看难度，也不是看技巧；衡量一个合唱团的好坏，不是看人数，也不是看能唱多少个声部的歌，重要的是看能否把作品的情感表达出来，感染听众。

优秀的指挥要爱合唱

一个优秀的指挥，像暗夜中的火炬，能把自己对音乐的情感和热爱传达给孩子，点燃孩子心中对艺术的火苗，燃烧孩子热爱艺术的心。

因此，我们对“天使”的指挥的要求就是爱合唱。

一个人的职业是用来填饱肚子的还是用来追求幸福的，是不一样的概念。

如果一个指挥把自己的工作只当作挣钱渠道，他可能不太会努力追求艺术作品的本真情感，在工作中投入的热情和力度就不会打动孩子，更不会点燃孩子的激情。

我心目中最美的音乐老师就是电影《音乐之声》里的玛利亚，她热爱生活、热爱艺术、热爱孩子。她的心里充满对生活对艺术的热爱。她用对艺术作品的热爱和理解，引领她的学生一起幸福歌唱，这才是一个优秀的指挥的样子。

我们不刻意追求歌曲难度，不逼着老师参加各种比赛，给老师提出的最基本要求是，用您的方式让孩子爱上唱歌。

比如，当我们拿到一首作品时，不能急着先让孩子学唱歌曲，应该先让孩子了解歌曲的创作背景。如果那是首外国作品，我们先让孩子了解创作这首歌的文化内涵，包括作者的性格和成长经历。

当我们对作品的民族文化、基本风格、社会背景和文化内涵有所了解之后，再带着作者对作品的情感读歌词。孩子们才能从这些内容当中深刻理解歌曲的情感，更好地把歌曲的情感表达出来。

唱一首好歌和读一本好书有异曲同工之妙，我们能否把作者的情感用我们的声音表达出来，甚至升华，才是对一个合唱团的考验。

技巧只能是为了把情感表达得更好的工具，只教唱歌的技巧，是做好了艺术教育的表面文章，没有把艺术要表达的最核心的价值传递给孩子。能做到对艺术作品进行分析和引导的指挥才是有灵魂的指挥，这样的指挥太难找。

幸运的是，“天使”的老师都做到了。

要理解歌曲的含义

2019 年，北京国际电影节闭幕式的彩排现场，孩子们演唱歌曲《我爱你中国》。上台前，我们给孩子讲解对这首歌曲的理解，孩子们也展开想象，自己理解歌曲的含义。

在台下，我们没要求孩子们去刻意设计什么整齐划一的动作，只是让他们把手放在胸口，跟我们一遍一遍地朗读歌词。不久以后，后台变得异常安静，只听到孩子们充满感情的朗诵声。朗诵以后，我们要求孩子们安静一分钟，我看到了每个孩子眼睛里噙着泪水，我的眼眶也湿润了。

彩排以后，导演跟我说："芳芳老师，孩子们唱得太好听了，我当了这么多年导演，第一次听这首歌流泪。"直播时，孩子们动听的歌声让所有人为之感动，现场很多明星艺人和孩子们一样，眼噙热泪。这就是唱有感情的歌带给别人的力量，这就是台上台下与作者之间跨越时空的情感共鸣。

杨坤老师参加《歌手》时，有一期邀请"天使"的12个孩子作助唱嘉宾，演唱少数民族歌手吉胡的歌曲《长子》。那首歌表达的是，家里最大的孩子长大了，离开父母和兄弟姐妹，但是他的心里依然牵挂着自己的家人。

如何让这些孩子深刻地理解歌曲的情感，成了我们必须解决的问题。

我们把孩子们聚集到一间屋子里，没教孩子唱歌的技巧，反而让他们一遍遍地念歌词和理解歌词。指挥老师说："你们是家里的老大，你们长大了，要离开家，离开自己最爱的爸爸妈妈和兄弟姐妹，此刻是什么心情？你的妈妈在山的那边远远地看着你，天天盼着你，你想跟妈妈说什么？你们要面对面大声喊出来。"

屋子里沉默了很久，孩子们一个个地尝试。有的孩子喊："妈，你放心，我会好好的！"有的孩子说："妈，我会想你的！"有的孩子还没开始说，眼泪就哗哗流下来，泣不成声。

老师们都抑制不住内心的感动，和孩子们一起流泪，感受歌曲的情感氛围。

上台前，我对孩子们说："孩子们，你们几个大孩子就像是"天使"的长子一样，你们即将用你们的拼搏，给你们的弟弟妹妹赢得最好的舞台和最高的荣誉，作为妈妈的我，连同你们的老师们一起，为你们而骄傲。总有一天你们都会慢慢长大，也会离开我们，到那时候，你们想和我们说点什么？"我的话还没说完，孩子和老师们都已哭成一团。在孩子们用心的歌声里，杨坤老师在这场比赛中赢得了全场第一名。比赛结束，乐团指挥靳海音老师对杨坤老师说："你得好好谢谢这几个孩子，他们唱得太好了。"

情感要渗透到细节

我们对孩子们的情感要求渗透到每个小细节。

比如说，我们要求孩子唱不同歌曲时，用不同声音去唱。

我们演唱中国的民族歌曲《长子》、原生态民歌《声律启蒙》、中国知名艺术歌曲《我的祖国》时，要求孩子的声音位置一定要靠前，要唱出中国民歌特有的清脆感。

我们演唱德国歌曲《乘着歌声的翅膀》的时候，要求声音位置靠后，用欧洲传统的发声方法演唱。

孩子们在老师的指导下，会灵活地运用不同的音色表现歌曲，这也是孩子们艺术学习能力的提升，这就是歌曲的表现力里最重要的内容之一。

所有的外国歌曲，我们都要求孩子用原文演唱，就是要告诉孩子们，一首歌曲的歌词和曲子，在写作时，经过了作曲家和作词家反复推敲琢磨，某一个元音就应该对应这个音高才好听，所以，如果我们将歌词硬性翻译成中文就失去了作品本身的美。

这些都是艺术作品的魅力所在，是学艺术的孩子必须了解和学习的内容。

歌曲的情感表达不是做给别人看的，你是否用心去唱，只要听到你的声音就能知道。我们要求孩子们哪怕是在录音棚里，都必须带着情感歌唱。

我们唱的每一首歌首先是唱给自己的，必须先打动自己、愉悦自己，我们唱歌的过程就是享受音乐的过程，所以，我们要求孩子在录音棚里也必须要带着情感演唱。

无论作品多难，无论作品给孩子们留的时间多短，我们都非常严格地要求孩子们背会谱子再进棚录音。

老师们都说:“看着谱子录音，让孩子难以情感充沛，会分心，所以必须背谱子。”

孩子们录音时，通常会自觉带着身体律动演唱，身体的律动是他们每个人自己对歌曲情绪的理解。就算这样，指挥们还经常告诉孩子们，要用神经病唱法再唱一次，这也是调动孩子们情感的积极性的方法。

我最喜欢听孩子们录音，坐在操作间里，听到孩子们充满感情的歌唱，我会不知不觉地随着孩子们表达出的喜怒哀乐，改变我的情绪和状态，真的是一种充分的享受。

而孩子们演唱的过程也是孩子们充分理解和享受歌曲的过程，所以他们经常站立5个小时，不觉得累和苦。我想这就是对艺术充满热爱的结果。

最好的教育就是激发孩子们的主观能动性。当孩子们热爱他们所学的学科，他们会发自内心地主动探究知识的重点难点，也会有充分的信心和勇气。

多难的歌曲，对于他们来说，都不是困难的事。

教育也是一个无为而治的科学，为了教育而教育，其实是最笨拙的方式。

很多听过天使童声合唱团歌声的人都说:“‘天使’的声音特别好听，‘天使’的声音有自己的特点，‘天使’的声音特别打动人。”

若要探究其中的原因，我想不是技能技巧占了多少便宜，更重要的是，“天使”的孩子们在“天使”指挥们的引导下，学会了唱有感情的歌。

积极情绪小结

我们常用喜怒哀乐来形容人的基本情绪，其中喜和乐都是积极情绪。其实，积极心理学家芭芭拉·弗雷德里克森把积极情绪分为十种：喜悦、感激、宁静、兴趣、希望、自豪、逗趣、激励、敬佩和爱。

通过天使童声合唱团的积极情绪故事，我们也能体会到积极情绪的扩展和建构功能。当人们展现出积极情绪的时候，比如经常开心地迪香式微笑，就会受到更多人的欢迎和喜爱，从而能够结交更多的朋友，也能够更好地与他人合作，有效配合。

我们在关注积极情绪的同时，也不能忽视消极情绪的力量。在人类的进化过程中，消极情绪发挥过积极的作用，消极情绪的趋利避害功能让我们得以生存到今天。积极心理学也并不完全否定消极，只是希望积极和消极的比例保持在大于3:1或者是5:1就好了。在家庭教育的场景中，如果你讲了一句消极的话，批评了爱人或孩子，记得用三句到五句积极的话去弥补，你们的生活就又会和谐起来。

“天使”团员们呈现的精彩演出

第3章 什么是积极投入？

01

参与感 = 责任感

很多家长跟孩子说，你管好学习就行，其他一切都不用管。这种理念教育出来的孩子，不会有太多责任感。孩子会觉得除了学习，其他与我没关系，我不用管，我也不关心。人在社会里求生存，除了成绩，还有更重要的素养需要家长们重视，责任感是其中之一。

如何培养孩子的责任感呢？在家庭教育里，要做到以下几点。

1. 让孩子做力所能及的家务劳动，尤其是自己分内之事

孩子是家庭的一员，要学会关心家里的大事小情，孩子还小的时候，先把自己能干的事做好。如 3 岁的孩子可以学着叠衣服、整理书架、收拾玩具；6 岁以后的孩子学会整理睡床、拖地、洗碗；再大点的孩子学会购物、洗衣服、做饭、擦玻璃……尽量让孩子参与家庭工作，让孩子觉得自己是家中一员，提升孩子责任感。

2. 家里的大小事务应该一起讨论，孩子有判断能力时，可以听孩子的意见

就算孩子还小，没有判断能力，也要给孩子讲清楚家里为什么这样安排。

这种家庭环境培养出来的孩子，肯定情商高，做事有条理。反之，那些两耳不闻窗外事，一心只读圣贤书的孩子，在这方面就会差很多。如果他们没为家庭出过力，没有干过活儿，怎么能体会

父母的不易呢？这种从不会为别人考虑的孩子，未来加入集体生活，将遇到更多难以预料到的困境。更为麻烦的是，当他们遇到困境的时候，孩子自己不知道问题的根源出在什么地方，也不可能找到解决方案。

3. 当家里人需要照顾时，应该让孩子担起照顾的义务

让孩子懂得自己是家中一员，理应担负起照顾家人和爱护家人的责任，而不是以自我为中心，永远只能被照顾。参与照顾家人的过程，也是培养孩子感恩之心和责任心的过程。

能够把家人照顾得很周到很全面的孩子，一定懂得如何站在他人角度，设身处地地考虑问题。

家长在孩子小的时候，就要创造一些自己需要“被照顾”的情景，让孩子先从这类照顾大人的游戏中，逐渐成长为有担当、有责任心，懂得如何帮助别人的人。

只有这样，孩子长大后，当家里出现了一些真的需要他来承担的事情的时候，他才能真的挺身而出，独当一面。

我们经常在新闻里听到关于“巨婴”“妈宝”的一些让我们看起来匪夷所思的事件，这都是源于早期教育中缺乏责任感的教育而导致的。

4. 家庭中仪式感的建设也有助于孩子责任感的培养

樊登老师说：“给孩子举办一些庆祝仪式。这不是把孩子宠坏了、惯坏了，而是让孩子觉得自己是重要的。一个人觉得自己是重要的，觉得自己是被人爱、被珍惜的，他会提高自己的自尊水平，不至于把自己扔在下游中漂流，也不会和别人比惨。”

仪式感，在我们日常生活中分为很多种。

一种是简单的精致用心的生活，例如全家一起布置一个温馨的环境；一起策划一场快乐的出游；一起去健身、阅读；一起共进晚餐。哪怕是早餐里一个精致的摆盘、客厅中一个别致的装饰，或者书房里一个漂亮的书架，抑或是冰箱上从世界各地旅行带回来的冰箱贴。

这一切的用心，能让孩子感受到不糊弄的生活，养成严谨细致的生活习惯、对生命和家庭的热爱，更在潜移默化中提升了孩子的审美情趣和对未来生活品质的要求。

另一种是为孩子策划各种活动，例如小型家庭音乐会、孩子的生日聚会、孩子的表彰会等。

提前制作精致的邀请函，让孩子去邀请他喜欢的亲人朋友参加聚会。

在聚会上，让孩子穿自己喜欢的礼服，介绍自己的作品，展示自己的技能，所有来宾也要很有仪式感地聆听、观看，给孩子热情的掌声。

这种仪式就是樊登老师所说的，让孩子觉得自己是有价值的人，可以帮孩子树立自信心，提高学习兴趣。

再一种是各种值得纪念的日子，例如家庭成员的生日、母亲节、父亲节、感恩节、重阳节、圣诞节、万圣节、春节……这些值得纪念的节日需要全家集思广益，出谋划策。

节日里，所有的人互相拥抱、祝福、感恩，营造出的温暖会影响孩子一生的幸福。

被爱包围长大的孩子，会把这样的爱和幸福保存一生，并传递给他未来将要构建的家庭。

周末午餐后的空闲时段里，我们可以带孩子来一次全家户外散步。迎着温暖的阳光，手拉着手，闻闻花香，听听鸟鸣，感受生活的幸福。而对于孩子来说，拉着爸爸妈妈的手，哪怕只是随便走走，都是生命中最快乐的时光。

大家一起行动起来，过上精致美好的生活，打造温馨幸福的氛围，让孩子们在充满仪式感和爱的家庭环境里长大吧！

02

一起来唱歌和跳绳吧

2020年新冠疫情暴发时期，孩子们不能到校上学，只能每天在家上网课，合唱团的日常排练也没有办法进行。于是，我组织团里的小朋友利用休闲时间跳绳打卡，这种活动不仅可以帮助孩子锻炼身体，也可以帮助孩子培养注意力。而且每天按时打卡的方式，可以让孩子们相互鼓励，从而更能够坚持下去。

美国伊利诺伊大学科研人员在新一期美国《神经学杂志》上发布的研究成果。

> 研究小组对20名9岁学生进行测试。第一天，学生休息20分钟后，研究人员对他们进行系列测试；第二天，学生们步行20分钟后，进行同样的测试。每次测试，研究人员都会监测学生们的脑电图，了解大脑活动情况。结果显示，参加完体育活动后，学生们回答问题时更加集中注意力，答案更准确，问题越难，准确率越高。脑电图分析表明，刚参加完体育活动的孩子能更好地分配注意力资源，不易受外界因素影响。

为了证实这一结果适用于学生的课堂表现，研究人员让学生们进行阅读、单词拼写和数学3项测试。最终证明，学生在体育活动后会取得更好的成绩。

运动能力分为大运动能力和精细运动能力。大运动中，孩子的各部肌肉、神经和感官要相互配合才能完成动作，需要好的协调能力和平衡能力。如孩子跳绳时，眼要看，手要摇绳，脚要在准确的时间起跳，这些配合都要经过大脑指挥才行；折纸时，孩子的眼睛和手要配合起来，这叫“感觉统合”。感统失调往往造成孩子的动作笨拙，注意力不集中，解决失调的有效办法就是运动。

合唱训练和跳绳一样，也可以有效解决注意力不集中的问题。当孩子们一起完成一个作品时，注意力需要高度集中。指挥老师不会用语言提醒孩子提高注意力，他的手就是指挥棒，孩子们的注意力必须高度集中在他的手上，才能演唱好歌曲。

唱歌时，孩子们唱着自己的声部，耳朵要听着其他同学的声部，同时要听着钢琴伴奏，要看着指挥，身体也要完成律动，还要背歌词、想歌曲含义、做表情……演唱歌曲就是孩子进行感统协调的过程，因此，学合唱的孩子比普通孩子的注意力要高两倍以上，分配注意力的能力也比普通孩子强很多。

孩子们都要准备期末考试了，他们基本上都是线上完成学习，压力大，家长们的压力也不小。孩子们学了一天，注意力越来越不集中，学习的效率也越来越低。如果没有适当的休息和调整，就无法让孩子进行高质量的学习。这段时间里，可以让孩子们下楼呼吸一下新鲜空气，跳跳绳，出出汗。运动可以促进身体产生多巴胺，内心感受到愉悦和放松，之后的学习必然是集中而高效的。

如何让孩子乐于运动呢？

家长可以和孩子一起参与体育运动，不但能培养亲子关系，还能让我们的心情和身体状态好起来。唱歌也是能产生多巴胺的身体运动，如果孩子不爱运动，可以让孩子大声歌唱，也是能调节孩子注意力的好方法，我们每次排练以后，孩子们都表示很过瘾很开心，在歌唱过程中，多巴胺为他们提供了幸福感受。

家长要适当调整孩子的锻炼强度，不要为了打卡而快速增加跳绳数量，要慢慢增加练习的数量和强度，让孩子能适应这个运动，从而爱上这个运动。

最重要的一点是要坚持，在群里打卡的目的就是鼓励孩子互相监督。跳1000个绳不难，难在每天坚持。老师和妈妈在群里做榜样，带领孩子每天坚持一种体育锻炼，不仅可以提升孩子们的身体健康指数，也能调整孩子们的心情，从而提高学习效率。

所以，孩子们和妈妈们都一起来唱歌跳绳吧，音乐和运动可以使我们快乐。为我们幸福的生活一起加油吧！

03

自己的事情自己做，培养孩子专注力

很多时候，做事情专一的孩子都是自理能力强的孩子，很少或基本不求助家长。而那些一心二用、丢三落四的孩子，做事情时更倾向于寻求家长的帮助。

在天使童声合唱团的学习排练和演出中，老师们明显感受到孩子自理能力的强弱差异。好多孩子丢三落四，自己包包里有什么不知道，甚至不认识自己的东西。来的时候，衣服穿得还算整齐，去一趟厕所，衣服就凌乱不堪。老师们也发现，自理能力不强的孩子，学习成绩和效率要落后一些。

自理能力弱往往会导致孩子自控力和专注力比较差，“天使”也有过比较典型的案例。

海淀某团的小毅是个专注力比较差的孩子，他很聪明，有想法和主见，与大部分家庭相同，他的家里只有他一个孩子，所以他备受宠爱，堪称家里的“小霸王”。

入团时，孩子妈妈提前向老师说明了情况，说孩子很散漫、不受约束，希望老师该怎么管就怎么管，打骂都不怕。老师们以为是妈妈过度焦虑，孩子再淘气还能淘气到哪儿去？

孩子入团的第一堂课，让老师们长了见识，课上坐不住，自控力较差，一会儿趴着，一会儿躺着，一会儿又把垫子顶到头上，提问题和表达想法时从不举手，不管老师正在讲课还是在请同学举手回答问题，他想说就说。

老师看到他没有专心听课，没有坐好，都会及时提醒，但无济于事，他左耳朵听右耳朵冒，毫不在意。几次课下来，老师们发现他其实有很多的优点，乐于助人，喜欢当老师的小帮手；他很聪明，只要用心，能很快吸收老师课堂上讲授的内容；他很要强，只要他想做的他一定会做好。

在之后的课堂中，老师们会耐心地引导他、鼓励他。

上课坐不好，老师会提醒他，不听没关系，班主任老师在他旁边坐着，陪他一起听课。课上他主动举手回答问题时，指挥老师会马上表扬。不论在课堂行为，还是日常行为习惯上，只要有进步，老师都会及时表扬。

当老师们纠正他的问题，他不听甚至发脾气时，老师们会静静地等他发泄完情绪，再去耐心温柔地与他沟通交流。如果因为他发脾气而去吼他，拿出大人的“高姿态”去跟他沟通交流，势必适得其反。

经过半年多时间，小毅在各方面进步明显。

虽然课上偶尔会坐不好，但再也没有趴着、躺着了，课上也会遵守课堂规范，积极举手回答问题，每次得到老师的表扬，还会露出特别骄傲的小表情。

疫情复课后，他的进步更大，我们给了他一次演出的机会。

刚开始小毅开心得不得了，在家里特别努力练习，第一天打卡也把词都背下来，动作都记下来，视频录到自己最好的状态才发给老师。但第二天导演组临时增加了三首歌，小毅在群里看到这个消息时情绪直接崩溃了，因为他很要强，他要做就要做到自己最好的状态，突然增加的三首歌让他感受到特别大的压力。

他在家里号啕大哭，边哭边说：“我不参加演出了，我不参加了！又加了三首歌，谁一天也练不下来！”

妈妈一直在旁边安慰他，但无济于事。

妈妈迫于无奈对他说：“你自己跟老师说你不参加了。”妈妈本想拿话激他，以为他不敢打电话，没想到他拿起手机就拨通了老师的电话，哭着说：“我不参加了！又要记动作，又要背歌词，还是三首歌！刘老师也做不到！”

老师劝解他：“不必一天全部背下来，可以先记词，看着视频做动作打卡也是可以的，你没有尝试为什么就觉得自己不可以呢？”

他听到老师劝他坚持,气得挂断电话。指挥老师刘老师又给孩子妈妈打电话，跟孩子聊了一会儿，让孩子妈妈先带他出去玩儿一会儿，放松一下心情，再听听他的决定。后来他还是坚持下来了，在家里努力练习动作、记歌词，演出前老师带他一起练习了一下，他圆满地完成了那次演出。

节目播出的那天，妈妈给老师发信息，说他高兴坏了，挨个给家里人打电话，让家人看电视，上面有他的演出。

其实每个孩子都是一粒种子，只要细心灌溉，他就会努力向着一切美好的事物靠拢，绽放出最娇艳的花朵。专注力差的孩子，只要得到有效的引导，也会慢慢变得好起来。

要培养孩子的专注力，还是从增强孩子的自理能力入手，天使童声合唱团老队员里有几个特别优秀的男孩子，每次演出时，无论给同学们分餐还是帮老师拿东西，都抢着来。就算做了很多事，衣服也没有污渍和凌乱，演出服小西装永远板板正正的。

我看到过这几个男孩子的书包和家里的书桌，全都干干净净、整整齐齐，这么多年来，他们从没有过丢三落四的情况。

自理能力强的孩子，基本是家长敢于放手的孩子。

有些家长不让孩子干活儿，还找各种理由和借口：孩子小、自己做不好、长大了就会了……或者认为孩子做不好，家长还得在后面收拾残局，所以事事包办代劳。

时间长了，这种孩子就变得事事不操心，没有责任感，又缺乏条理性，更不会合理安排自己的物品和生活。

培养孩子自理能力的过程，就是让孩子从小事开始，主动去探究和学习的过程。在探究的过程之后，自然而然地增强了注意力和专注度。

所以自理能力强的孩子，专注度都非常高，专注度高的孩子，学习成绩自然差不了。

天使童声合唱团一直重视孩子的自理能力，给孩子们下发的背包里都会有一张“天使”自己设计的卡片，写着孩子每次上课以及演出需要带的物品。

这个卡片不是给家长看的，是为孩子准备的。

已经认识字的孩子，可以自己根据卡片的提示，自己做准备；不认识字的孩子，可以由家长帮忙念卡片，让孩子自己做准备。孩子自己准备东西，心里就增加了参与感与自觉性，懂得学习是自己的事，不是为了爸爸妈妈去学。

同时，他们也清晰地知道自己带了什么，上完课的时候也不会落下东西。

老师们还开展了叠衣服比赛、收拾物品比赛等教育活动，目的是培养孩子的自我管理能力和专注度，也能在这个过程里，增强孩子的自信心和责任心。

我在日本时，有一次在火车站碰到一群去参加夏令营的孩子，由家长送到火车站集合，所有孩子都自己背着行李，排队等候进站。

孩子连自己的包都不背，未来如何能承担生活的苦。

所以每当我看到家长给孩子背包，都去扮演那个不太受欢迎的角色，我会很正式地告诉孩子:“不要让大人帮我们背包。”

我们要学会自己的事情自己做，因为学习是自己的事，生活更是自己的事。看过电影《楚门的世界》就会知道，只有不被别人左右和规划，才能真正发现学习的乐趣，找到生活的幸福。

自己的事情自己做主，这也是楚门电影里从头到尾的追求。

积极心理学的核心要义就是“能动性”(Agency)。

人有能动性才为人，即人能够控制自己、调节自己，发挥自己的能动性、自主性。这个“能动性”看起来如此强调“自我”,但是“自我”并不真的是“我想”如何就去如何，人是有理性的，“我想”“我觉得”这都不足以成为你决策或者与他人交互的理由。

真正自我的发挥，是控制自己，让自己适应社会和环境，并时刻调节自己的思想和行为，这才是真正的“能动性”。

04

论“习惯养成”

在一次直播讲座里，我有幸请到海淀区某名校著名数学老师徐老师来到直播间。徐老师任教40多年，积累了大量一线教育经验，是有名的“救火”型老师。哪个班的数学成绩上不去，就让徐老师教，不用半年，孩子们的成绩就能得到显著提高。

直播时，徐老师说得最多的不是孩子怎么应付考试，怎么刷题，也不是怎么上辅导班，反而是孩子基本习惯的培养方式。

家长问孩子马虎怎么办？徐老师说：“孩子的注意力习惯养成得不好。”

家长又问，孩子一听就会，一做就错怎么回事？徐老师说：“孩子的听讲习惯养成得不好。”

家长再问，孩子不理解题意怎么办？徐老师说：“要让孩子养成日常阅读的好习惯。”

说来说去都是习惯！

陶行知先生说：“教育就是培养习惯。”一个真正有经验的老师，不会动不动鼓励家长给孩子报辅导班，而是让孩子养成基本的学习习惯。有一次家长问我：“芳芳老师，我每个月给孩子花好几万元钱报班，可孩子学习成绩就是上不去。”我说：“建议你把班都退了吧！你家孩子在合唱团上第一次课的时候就看出来了，他是注意力习惯不好，你在家好好帮助孩子养成好习惯，不用报班学习成绩也能上去。”

每个孩子的智商都不相上下，决定学习成绩和学习效率的因素不是报了多少班，花了多少钱，而是行为习惯和注意力。一堂课 40 分钟，注意力好的孩子，可以高效地集中 30 分钟到 35 分钟，注意力差的孩子只有不到 5 分钟。日积月累，成绩就会拉开距离。

那如何养成良好的习惯呢？

1. 培养良好的阅读习惯

无论孩子学习什么课程，都先从培养阅读习惯入手。阅读习惯是所有学科学习的必备因素，阅读过程也是理解和深入思考的过程，良好的阅读习惯不仅培养孩子的独立思考能力，也能让孩子的心沉静下来，养成踏实认真的学习习惯。

2. 培养孩子独立思考的习惯

家长们一定不要去代替孩子做任何本应他们自己做的事。当孩子养成心理和生理的双重依赖以后，慢慢就变得不会独立思考。孩子习惯了依赖，没有体会到通过自身努力获取知识和成功的快乐，就不会对学习有需求和欲望，怎么可能得到好的成绩？

3. 养成自我管理的好习惯

有了好的学习习惯，孩子的学习才能事半功倍。一个优秀的孩子，一定不比谁聪明多少，而是拥有自律和好习惯。

养成良好的学习习惯，可以让孩子终身受用。当今社会已经大力提倡终身学习，且不说大学里的学习就是以自学为主，生活中的常识更是需要孩子自己去探索。现在有一个新“三好学生”的标准，就是“身体好、性格好、习惯好”。“身体好”是发展的本钱和基础；“性格好”可以快速融入环境，与同学朋友和谐相处；“习惯好”包括生活习惯和学习习惯都好，能够生活自理和保持独立学习，孩子才能适应未来社会的变化。

05

了解心理学中的“禁果效应”

今天和妈妈们聊起来，有个妈妈说，孩子的逆反心理很严重，越说别把哪个东西弄坏，孩子很快就给弄坏了。我坐在电脑前思考这个案例，想起心理学里的“禁果效应”①。

禁果效应也叫作“亚当与夏娃效应”，越是禁止的东西，人们越想要。越希望掩盖信息，越能勾起别人的好奇心。

有一句谚语：“禁果格外甜”，就是这个道理。

在教育孩子的过程中，妈妈们应该了解“禁果效应”。

我之前说过孩子们追星时，你越是压抑孩子，就越会激起他们的热情。倒不如反其道而行之，采用引导的方式，让孩子明白，追星不是什么大不了的事，孩子们反倒不会特别看重了。

例如，我不让兜兜吃糖，把糖藏在最高的柜子上，却激发了他对糖的渴望，每天想办法吃到糖。

后来，我把糖放在他唾手可得的地方，约法三章，吃完糖要记得漱口，他反倒对吃糖不是那么热衷了。

有妈妈问孩子青春期早恋的问题。青春期的少男少女们互相喜欢是再正常不

①禁果效应：越想隐瞒一些事情或信息，越会引来他人更大的关注，人们充满好奇和窥探的欲望，甚至千方百计获得这些信息。

过的事，我们年轻时，谁心里还没有个悄悄喜欢的对象？

如果我们如临大敌，控制孩子，或切断孩子的正常人际交往，往往激发了孩子对这种情愫的向往，想尽办法对家长隐瞒。

当孩子对我们隐瞒，才会出现难以控制的结果。所以，我们应该像对待朋友一样，对孩子的情感表示理解，并且告诉孩子，我们年轻的时候也有相同的经历，但我们希望孩子不要因为情感而影响自己该做的事。到了更大的年龄，我们也可以正面回应有关性的话题和问题，引导孩子向积极的方向发展，避免因孩子的好奇心而产生不好的结果。

“禁果效应”也可以正向利用，以达到意想不到的效果。

如果我们想让孩子学习一门课程或者某项技能，可以说：“你还是不要学了吧，这个课程虽然很有意思，但也有一定难度，需要下功夫，你不一定学得好。”也许能激发出孩子的挑战热情，利用更多时间和精力用心学习。

总之，孩子在成长过程中，有很强的好奇心和逆反心，我们不要刻意强调不想让孩子触碰的东西，使之变成“禁果”，还要学会正向引导和疏解孩子的困惑，帮助孩子健康成长。

我们也可以利用“禁果效应”，把孩子不太喜欢的事物变成孩子在乎的事物，引导孩子往积极的方向发展和进步。

06

教育中的蝴蝶效应

蝴蝶效应是指在一个动态系统中，初始条件下微小的变化能带动整个系统长期的巨大的连锁反应。任何事物发展均存在定量与变量，事物发展过程中的轨迹既有规律可循，同时也因为不可预测的“变量”加入，打破原有轨迹并形成新的轨迹。一个微小的变化能影响事物的发展，说明事物的发展具有复杂性。

“天使”的老师们常说：“教育无小事。”当孩子对学习不自信时，老师说两句鼓励的话，可能会成为孩子学习的动力和最重要的支持，也许孩子会因为老师的一句话而改变人生。

唱歌是一个输入、解码和输出的过程：耳朵先听到音乐，通过振动频率不同，大脑会反馈出不同的音高，即音乐的输入，然后音高通过大脑的转换，由振动信号转变为神经信号，即音乐的转码，再通过神经系统将信号传递给声带，模唱出类似振动频率的声音，即为音乐的输出。

一般情况下，都是因为大脑记得不清晰，输出时出现偏差，所以唱得不准。这种孩子不是所有的歌都唱不准，熟悉的歌曲他就能唱得很准。所以，孩子需要一个认真负责的老师，只要用正确的方式方法慢慢训练音高记忆力，孩子就能唱得越来越准。

在教育过程中，我们要懂得蝴蝶效应，知道教育无小事。每一个教育者，要从细节上注意自己的言行，我们的任何言行都有可能影响孩子的一生。

07

正确理解教育中的手表定律

手表定律是指拥有两块以上的手表不能帮人准确地判断时间，反而会制造混乱，让看表的人失去对时间的判断。另一层含义在于，人不能同时使用两种不同的行为准则或者价值观念，否则行为将陷于混乱。

有一个故事是这样的：

> 森林里生活着一群猴子，每天太阳升起时外出觅食，太阳落山时回去休息，日子过得平淡而幸福。一名游客穿越森林，把手表落在树下的岩石上，被猴子猛可捡到。聪明的猛可搞清了手表的用途，成了整个猴群的明星。猴子们都向猛可请教确切时间，猴群的作息时间也由猛可规划。猛可建立起威望，当上了猴王。
>
> 猛可认为是手表带给自己好运，于是每天在森林里寻找，想捡到更多的表。功夫不负有心猴，猛可拥有了第二块和第三块表。
>
> 出乎猛可的意料，有三块手表的猛可产生了新的麻烦，每块手表的时间显示并不相同，不能确定哪块手表上的时间正确。群猴发现，每当有猴子来问时间时，猛可总支支吾吾答不上来。它的威望大降，猴群的作息时间一塌糊涂。

我们在教育活动中也能运用到手表定律，即所有的教育者，家中所有长者和父母都需要在统一的教育目标和标准下对孩子施加影响，否则，孩子对规则的理解就会产生混乱。

一个家庭中的所有成员，无论是父母还是爷爷奶奶、姥姥姥爷，在对于孩子的教育问题上，一定要制定一致的标准和规则，不能有方向完全相反的规则标准存在于同一个教育环境中。而且，一旦这个规则制定下来了，就要全员都严格遵守，绝不允许家庭中某个大人做带头违反规则的事。如果发生这样的情况，那么之前所有在孩子心里建立起来规则意识都将化为乌有，孩子就会逐渐对规则缺乏敬畏之心。

对规则缺乏敬畏之心是很可怕的事，如果一个人的心里没有任何规则意识，那么他在未来成长的道路上会更容易受到与社会准则相悖的不良事物的诱惑，也更容易犯一些难以弥补和挽回的错误。

家长对孩子的一次次妥协，其实从长远意义上看，就是在给孩子的未来成长设立一个个障碍。看似是爱，其实是害。往小了说，也许就是在吃糖或者看电视、玩游戏等一些事情上的一点点妥协，看似无关紧要。但是在孩子成长过程中，有太多看似无关紧要的事情，是和他们成年后的行为息息相关的。

家长应在孩子入学前或进入新的教育环境前，全面了解新的教育环境的规则，尽量多和老师沟通，了解其教育理念和要求。例如每次天使童声合唱团招生大会，我会亲自给带孩子来参加考核的家长开讲座，内容就是“天使”的教育理念和规则要求。我深刻懂得，如果家长不能理解“天使”的教育理念，就不可能很好地配合“天使”老师们的工作。

父母和老师都是孩子的教育者，共同教育孩子之前一定要相互了解，达到理念、目标、方式方法的高度统一，一股劲儿地帮助孩子提升和进步，否则老师和家长的教育理念会产生拉锯战，让孩子无所适从。

就像我们只有一块表，即使时间是错的，我们也只能按这个时间做事。可是我们有了两块表，时间又不一样，我们能遵循哪只表的时间？就像赛跑，我们不能给孩子设定两个终点，如果设了两个终点，就不能责怪选手，一定是组织跑步比赛者的错。

08

延迟满足：培养孩子的自控能力

自控能力是成功最重要的因素之一，缺乏自控能力的人，很难严格高效做事，也就不太可能达到世俗意义上的成功。

自控能力体现在多个方面，需要做到注意力集中，严格管理自己的身体和时间。用具体事件来说，一个人能做到该睡觉的时候睡觉，该工作的时候工作，工作期间不被外界事物干扰等。

总而言之，自控是实现效率的前提。重要的是，自控能力是可以从小培养的，要是家长们能够对孩子进行严格的自控力培养，对他们未来的发展有着非常大的好处。对孩子进行自控力训练的一个最有效方式就是“延迟满足”。

延迟满足的实验

20 世纪 60 年代，美国斯坦福大学心理学教授沃尔特·米歇尔进行了一次著名的“延迟满足”实验：

研究人员在一间幼儿园找来数十名儿童，让每个人都单独待在只有一张桌子和一把椅子的小房间里，桌子上的托盘里放着孩子们爱吃的东西：棉花糖、曲奇饼或者是饼干棒。

研究人员告诉孩子们，他们可以马上吃掉托盘里的甜点，也可以等研究人员回来时再吃，如果选择后者的话，研究人员会再奖励他们一个棉花糖。如果孩子们想提前吃掉甜点，要按铃，研究人员听到铃声就会回来。

对孩子们来说，实验的过程颇为煎熬。

有的孩子捂住眼睛或是背转身体，不去看诱人的甜点；有的孩子做一些小动作：踢桌子，扯自己的头发，甚至用手去打棉花糖。大多数的孩子坚持不到 3 分钟就放弃，一些孩子甚至没有按铃就直接吃掉甜点，另一些孩子则盯着桌上的甜点，半分钟后按了铃。还有三分之一的孩子成功延迟了自己对棉花糖的欲望，他们等了大约 15 分钟时间，研究人员回来并向他们兑现了奖励。

这个实验最初的目的是想知道为什么有人能延迟满足，有些人只能投降。然而米歇尔在随后的观察中，偶然发现这些少年的学习成绩与他们延迟满足的能力存在某种必然的联系。

从 1981 年开始，米歇尔逐一联系已是高中生的653 名参与实验的孩子，给他们父母和老师发去调查问卷。问卷调查结果表明，当年马上按铃的孩子无论在家还是在学校,更容易出现行为上的问题,学习成绩也比较差,通常难以面对压力，注意力不集中而且很难维持与他人的友谊。而孩子等待吃糖的时间越长，他们后来的 SAT（美国高考）成绩就越高，那些坚持时间最短的孩子（最后 3 名）比起那些坚持时间最长的孩子（前 3 名），总体成绩相差 210 分。我们都知道，一个有自控能力的人往往更容易成功。有自控能力的人,可以控制自己对享乐的需求，把时间用于学习和提升；可以把自己对美食的诱惑控制住，保持良好的身材；可以把对权力和金钱的欲望控制住，做一个淡泊名利的雅士……

懂得克制 拥有完美

这让我想起 2019 年的夏天，天使童声合唱团的所有孩子和老师经历了一段难熬的考验：世园会大型驻场秀美丽家园的演出。每周五和周六晚上，合唱团从 5 岁到 15 岁的孩子都参与多次演出。场地大,观众多,孩子们要在舞台上变换队形，导演组对节目要求高，对孩子们的挑战极大。

可我们没有别的办法，就一个字：“练”！

7 月的天气暑热难耐，由于是室外场地，孩子们和老师们就站在大太阳底下排练，一次次地走位，一次次地调整。在这种情况下，孩子们要克服热、晒、辛苦、注意力分散等问题。他们一遍遍练习，就是一次次克服诱惑的过程。

看到孩子们这么辛苦，我非常心疼。不过，当演出结束，我们赢得现场2500名观众热烈的掌声时，我感动得热泪盈眶。这些孩子值得所有的鲜花和掌声，这种规模和效果的演出是他们的同龄人很难见到的。许多家长亲自观看过世园会的演出，看到自己孩子在舞台上表现得那么优秀，也觉得孩子们的付出和克制都值得。

孩子们也得到他们应得的棉花糖——能力和见识。

同时，“天使”在管理制度上也注重培养孩子的自控能力。例如“天使”对孩子们的出勤要求很严格，给予相应的积分奖励。有的家长表示不理解，我就告诉家长:“记得一次暑假集训时，正赶上北京下大暴雨，那天我担心孩子们来不了，但是，奥森集训的孩子们连迟到的都没有，这种自律的孩子，不该得到奖励吗？”

“天使”的演出严格按照积分排名来挑选孩子，把机会留给有准备的人。

我每次都对孩子们说:“不要以为你们是合唱，那么多人，你眼睛往旁边瞟一下也没人看得到。其实镜头很近，每个人的表情都会被特写镜头放大，你眼神飘了，就会显得很不专业。”所以，孩子们站在舞台上时都非常克制，不仅克制自己的表情和眼神，还要克制自己对镜头和观众的紧张情绪，克制对七彩绚烂的舞台的好奇心。

每一次演出，都是在对孩子进行一种自控能力的训练。

一个懂得克制的人，才能拥有完美的人生。

突然间长大的小博

海淀某团小班的小博刚加入“天使”时,他是个自控力和耐力都较差的孩子。课上坐也坐不住，站也站不住，课间无法坚持安静阅读。小博妈妈非常配合老师工作，对孩子要求也比较严格，老师们都会耐心教导小博。当小博在某一方面有了进步，老师们会及时给予鼓励，课下经常与小博妈妈沟通。

小博的第一次明显改变发生在2022年3月，一个公益MV找到“天使”，小博被选入演出，由于疫情的原因，孩子们只能在家里练习，由爸爸妈妈帮忙拍摄。

有次我提醒小博妈妈别忘了在群内打卡，妈妈说孩子还在练习，那时已经是晚上快11点了。11点半左右,小博妈妈在群内上传了小博的打卡视频,点开视频，看到孩子眼睛红红的。据小博妈妈所说，孩子记不住动作，一直练一直练，到后面坚持不住了，哭了好半天。

在老师的鼓励下,在妈妈的陪伴和坚持下,小博努力地完成了他的第一次“演出”。在那之后，小博在课堂上的专注力好了一些，坐姿和站姿也有了一点改善。

小博第二次有明显的改变，也是最为突出的一次，是2023年8月的动画周，他是整个海淀三团唯一一个当选的小班同学。此次演出歌曲较多，小博每天都会坚持练习到很晚。在孩子坚持不懈的努力下，在老师和妈妈的鼓励关心下，他终于拿下了此次演出的几首歌曲，困难却没有到此结束，之后几天的彩排最考验孩子。第一天演出就顶着大太阳，小博第一天就已经有些坚持不住，快要哭了，但他咬牙坚持了下来，夜里12点多才回家。

在后来的彩排中，不是顶着太阳就是迎着风雨，小博很坚强，很努力地坚持着。演出结束后，小博好像突然间长大了，课上不需要老师的提醒，会主动规范坐姿，他也会积极回答问题，热心、耐心地帮助班里的小同学。同时，他也主动帮助老师，课间安静地阅读。

重视孩子的延迟满足，让孩子从小学会延迟满足，让孩子学会期待、学会感激、学会珍惜、学会克制、学会奋斗，体验成功的快乐和人生的幸福。

沃尔特·米歇尔出了一本《棉花糖实验》的书，特别指出了通过延迟满足培养孩子自控力的三大原则：

1. 自控力是可以通过训练来培养的；

2. 通过想象来转移注意力的效果非常好；

3. 规则制定者（父母或老师）一定要言而有信，遵守诺言。

09

培养时间观念，做自己的时间规划师

时间管理是一门艺术，养成管理时间的习惯可以提高学习效率，让生活变得井井有条，利于塑造孩子的性格和维持孩子的心理健康，使之在未来的人生中拥有更多可能性和可塑性。

时间和效率密切相关，合理利用时间可以提高学习和工作效率，所以大多成功人士都极为重视时间管理。合理分配时间，合理利用时间，养成好的时间习惯，是孩子成长中的必修课。

前几天有妈妈在群里问我："孩子做事太拖沓，做什么事都要催怎么办？"这位妈妈的问话透露了两个信息：首先，这位妈妈意识到时间管理很重要；其次，这位妈妈对孩子要求过高。

每个孩子在小的时候都有懒散不惜时的阶段，时间观念不是生来就有，需要慢慢养成，循序渐进，不能一蹴而就。另外，每个孩子的性格存在先天差异，有的急脾气，有的慢性子，时间观念的建立有早晚之分。

如果妈妈们想让孩子尽早建立时间观念，可以借鉴以下几点。

1. 让孩子从小感受到时间的存在

我们要在孩子特别小的时候，就让孩子感受到时间的存在。最直观显示时间刻度的是时钟，所以让孩子尽早学会使用时钟，就成了给他们培养时间观念的重要手段。即便孩子还不认识数字的时候，也可以经常让他看表，告诉他现在是几点钟，我们应该做某项事情了。

特别是当孩子要做最感兴趣或者最渴望的事情时，能从指针的转动和变化中，感觉到时间的存在和流逝。这样，我们就能比较轻易地让孩子把抽象的时间与具象的指针位置联系起来。

2. 要从孩子的视角出发，帮孩子制订时间规划

我们要根据不同年龄段孩子的心理和生理特点制订时间规划。年龄较小的孩子和学龄前儿童，制订时间规划时就要比较粗略，除了起床用餐和睡觉等生活上的时间节点之外，学习、阅读、玩耍等活动安排，最好每项保持在两个小时以上。不要担心孩子用太长时间做一件事，只需把控好孩子每天的生活节奏，不影响健康就可以。

年龄大一些的孩子，父母要和孩子一起制订和规划时间，甚至让孩子自己规划时间。制订好时间规划后，我们和孩子一起，在生活和应用中逐渐修改和调整表单，达到孩子和家长都满意的平衡点，然后按这个时间安排实施一段时间，再根据孩子的情况进行调整，让孩子管理自己。

3. 要区分“固定时间规划”和“弹性时间规划”

计划往往没有变化快。许多安排好的事情，会因某些环节的改变而被迫调整。无论多么严谨的人，都不能忽视生活中的“变量”。

我们帮孩子规划时间的时候，尽量不要把生活切分得太过碎片化，也不要把每天所有事情都安排到孩子的时间表。有些事情我们可以预估花费的时间，例如起床、洗漱、用餐等，可更多的事情，我们没法预估，例如画画、练琴、学习、写作业等。

为孩子制订时间规划时，我们要把生活中某些项目放在“固定时间规划”里。到了固定时间，孩子无论在做什么事，都必须遵守这个规划。而另外一些项目，可以放在“弹性时间规划”这个栏目里，可以根据孩子的兴趣点和当天的心情弹性管理。当孩子没玩够或者还沉浸在自己的绘画世界、音乐世界、书籍世界时，我们可以在不影响“固定时间规划”的情况下，适当顺延。

不过，我们要提前跟孩子做好约定，把不遵守固定时间规划的后果告诉孩子，让孩子自己承担。

“天使”在教育过程中极为重视培养孩子的时间观念，“天使”经常承接大型演出，无论场地还是现场人员都是一个庞大系统，在这样的演出中，每个节目的录制时间安排都非常严格，一个优秀团队的基础就是严格遵守时间。

有一次“天使”在央视演出，大家在央视门口集合，“天使”有个特别优秀的老队员，是这次节目演出的骨干力量，当天演出时，其他孩子都到位了，她却迟迟没到，我打电话给她妈妈，妈妈回复说路上遇到堵车，可能会迟到。

我非常焦急，很怕她迟到，一方面孩子表现力很好，演出需要她，另外孩子这么多天准备演出，回课也是很积极努力，我也不想辜负孩子，我跟孩子妈妈是很好的朋友，也不舍得。但面对其他没有迟到的孩子，我内心很挣扎。虽然她有一万个我为她放弃原则的理由，但面对“天使”2000个孩子都努力敬畏和遵守的规则，我也不能破例，否则我对不起所有坚守规则的孩子和家长。

正想着的时候，这个孩子从远处跑过来，我顿了顿嗓子，当着所有孩子的面说：“孩子，不好意思你迟到了5分钟，“天使”的规则是……”这个女孩子低头说：“迟到不能参加演出。”

孩子说完这句话，我看到孩子闪烁但是强忍住的泪水，心里顿感刺痛，温和地看着她说：“宝宝，我知道你委屈，我知道你努力，我知道这件事不怪你，但规则就是规则，芳芳老师今天对你严格以后也会对其他同学严格，今天你做好表率遵守规则，同学们都会佩服你的付出和坚强，未来我们有的是演出，凭你的实力，我们再争取其他机会好吗？来，抱抱宝宝。”

我给了孩子一个大大的拥抱，忍着眼泪让妈妈接走了孩子。

到了台里，我给她妈妈发信息，说了同样的话，妈妈支持和理解我的做法，通情达理，也表示会和孩子沟通，做好孩子的心理建设。面对这样的家长，我真的很感动，我能做的就是更加努力地给孩子们创造更多机会，让孩子们绽放在舞台上，不辜负家长对我们的无条件支持和信任。

这件事让参与演出的孩子受到震撼，大家心中的小偶像也没有特殊待遇，规则大于一切。

这件事以后，“天使”的演出再没有家长迟到，“天使”成了最遵守时间的团队，被所有合作伙伴称赞，“天使”的孩子们懂得了敬畏规则，也懂得了遵守时间。

作为团长，我懂得以身作则的重要性，兜兜马上6岁了，今年也开心地通过考试，加入了他梦寐以求的天使童声合唱团，成为“天使”的一员。

他加入“天使”的那天，我郑重地在教师群里写下了承诺：

> 关于兜兜同学，请各位老师严格要求，因为严格要求才是对他最好的爱，不要给他任何特殊照顾，进到团队就是团队的一名普通团员，我们将严格遵守团规，努力上进学习，如果兜兜不能按时高效完成回课，没有积累够自己的专业能力，积分不够，请大家不要给兜兜安排任何演出机会，在“天使”里，所有的孩子都是平等的，只有学会用自己的努力赢得自己的舞台，那个舞台才是真正属于他的舞台，我希望我的儿子可以用自己的能力去赢得属于自己的成就。

时间观念的建立是一个漫长过程，家长的言传身教比强加干预更为重要。

制订时间规划，也是父母与孩子加强沟通和深入理解的过程。在这个过程中，妈妈和孩子的关系会更加亲密。

“盛年不重来，一日难再晨。”

惜时与守时是衡量一个人品格的重要指标，给孩子培养出一个良好的时间管理的习惯，远比给他们提供更为优渥的物质条件更为重要。

10

做事分先后：该做的和想做的

现实生活中，我们经常遇到做事分不清先后主次的人，往往在不起眼的小事上花很多时间，却没时间做重要的事情。

分得清先后，不是很简单的事儿。这需要培养一种长期的行为习惯，即先做好该做的事情，再去做想做的事情。如果颠倒了顺序，就无法给该做的事情留出足够的冗余时间，导致学习或工作上的混乱。

“天使”的老师们非常明白这个道理，所以经常给孩子们重复这个观念，让他们养成良好的行为习惯。

即便我们知道孩子们喜欢唱歌，可“天使”的老师们还是要求孩子必须先把学习搞好，再来唱歌。老师们不停地告诫孩子，学习是我们的首要任务，只有把学习搞好，老师和爸爸妈妈才有理由支持他们做想做的事儿。

心理学界有个概念，叫“普雷马克效应”。普雷马克最早提出，利用频率较高的活动来强化频率较低的活动，可以促进低频活动的发生。这一原理被称为“普雷马克原理”。因为祖母常用这种方法对付孙子，又被称为“祖母原则”，即“先吃了蔬菜，然后就可以吃甜点”。说得更明确点，就是先让孩子做一些不太喜欢的事情，然后“柳暗花明”就可以做自己喜欢的事情了。比如我们想让孩子按时写作业，就先了解孩子的爱好是什么，如果她的爱好是看动画片，那么就和孩子约定好，先把作业保质保量写好，才能去看动画片。以此类推，做好作业才能看动画片，读完英语才能去玩游戏，期末考试考好了才能全家一起旅游等。这样的方法可以更好地调动孩子的内心积极主动性，提升孩子完成任务的效率。

但是这个效应的运用也有几点需要注意的地方。

1. 必须是先有行为，后有强化

我们必须让孩子把该做的事做好，再去做喜欢的事，顺序不能颠倒。如果没有原则地让孩子做了喜欢的事，然后再去做该做的事，不仅不利于做事的成功，而且会让孩子产生惰性，起到反作用。

2. 让孩子认识到行为和强化之间有正相关的关系

家长们要有原则地强化孩子的完成质量。比如，孩子为了玩游戏，而糊弄自己的作业，如果家长没有按规定要求孩子的作业质量，就达不到最好的处理效果。

3. 要用孩子喜欢的活动去强化相对不喜欢的活动

这点是要求家长制定要求的时候，充分了解孩子，懂得他们真正的喜好，而不是家长想当然的喜好。好的办法就是家长和孩子一起制订计划，先问孩子喜好的活动是什么，让孩子自己制订计划，才能达到最好的活动效果。

4. 制定规则可以根据现有情况进行调整

孩子的兴趣爱好是会随着年龄的增长而变化的，如果我们订的计划总一成不变，孩子可能今年对这个计划的强化物感兴趣，明年就完全不感兴趣。我们的方法就会失去效力，因此，我们要根据孩子的喜好随时调整我们计划的制订。

小煜是个活泼开朗、很可爱的女孩，但她的个性却很自我，家长也很无奈，说她一直这样沉迷在自己的世界里。老师们想了很多办法，每次上课前都会单独跟小煜强调上课前应该准备好什么东西。渐渐地，小煜的跟随性越来越好，并开始参加演出，现在小煜已经成长为一名优秀的合唱团团员。

在教育过程中，最重要的还是培养孩子的行为习惯，让他们分得清事情的轻重缓急，自主做好规划。等他们养成好的习惯，并使习惯成自然时，就可以放弃奖励的方式，让孩子从被动走向主动，从盲目走向自觉。

11

让孩子变得更专注

合唱是一门专注的艺术，要求所有孩子必须注意力高度集中，如果有孩子无法集中注意力，在这个小群体会很容易被辨识出来。

曾有家长抱怨说：“芳芳老师，我给孩子报了各种培训班，花了很多钱，可他的学习成绩就是提高不了，他是不是智力有问题？”

我去课堂观察了一下那个孩子，发现他在训练时，动不动就低头看鞋，摆弄乐谱夹子，看看墙上的照片之类的。一堂课下来，他的注意力只集中了三分之一时间。我就明白这个孩子的问题出在哪儿了。

课后，我留下孩子的妈妈，说：“你儿子没什么智力问题，他只是注意力不集中。”

孩子妈妈说：“没错，他就是注意力不集中，我经常说他。”

我说：“你把给孩子报的补习班都退了吧，没用。”

她很诧异地问：“退了？他本来就跟不上。”

我说：“问题不在这儿，孩子比较小的时候，你们家里人是不是很多？我看到每次团里出去的时候，都是爷爷、奶奶、姥姥、姥爷一大家子人送孩子过去。”

她回答说：“对啊，我们两家关系非常好，孩子也爱热闹。”

我说：“这点容易出现问题，因为家里人多，孩子培养专注度习惯的阶段，就被耽误了。”例如，孩子正入神地玩玩具，奶奶过来给他倒杯水，爷爷过来给他剥个橘子。孩子深度专注的状态被一次次打断，养成注意力不集中的习惯。

叶圣陶先生说："教育就是培养习惯。"孩子的习惯不好，成绩自然不会太好，报的班再多也没用。习惯没养成，花多少钱都没用。

专注度应该如何培养？我有以下几点建议。

1. 营造良好的生活和学习环境

家里人多热闹，孩子性格一般比较开朗，这是孩子的优势，但这样的孩子容易被家庭环境打断注意力，容易形成注意力涣散的毛病。人多的家庭，一定给孩子创造一个独处的安静的空间，让孩子可以安安静静地在这个环境里玩耍，从而对他感兴趣的事物深入探索研究。

2. 不要代替和指导孩子的学习探索过程

很多妈妈过于负责，总是害怕孩子在学习探索的过程中出错，所以总是在孩子身边进行指导。殊不知，这种看似好心的指导也会扰乱孩子注意力，导致孩子思考过程被人为中断。而且孩子还容易形成依赖心理，失去学习的动力和目标，更不能体会主动思考后的快乐。

3. 避免做急性子妈妈

很多妈妈急性子，在孩子独立做事的时候，嫌弃孩子做得慢，妈妈会抢过去做。孩子不是成年人，做事速度肯定比较慢，尤其孩子在探索做事过程的时候，需要反复尝试直到成功。在这个过程中，如果我们总是催促，孩子自然不能集中精力，从而破坏了孩子的专注度。

4. 创设良好的家庭氛围

曾经有个文静的小女孩，学习成绩一直不错，专注度也高，但是有一段时间，指挥发现这个孩子经常精神不集中，注意力涣散。我们专门找她妈妈谈，得知最近爸爸妈妈吵架，家庭气氛很紧张。父母吵架时，孩子最无助，不知道该帮谁，更不知道该怎么做。心理敏感的孩子甚至还会把爸妈吵架的问题归结在自己身上，在家里表现出平时很难看到的懂事和小心翼翼。这样的心情和状态一定会造成孩子的专注度降低。

5. 养成专注的学习兴趣

很多孩子做事虎头蛇尾，比如想学唱歌了，学了没几天，感觉回课有难度，不想坚持了，于是放弃唱歌，去学舞蹈，学到一半觉得舞蹈太苦，于是放弃舞蹈去学游泳。学了一半觉得游泳呛水很难受，又不想学了。孩子会在不停放弃的过程中，养成不专注的习惯，做什么事儿都坚持不下来。

6. 从小事训练克服惰性的能力

天天跳绳打卡，跳绳谁都会，但重要的是要坚持每天 5 分钟。很多孩子刚开始跟着大家一起打卡，慢慢地就不坚持了。这时，家长们要鼓励孩子坚持下去，目的是养成孩子坚忍的性格，如果孩子能坚持不懈，专注度肯定能得到有效提升。

7. 养成阅读的好习惯

看书无疑是专注度最高的学习行为，我们专心阅读时，可以达到两耳不闻窗外事的境界。养成阅读的好习惯，可以让孩子注意力高度集中。因此，当"天使"参加所有活动时，孩子们都必须带一本课外书。

8. 让孩子学习一门艺术

合唱是培养孩子专注度最好的途径，没有之一。合唱一般是多人训练，那么多人一起唱歌，没有喊预备齐的情况下同频共振，什么时候强，什么时候弱，哪个声部进入、哪个声部闭嘴。在这个群体里，只要一个人注意力不集中，就会唱错，所有人就要重新来过。孩子们为了避免出错，都得高度集中注意力，时间长了，他们会把这种状态变成好的习惯。

需要说明的一点是，心理学里对于注意力的研究，不只是关注专注度。注意力有四种品质：广度、稳定性、分配和转移。其中，稳定性大致相当于我们通俗所说的专注度，注意的广度就是眼观六路、耳听八方，指的是注意力的范围是可大可小的；注意力的分配就是大脑可以同时把注意力分配在不同的事情上，如左手画圆、右手画方，如一边听课一边做笔记；注意力的转移也是一种本能，如果注意力高度集中，大脑消耗过多能量，出于自我保护大脑也会安排自己休息一会儿，所谓张弛有度。

因此，我们了解了注意力的原理和规律，就不要过于苛责孩子的注意力不够集中，5 岁的孩子能够专注 5－10 分钟就非常不错了，这也跟他的大脑发育有关系。注意力的广度一般是 7±2 个（即 5－9 个）区块，3 岁的孩子短时记忆一般只能记住 3 个数字,5 岁的孩子能记住 5 个数字。大脑中关于自我控制的脑区——前额叶需要到 25 岁左右才能完全成熟。我们会看到初中、高中的孩子还控制不了自己的情绪、容易冲动，就是跟大脑的前额叶没有发育成熟有关系。所以，提升注意力的专注度有一定的方法可循，也要尊重孩子大脑发展的客观规律。

那个漂亮又活泼的小姑娘

合唱是一个团队的艺术,“天使”正是这样一个团队,为每一份热爱提供平台，为每一个梦想插上翅膀。以下这个故事的主人公小瑾就是这样的一位小姑娘，带着热爱与梦想在“天使”的一次次舞台历练中,成长为众多弟弟妹妹心中的小明星。

初次见到小瑾是在 2019 年，她性格外向又有很强的表现欲，所以第一次参加世博园演出就有着亮眼的表现，但由于注意力不太集中，加之参加演出太兴奋，那次演出时，小姑娘经常走错位置，老师提醒很多次。从那之后，老师就注意到了她，喜欢她的乐感，喜欢她的表现力，又常常担心她走神时会影响别的小朋友。我们经常和她谈心交流，提醒她哪里还能做得更好，而且我们发现如果在同学们面前表扬她表现出色的部分，她就能做得更好，逐渐地，小姑娘开始蜕变了……

小瑾聪明又懂事，专业上非常积极，领悟能力也很强。即使 2020 年，合唱团只能线上上课，她也能按时高质量地完成老师发的每一次练习视频。小姑娘说她每天都会对着镜子练习动作，揣摩表情，当问她为什么这么努力时，她告诉我们：“因为我喜欢唱歌呀。”很简单又很动人，因为这种热爱，即使在功课任务很重时，她仍不断练习，小姑娘为了能有更好的状态和更充沛的体力，选择早上起床的时候回课。

别的小朋友还在赖床时，她已经为自己热爱的事情付出了汗水。

每一次登上舞台，从彩排到演出都需要充足的体力，“天使”建议孩子们每天跳绳打卡，小瑾又成了班里最积极的同学。

每天早上6点多，我都能收到小姑娘的跳绳视频，这种坚持让人佩服。所以即使在需要凌晨录制的舞台上，她仍然能保持良好的体力和精力，完成最高水准的演出。

这样的小瑾，用“天使”最高的标准要求着自己，从世博园的驻演到北京电视台的春晚再到冬奥圣火的传递仪式，她珍惜着每一次表演的机会，也收获着坚持练习的成果。她从大全景才能看到的地方一步步走到舞台中央，站在演出歌手身边，被镜头拍到一起演出的画面。从参演到领唱，她的表现得到了认可，付出得到了回报。

当提及她的优秀表现时，小瑾认为是“天使”老师们体贴入微的照顾和谆谆教导才让她懂得了感恩，成就了现在的她。

合唱是团队的艺术，歌唱是梦想的翅膀，“天使”是纽带、是桥梁，带着每一份梦想走向更大的舞台，让每一分努力都被看到，让每一个优秀的孩子都有机会走到舞台的最中央。

小瑾已是新入团小朋友眼中的小明星，她仍不断努力着，在“天使”每一个关心她的老师的帮助下不断向更大的舞台前进，她仍然热爱唱歌，仍然懂得感恩，仍然是我初见她时那个漂亮又活泼的小姑娘。

12

荷花定律：学习的真谛

池塘里的荷花，每天以前一天的 2 倍数量开花，到第 30 天，荷花开满整个池塘。荷花开到一半的时候是第几天？不是第 15 天，是第 29 天。

第一天开放的只是一小部分，第二天，它们会以前一天的 2 倍速度开放。到第 29 天时荷花开满一半，直到最后一天才会开满另一半。也就是说，最后一天的速度最快，等于前 29 天的总和。这就是荷花定律。

其中蕴含的道理就是，成功需要厚积薄发，需要积累沉淀。

从没请过假的小畅

小畅是“天使”的小明星，她不仅唱功好，台风也好，长得又漂亮，经常参加各种大型的文艺演出。可是她 5 岁进团的时候，还都没有打好演唱和行为习惯基础，更别说演出了。小畅的妈妈那时跟我聊过，希望孩子有机会参与演出活动。

我说:“孩子还小，需要积累，慢慢来，一切都会好起来，只需要好好坚持。”

和小畅一起进团的还有另外一个女孩子，跟小畅一样聪明漂亮。

老师们都很喜欢这两个女孩，把她们当成重点培养对象，但那个女孩坚持不到一年时间，就离开了团队。

那个女孩离开没多久，小畅就开始接受央视的大型演出任务并担任领唱。退团的那个孩子的妈妈一直和我联系，我晒孩子们照片视频的时候，那个妈妈总羡慕地在我的朋友圈回复:“如果我们当初坚持下来，站在舞台上的也有我家孩子了，我家宝宝和小畅还是一起进团的呢！”

我想跟那个妈妈说，如果她当时不放弃，以这个孩子的先天条件和聪明劲儿，机会绝不会比小畅少。小畅家住南城，每次来中关村上排练课都要跨越半个京城，她却在4年到5年里都没迟到过一次，也没请过一次假。

成功源于坚韧的意志，我非常佩服小畅妈妈的坚持。正是因为妈妈对孩子的影响，孩子也学会了坚忍和努力，有了这种性格，她自然变得非常优秀，现在她是班里最优秀的班干部。

优秀的人之所以优秀，是因为把优秀变成了习惯。

有了小畅做榜样，越来越多的孩子学会了努力和坚持。少年团的大团员们每年在录音棚训练200多小时。而录音棚需要绝对安静，不能开空调，闷热不堪。每次录音结束，孩子们的衣服都会湿透。可为了更好的效果，孩子们都是站着唱，一次录音要站3个小时以上。为了保证良好的唱歌状态和一致的情感状态，录音中间休息时间很少。有的孩子头晕，出来坐一会儿，又坚持进棚。

有一次，一个女孩发着高烧坚持录音，老师发现状态不对，仔细询问下，她才说出病情。出来后我问她：“你生病怎么不告诉老师啊？”

孩子说：“老师，同学们都能坚持，我也可以！”

这些孩子比很多成年人都有毅力，更懂得坚持，学习成绩在自己的学校也都是名列前茅。因此我总结了这样一句话：我们看到很多人非常优秀，并不是他们比别人拥有更多的智商，而是他们比别人拥有更多坚忍的性格和坚持下去的勇气。

如何坚持？

无论是创业还是人生，我们往往缺少的不是能力、技巧、机遇，而是坚持和毅力。只有坚持量变，才能完成质变。马云曾说：“今天很残酷，明天更残酷，后天很美好，但是大多数人死在明天晚上，看不到后天的太阳。”对于大部分人而言，离成功好像很近，只有一步之遥，但是这一步却又像相隔了万水千山。

把荷花定律用在学习上也是同样的道理，任何一门学科都是长期积累的过程，这必定让人备受煎熬，能熬过积累期的孩子，必定能在学习上拔尖，中途放弃的孩子，再想获得好成绩就很难了。

可我们怎么让孩子在学习上坚持到底呢?

家长们需要在日常生活中，对孩子进行坚忍教育，无论多么小的事儿，都不要让孩子随随便便放弃。孩子做这件事儿的时候放弃了，做另一件事儿的时候又放弃了，家长放任不管的话，孩子就会形成习惯放弃的思维定式。

对任何人来说，放弃远比坚持来得轻松。

习惯性放弃是失败者思维，一旦孩子习惯性放弃，在往后的人生中，就必定缺乏自信，很难做成事儿。教育都是从小事儿开始，从日常生活开始，当我们把坚持到底的信念植入孩子心中，总有一天，孩子会从中受益。

如果放弃成为习惯，也有可能形成心理学中的“习得性无助”现象，在不断的失败和放弃中形成了强烈的无助感，自信心一定会受到打击。而克服“习得性无助”的关键，就是采用“习得性乐观”的方法，让孩子尝到坚持带来的甜头儿，让他感受到通过坚持带来的成就感和幸福感。

天使童声合唱团队员小影的家长在给我们的来信中，非常准确地表达了学习过程中“荷花定律”的作用。

> 孩子加入天使童声合唱团六年之久。
>
> 入团伊始，她还不能真正理解合唱，反而怕自己唱不好，甚至无法融入大集体……为此，她曾想过要放弃合唱这条道路。
>
> 我对她讲:“人要懂得热爱生活、懂得美、懂得创造美，而合唱就是在老师的指导下，和小朋友共同创造出绚丽多彩的美的世界。要实现这个梦想，肯定会遇到一些问题。你刚加入这个新的集体，有些不适应是正常的。但是，你要学会适应、学会坚持。当你真正投入进去，就会感受到合唱的魅力。你还没有认真地学习合唱，怎能说自己唱不好呢?”
>
> 通过一段时间的练习，她对合唱有了兴致，逐渐感受到其中的乐趣，

并把练习和演出当作一种享受，一直坚持到现在。

她小时候还会因为回课苦恼很久，相信这也是绝大多数低龄的小团员会产生的困扰。但她没有气馁，坚持练习。

现在我再问她回课难吗？还会苦恼很久吗？她说："其实只要认真地学下来，回课就是当着镜头再唱一遍，没有什么的。"

六年来，孩子在团里真正感受到了集体的温暖，每次的合唱都是一次特别的享受。正如那句永久不变的话：做有温度的事，唱有感情的歌。孩子从小班升到大班，再到少年团，年龄都在变化，而不变的是我们的初心——热爱合唱。

最近一两年里，孩子突然痴迷上了合唱，有一天晚饭时，孩子跟我说："妈，我也想走合唱这条路，它对我的影响好深好深，我好喜欢。"

我问她为什么想走合唱这条道路？她跟我说："我很喜欢大家在一起唱歌。努力排练只为了呈现一首好的作品，创造一次美的听觉盛宴。而且我们这次参加龚琳娜老师的音乐会时，我真的从和声里面感受到了无法用语言形容的美。就比如说《静夜思》中，我仿佛看到在寂静的夜、皎洁的月光、满天的星空下，那淡淡的一抹深深的思愁。通过这次演出，我更爱合唱了，因为它的魅力太大了，我真的觉得合唱是一个很美好、很美妙的事情。"

她还说："当我们服务于一个作品、一句歌声，甚至于每一个声音时，我都感觉非常激动，我想要慢慢真正走进合唱的世界。我开始感受到了每一次排练过程的乐趣，也开始享受合唱的魅力所在。"

听她说完，我发现她真的很热爱合唱。

而我想她这么热爱合唱的原因肯定是离不开"天使"，离不开范指挥的教导。我非常庆幸当时让她坚持下来，因为这是一个对的选择、一个新的开始，合唱在她面前展现出一个全新的精神世界。

我闺女的故事差不多就讲完了，我也希望大家可以一起享受合唱，感受合唱的魅力，一起打开合唱新世界的大门。

13

不可缺席的家庭教育

著名心理学家李玫瑾老师在其著作《幽微的人性》中说：

> 观念与认识虽然都起源于感知觉，但观念与认识又有很大的不同。认识需要一个学习过程，凡是学习都具有重复和强化的渐进特点，所以认识需要一个由浅入深的过程。认识还要用来解决问题，解决问题的认识（思维）伴随着探索，这也是一种过程。
>
> 而观念不同，观念的形成不在过程，而在经历，有时只需要一次经历就可以形成一种观念。由于观念的直观性，获取简单，存在方式为生动的画面，所以观念可以成为意识流的素材在人的一生中时而闪现或出现在脑海中，进而影响人的情绪和决定。

芳芳老师说

父母处事的格局、原则、态度和方法直接影响孩子对社会的判断及未来人生的走向。

有家长跟我抱怨，孩子整天盯着手机电脑玩游戏，家长怎么说都没用，孩子就是不爱看书。我反问家长："你平时看书吗？"家长说："我那么忙，哪有时间看书啊。"我说："那你要求孩子看书，孩子怎么可能会听呢？"

我们每天和孩子生活在一起，一言一行一举一动都在孩子的眼睛里，孩子会不知不觉地模仿。所以，"勿以善小而不为，勿以恶小而为之"，是每个父母必须谨记在心的准则。

为了我们最爱的孩子，我们要努力充实和改变自己，因为我们变了，孩子也会跟着变化！

14

兴趣是学习的第一动力源

前几天，团里的妈妈发信息，说孩子在学钢琴，她不要求孩子走专业，只想有个兴趣爱好，希望孩子在紧张忙碌的学习压力下用练琴的方式解压。

但因为考级，孩子练琴压力很大，对弹琴失去了兴趣。每天半个小时到一个小时练琴的时间，也慢慢很难坚持，妈妈不知道这样做是不是还有意义。

这可能是不少妈妈心里的疑问，我今天写出来，给妈妈们支个招。

我回复那个妈妈：

> 首先，我赞同你的想法，学钢琴对孩子来说就是兴趣爱好，如果不走专业，每天坚持半个小时到一个小时练琴就可以了，可以缓解孩子学业的压力，还可以培养孩子的艺术修养和兴趣爱好。
>
> 不过“爱好”首先得是“爱”，要从心底喜欢，如果孩子把练琴当成头疼的事，就不是爱好了，达不到缓解压力的目的。

钢琴学习本身很枯燥，需要反复练习，再有天赋的人都需要下笨功夫。

孩子不想学，是不理解妈妈说的终身兴趣是什么意思。孩子需要短期目标和阶段性鼓励，如果做事没有目标或者不知道目标是什么，很难激发内心原动力。

所以有两个小建议：

1. 家长和孩子一起学，让孩子当小老师

曾有一个调查，自己学一遍和对别人讲一遍，相差一半的效率。所以想让孩子学得好、记得牢，就让他们给别人讲，这种方法就是传说中的“费曼学习法”。

孩子做家长的老师，会激发孩子的兴趣，增加自信。

2. 有仪式感地定期举办家庭或者同学之间的小型音乐会，给孩子创造展示的机会

音乐是一门需要表现的艺术。

有表演的要求，孩子会越来越重视，而且，当孩子习惯定期表演，会提升主观能动性，变得积极起来。

关于考级，没有捷径可走。

如果孩子有压力，可以慢慢学，别人一周弹的曲子，让孩子两周弹会就好，但要每天都坚持。另外，考级曲子也是按难度逐步提升的，有些曲子还是挺好听的，多让孩子弹一些好听的曲子，或者是她自己喜欢的曲目。

世界上没有任何一种技能是通过强迫学好的，要想办法让孩子爱上学习，激发孩子的主观能动性，才是最有效的学习。

艺术需要展示，我们要经常给孩子提供一些展示的机会，孩子从每次的展示中收获赞扬和肯定，激发更多积极性，愿意主动学习！

家长们对孩子的学习会有些功利性的目标，例如未来有个好工作，以后能有好出路什么的。对孩子们来说，这些虚无缥缈的事情，很难体会得到，毕竟孩子的认知程度有限，我们不能要求一个8岁的孩子理解30岁成人的阅历和良苦用心，所以我们要给孩子定短期小目标，例如给孩子开个小型音乐会。

孩子一定会特别兴奋和重视，她首先觉得妈妈认可了自己努力，孩子也可以想象自己演奏会的场景，为了达成心中构建的成功场景，孩子会以自我驱动的方式去练琴练歌。

所有的学科专业的成功，都要经历这样几个阶段：喜欢、选择、学习、热爱、坚持、创作、成功！妈妈们可以对照一下，看自己的孩子处于哪个阶段，更有针对性地对孩子进行鼓励和支持。

成就感是孩子学习的动力源泉，心理学里的成就动机理论就是个体追求自认为重要的、有价值的工作，并使之达到完美状态的动机，个体施展才干的机会越多，成就动机就越强。

这位妈妈给我们的来信中就完美地阐释了兴趣的重要性。

2018年3月，孩子有幸参加了天使童声合唱团的面试，也正是这次面试，为孩子打开了音乐这扇神奇的大门！

我一直认为，兴趣是最好的老师，坚持是最好的见证。

但进入“天使”后，我发现兴趣是动力。

我家孩子属于慢热型，开始我还有些担心，没学过音基，没学过声乐，也没学过任何乐器的她，只凭面试时的一句“喜欢”，会不会觉得没意思，也坚持不下来，但第一次上完课后，我就发现自己的担心是多余的，因为老师的优秀，她一下子就融入了集体，并且每节课都会全神贯注地听讲。

尽管每次上完课很累、很饿，但心情是开心到可以起飞那种！

因此，我想说：兴趣＋专业的老师不仅可以充分调动孩子的主观能动性，还可以让学习效果事半功倍。

另外，一定要让孩子自己懂得努力和坚持！

我是一个比较懒的妈妈，从孩子上一年级开始，很多事情我都让她自己想办法，独立思考想出来的解决方法就会记忆深刻，还小有成就感。

虽然孩子现在回课不费劲，但之前有问题的时候，哭过也郁闷过，每次都是自己咬牙坚持过来的；演出回来特别晚、作业没有写完的时候，我让她先睡觉，但她执意要写完再睡……这种坚毅是我要向她学习的，她让我体会到：热爱就要坚持，不仅不能轻言放弃，更要加倍努力！

最后，我要衷心地感谢“天使”的老师们四年来对孩子的教导与帮助，不仅学习音乐，学习做人，更学会做有温度的事，唱有感情的歌！

15

及时总结是最有效的学习方法

所有知识、技能、技巧的学习都有从量变到质变的过程，想要帮助孩子加快进步，最重要的手段就是及时总结。

我们可以从三个方面看待这个问题。

1. 生活的总结

在网络信息化发达的时代，孩子每天从各种渠道途径获取新的信息资讯，学习新的知识技能，在各种社交应用中发现新鲜的事，认识有趣的人。

夜幕后，我们应该帮助孩子回忆一天的生活点滴，帮孩子梳理总结这一天所有发生的事、了解到的资讯。这不仅关乎学习和成长的总结，也可以帮孩子剔除自媒体中无孔不入的不良信息，帮孩子树立正确的人生观和价值观。

我建议每天睡前做一次亲子谈话，父母可以和孩子回忆这一天的生活，聊聊今天都做了什么记忆深刻的事，有没有发生什么快乐或者悲伤的事，有没有需要彼此给些建议帮助解决的事……

像知心朋友一样聊天，共享儿童与成人世界里不同的喜怒哀乐。

我们要放下作为父母的威严，认真倾听孩子的生活和经历，认可孩子的进步和努力，了解孩子的欢喜与哀思。坚持下去，你会发现孩子的生活非常精彩，思想世界非常绚丽。

孩子也可以体会到父母打拼的不易，了解成人世界的复杂，生活能力和社交经验就在和父母的聊天中顺其自然地总结积累。

2. 学习的总结

孩子的所有学习，隔一段时间就要进行总结。

“天使”好多孩子都是学霸，我曾深入了解这些孩子的学习习惯，发现他们有共同特点，能及时做好学科总结，并随时把新知识加入自己梳理的知识脉络中。这些孩子都有一个类似的小法宝，就是“错题本”。

一旦哪道题做错了，或没记住，就先把题放在一边，继续计划中的学习进程。当完成当天的学习计划后，再把题目的正确答案、解题思路以及相关知识点记录在错题本上，既节省了时间，又提高了效率。

3. 总结性评价

孩子在生活和学习过程中，要经常探索和试错，家长和老师要多观察，随时进行必要的总结，给予孩子公正的正向评价。

有天我家来客人，兜兜特别有礼貌地打招呼，独自跑到厨房，给客人拿了一瓶矿泉水。但是客人走的时候，刚好他在卫生间洗手，没送客，只是在厕所里喊了一句“再见”。他洗完手，我拉着他坐下，说：“兜兜，今天有客人来，你能这么热情地打招呼，妈妈觉得你特别有礼貌，好好表扬一下，一定要坚持下去哦，另外，你还能主动给人家拿一瓶水，想得比妈妈都周到，阿姨表扬你的时候，妈妈感觉特别骄傲。但是如果阿姨走的时候，你能放下手里的事，去门口送阿姨，当着阿姨的面说再见就更好了。你每次从姥姥家回家时，小宝哥哥无论在做什么都会到大门口去送我们，这是对客人的尊重，也是身为主人的礼仪。”

兜兜非常开心，尤其是听到我说他是妈妈的骄傲时，小眼睛都闪着光，我相信这一次短暂的谈话，会让他永远记住待客礼仪，努力做得更好。

每一个孩子都是一棵努力向上生长的小草，他们有张有弛、有快有慢、有喜有忧……但这不就是生活的味道吗？这不就是成长的声音吗？这不就是进步的方式吗？我们不能因为是小事而忽略孩子的努力和成绩，更不能因为忙碌而忽视孩子的表达和需求。无论任何事，也无论成败，只要孩子在向着正确的人生道路上努力，每一丝微小的进步都值得被关注和被鼓励。这也是我提到过的，要经常对孩子有阶段性认可，孩子才能持续进步。

人生的进步在于持续不断的总结和提升，没有总结看不到忙碌后的成绩，没有总结感受不到工作学习的目标，没有总结无法查漏补缺扬长避短，没有总结也会失去继续战胜困难的决心。善于总结的人，更容易取得成就收获幸福。

三件好事

无独有偶，积极心理学也特别提倡每天用“三件好事”来进行睡前时光的总结。这里的“好事”，意指美好的事情，简单来说就是日常生活中发生的大大小小的好事，尤其是我们身边发生的细小平凡的好事。

这个方法起源于塞利格曼教授设计的一个科学实验。

> 实验人员招募了一批参与者，让他们每天晚上写下当天发生的三件好事，以及简单描述好事发生的原因。参与者坚持记录了一周的“三件好事”，实验人员在一周后、一个月后、三个月后、半年后分别进行了追踪调查，发现参与者的幸福感一直在持续提升，抑郁水平在持续下降。

由此可见，长期坚持记录三件好事可以克服“负面偏好”，让人们把注意力从不如意的事情上转移到容易被忽视的、好的事情上，有效提升幸福感。

记录三件好事非常简单，这个好事不一定非得是惊天动地的大好事，可以是任何触发积极情绪的小事，比如说读到一本好书、吃到一个好菜、听到别人的一个好消息，或者在公交车上有人给你让座、在电梯门口有人给你留门、或者自己有了一个安静的独处时间等。

总体而言，这些小的好事可以是开心、幸福、好玩、有趣的小事……也可以就是简简单单的明媚的阳光、清新的空气，这些都可以记录下来。

当然，如果记录时想起了更多的好事，就可以多写一点，如果想不起来，少写一两件也无妨，重要的是坚持做下去。

16 做个会讲故事的人

最近看过一本书，名字叫《你的团队缺一个会讲故事的人》，内容是所有公司、集体、企业想要对外宣传、发展，都需要把核心理念变成故事向大众传播。

现在大家爱听故事，很多小视频的内容也是讲故事。一个会讲故事的人，可以吸引很多人的关注。

前段时间，我跟一个朋友聊天，把每日小文发了几个给她看。

她说："芳芳啊，你的文章写得好，但不引人入胜，里面没有故事。"

我说："是啊，我也想写更多故事和案例，只不过篇幅有限，每次一写故事，乐乐老师就说超限了，图片放不进去。"

她说得没错，听故事、看故事，的确比只说理论让人舒服。

我也经常和老师们说："你们跟家长聊天时尽量说说咱们的教育案例，别整天给人家讲大道理，很多家长的文化水平很高，人家的理论水平说不定比你们都强，所以大家要学着讲故事。"

对孩子的教育更是这样，所有人都是听着故事长大的，孩子们听妈妈讲道理时置若罔闻，但是一听故事就全神贯注，就是因为故事有着引人入胜的情节。

所以，我们要学着做一个会讲故事的妈妈。

例如，孩子认为学那么多知识没用的时候，不要着急给孩子讲道理，也不要跟孩子生气，只需要给孩子讲个《鹅卵石与钻石》的故事。

一群牧民在神的指引下捡鹅卵石，对于神的要求，他们非常不满，认为鹅卵石又硬又沉，捡来有什么用呢？于是有的人偷懒，有的人不捡，有的人只捡起几个，也有的人踏踏实实地捡起来很多。

第二天，牧民们发现，他们昨天捡的鹅卵石竟然都变成了钻石，惊喜之余，他们后悔当初没认真踏实地按神的旨意多捡一些鹅卵石。

再比如，当孩子缺乏勇气时，我们就给孩子讲这个故事。

雨后，一只蜘蛛艰难地向支离破碎的网爬去，由于墙壁潮湿，它爬到一定的高度，就会掉下来，它一次次地向上爬，一次次地又掉下来……第一个人看到了，叹了一口气，自言自语："我的一生不正如这只蜘蛛吗？忙忙碌碌而无所得。"于是，他日渐消沉。第二个人看到了，说："这只蜘蛛真愚蠢，为什么不从旁边干燥的地方绕一下爬上去？我以后可不能像它那样愚蠢。"于是，他变得聪明起来。第三个人看到了，被蜘蛛屡败屡战的精神感动了。于是，他变得坚强起来。

这样的故事很多，孩子听完这么富有哲理的故事，一定能够理解其中的含义，我们的教育就能在轻松愉悦的氛围中潜移默化地进行。

妈妈们平时可以多多收集这种故事，孩子们出现教育问题时，给孩子讲出来。

文化人类学家杰罗姆·布鲁纳认为人类通过两种不同的方式认识世界：科学思维和叙事思维，科学思维试图用理性分析、逻辑数据与实证观察来理解个人的体验，而叙事思维则更多考虑文化的影响，在乎的是一个人的愿望、需要和目标。

叙事就是讲故事，布鲁纳强调了叙事的创造性本质：我们对自己叙述自身的故事（或者向我们的心理分析师、密友叙述）都是通过对行为的自然主题的详尽叙述，来对我们生命历程中所遇到的东西进行精确的意义生成。

叙事思维大师，例如好的诗人或小说家，他们描述人类事件尤其有效，特别是那些"底下的意义远胜于表面表达"的事件。当我们看完一部好电影、戏剧或者小说后，我们会和朋友互相讨论、比较各自想法，往往发现双方对同一个故事的理解很不一样。这正是故事的有趣之处，也是它价值的体现。

我们所做的事情就是把故事讲出来，然后使自己的叙事变得有意义。

17

把“糊弄”这个词从你的人生字典里删除

一直以来，我最欣赏一副对联：“炮制虽繁必不敢省人工，品味虽贵必不敢减物力”。大家知道是哪个品牌的对联吗？是同仁堂。同仁堂用了350多年的时间一直坚守着兢兢业业、小心谨慎、精益求精的严细精神。

在同仁堂的故事中，我们知道，做事精益求精的人，必能成就大事业。

我昨天和指挥们聊天，说：“每次演出你从来不问我去哪儿演，重要不重要。你做的事情就是，导演说孩子们随意唱唱主旋律就行，你非要给它编个二声部，你说不编不丰满。每次一收回课，200多孩子，你兢兢业业逐个写评语，即便回课的内容仅是一次小的练习。你总说不管是谁的回课，都值得老师认真评价。”

老师们知道，在“天使”的字典里，没有“糊弄”这个词。

我一直告诉老师，做事和做好事中间仅仅只差“用心”二字。用心做每一件事，虽然不能马上得到结果，但我相信我们的每一步努力和用心，都将被铭记。

新冠疫情期间，“天使”备受瞩目的同时，也要做好表率。

我天天宅家带娃，难免心烦意乱，但对我们来说，这也是难得的沉淀和调整的机会。利用这个时间认认真真精益求精地做了几首虚拟合唱作品。

现在的我，每天听着孩子们新录制的歌曲，看着作品被认可，“天使”的品牌在持续不断地增加关注热度，心里充满感恩和幸福。天使童声合唱团一路走来，正是因为对待每一件事都本着不糊弄、不凑合的态度，才能在竞争激烈的社会环境中走到现在。“天使”人的字典里没有“糊弄”二字，与各位共勉。

18

要创意，不要刻板学习

今天，兜兜过来找我，说要给我画一个正方体。我想之前似乎没给他讲过正方体的知识，没想到，他还真的用有点稚嫩的线条给我画出了一个俯视正方体。

我赶紧问他:“你知道正方体和正方形的区别吗?”兜兜说:“知道，正方形就是一个平面的形状”，他边说边给我画了一个正方形。

我说:“那我们在家里找找哪些是正方体吧。”

兜兜找到了一个磁力块和一个积木，我找到了一个正方体的吐司面包。兜兜拿着这三个正方体观察起来，并提出自己的问题:“妈妈，我们一起数数有几个正方形吧。”

他拿着手里的正方体，越数越乱，我们又一起探讨数正方形的方法。兜兜发现积木因为每个面的画不一样，用积木来数正方体的面比较方便，他很快发现正方体有 6 个面。

我让他把研究结果写在他画的正方体的旁边，说:“你看每个正方形都是由什么来组成的呢?”

兜兜说:“每个正方形是由几条线组成的。”“是几条呢?”“4 条。”“那你能数数一个正方体由几条线构成吗?”

于是兜兜又开始数，但怎么都数不明白，我们又一起想办法。兜兜发现吐司很软，可以数一个边，就在边上用指甲掐出一个豁口，于是我们得出了结论，正方体有 12 条边。 我们继续观察，发现正方体的边形成了很多直角，然后我们又开始数一共有多少个角，我们发现磁力块上某一个角有一个小圆圈，于是我们根据这个标志，数出来一个正方体有8个角。

兜兜把他的观察结果记录在了纸上，我们完成了对正方体的认识。

我问兜兜："是谁告诉你有正方体的存在呢？"

他说："是同班的小朋友说的，因为他们都在上思维课。"兜兜又说，"妈妈我也去学吧。"我一向不同意提前教育，就给爸爸发信息，告诉他这个事。

我跟爸爸说："你儿子被同班同学卷了，非要去参加奥数班，想去了解正方体。"爸爸听过以后给我回复了一句话："了解正方体算什么本事，用正方体设计一个城市才算本事。"我觉得这是一个非常有意思的创意，跟儿子说了爸爸提出的挑战，兜兜一下就兴奋了，于是我们开始在家里寻找各种正方体和长方体的盒子。兜兜看到我刚买的一堆化妆品的盒子，问我能否送给他，我大方地把所有盒子拆出来给他。

他开心地说："妈妈，我要用这些盒子，在我的城市里做一个化妆品品牌的专卖店。"

"城市"里出现了化妆品品牌专卖店、药店、玩具店、五星酒店。兜兜一边设计一边说："我和爸爸去最高的这个玩具翻斗乐园，妈妈去化妆品专卖店，姥姥姥爷去药店买保健品，然后我们一起回酒店休息。"

一座超级城市就在我们的欢声笑语里建成了，我拍照片发给爸爸看的时候，爸爸回复给兜兜一句话我觉得很有道理："要创意，不要刻板学习。"

我们不要逼着还没有社会生活经验的孩子坐在教室里，看着老师在黑板上画的正方体来学习和了解正方体。

生活即学习，社会即学校。人类的发展和知识技能都来自生活中的点滴发现，和对生活的认知和理解，要让孩子走进生活学习知识，培养孩子对知识的创意和创新，这才是真正的教育。用现在的话说，这叫作"沉浸式学习"，当然，我仍然坚持不会给孩子报那个奥数思维培养班。

19

最高效的学习

前几天称体重，发现自己重了好多斤。找出曾经穿的连衣裙，发现拉拉链都困难了。我憋住一口气，用力拉上，感觉很难受，这是什么情况？

对于我这个正装控来说，简直是超级打击。

赶紧想办法吧！查百度，翻抖音，听说跳绳可以减肥，但是想到天天要跳绳，不是折磨人吗？怎么让自己坚持下来呢？我忽然想到一个办法，在群里号召小朋友的妈妈们和我一起锻炼打卡。不少孩子因为疫情，每天不运动，胖了不少，妈妈们也在抱怨原来的衣服穿不进去，那就一起来运动吧。

樊登老师说过，目的性强的学习最有效，他对很多书过目不忘，不是他的阅读多么高效，而是因为他有压力。

我每天的小文，写了好几个月。疫情期间一直在妈妈群里更新，现在已经写了 12 万字。这对一年前的我来说，简直是天方夜谭，12 万字？不可能！

我怎么坚持下来的呢？因为我每天都要在妈妈群里发，大家都要看啊！妈妈群 500 人，还有妈妈后面的孩子们呢？大家都说，孩子们看着芳芳老师这个所谓的榜样呢，芳芳老师都不能坚持，凭什么要求孩子们坚持啊？好吧，就算我生病起不来，就算陪着兜兜出去玩，就算是跟兜兜爸爸吵架拌嘴心情不好，都要每天雷打不动地写小文，日积月累，快成专业写手了。

我生活中注意观察和积累，看书时也不敢走马观花，我要看懂书上的意思，找出我能用来写东西的理念，我看书的时候都是拿一支笔边看边画重点，记得我这么认真看书，还是在高考的时候。

大人们都有感觉，最有效的学习是需要。例如上班后，你需要某个证书，拿不到，工作会受波及。那种时候，即便有生活压力，各种事务缠身，也不能阻挡你学习的热情。

孩子们学习难以有动力，主要是目的性不强，学习目标不明确，不知道自己为什么要学，也不知道自己学了这些东西要干吗，所以不容易达到高效学习。

我们跟孩子说为了实现四个现代化，孩子基本上听不明白。很少有孩子能像周恩来总理那样，树立“为中华之崛起而读书”这种远大的学习目标。

虽然我们要培养孩子的目标意识，但是孩子们还小，会因年龄和生活经验受到局限，容易只看眼前。

给孩子制定学习目标时，切忌大而空，他们听不明白的话起不到太大作用。还有，爸爸妈妈或者老师不要想当然，我们觉得他喜欢的，他未必喜欢，要定一个能真正激发孩子主观能动性的目标。

比如很多妈妈说:“你期末考试考不好，就别去合唱团了”，孩子马上能考好。我们还可以用激励的方式给孩子定目标,告诉孩子“你是天使童声合唱团的孩子，是其他孩子学习的榜样，学习成绩不好，别人会笑话你。”

让孩子产生晕轮效应，孩子们就会不用扬鞭自奋蹄了。

我也有偶像小包袱，每天让妈妈们和“天使”的宝宝们在群里等着我中午的文章打卡和晚上的跳绳打卡，哪里能停得下来呢?

就这样坚持下去吧！为了我的偶像小包袱而努力，慢慢把自己变成一个会跳双摇还特别能写东西的小老太太吧!

有了明确的目标，才能投入地做事情。尤其是这个目标需要技术的挑战，并且能够得到及时反馈的时候，你就会有类似“心流体验”的沉浸式投入感觉，这就是一种积极的投入，一种“爽”的享受。

积极投入小结

积极投入的提出源于积极心理学对“心流”概念的研究，“心流”(flow)是积极心理学奠基人之一米哈里·契克森米哈赖(Mihaly Csikszentmihalyi)对“投入某项活动或是任务时，人们会达到一种完全融入其中，乃至废寝忘食的状态”的描述；“心流”是对可以意会不能言传的全神贯注、乐此不疲、孜孜不倦、沉浸、专注、深入等心理过程的一个概念化。由上述定义可知，“心流”是一种高度投入某项活动时全神贯注的积极情绪体验，当人们所从事的活动具有三个特点，即目标明确、即时反馈、技能与挑战相平衡时，容易出现“心流体验”。

“心流”的产生需要三个基本条件：1. 从事的活动具有明确的目标，比如体育比赛、爬山、写作等；2. 能及时得到结果反馈，让参与者知道对错，随时改进或强化相应策略；3. 个人技能与挑战相匹配，难度不能过高或太容易。

从以上天使童声合唱团的“积极投入”故事可以看出，不管是孩子们在排练和演出的过程中，还是芳芳老师在指导学生和个人写作的过程中，无疑都体验到了心流的感觉。通过积极投入获得心流体验，人生经历会更加丰富、体验到的幸福感也更加强烈，即如清华大学彭凯平教授所言的“福流澎湃”。

依次序叠放整齐的合唱团团员书包

第4章 什么是积极关系？

01
有爱才会赢（一）

我最近最爱说的话就是“我爱你们，‘天使’爱你们”。

我真切感受到，把爱说出口时，我的心是温暖的，情绪是快乐的。我的爱像一个充满了魔性的水晶球，被妈妈们轻轻接住，又悄悄送回来，然后爱和温暖在整个群体中传递。

我忽然发现，妈妈和老师们都喜欢说“我爱你”。学会去爱别人，先要学会和敢于表达爱。当我们想真心爱他人的时候，要先敢于说爱。翻看“天使”妈妈群的每一句话，都是充满了爱和关怀的正能量的讯息，老师和妈妈的关系能如此和谐幸福，非常难得，唯有爱，没有其他法宝。我们努力营造一个爱的集体，真诚感谢每一个爱我们和支持我们的人，努力改变自己，做有温度的事。

什么是温度？温度就是爱！

2020 年新冠疫情暴发，“天使”停课 8 个月，但是在我们复课后的第一次招生中，没有家长和孩子放弃“天使”，反而发动身边一切资源帮助“天使”。妈妈们对“天使”的帮助，让我一次次热泪盈眶。妈妈们给了我们那么多的信任和爱，我们无以为报，只能尽最大努力，为“天使”的孩子们创造最好的教育环境和平台。

“天使”还有很多不足和提升空间，但是妈妈们给我们的信任、爱和宽容，让我们有了从容成长的空间，给了我们机会。我们是如此的幸运和幸福，感恩这样美好的陪伴和相遇。所以，我们未来想让我们的孩子赢，先要教会孩子如何去爱。

想让孩子学会去爱，“天使”也有一点小小的感悟，供妈妈们参考。

1. 爸爸妈妈要做一个有爱的人

孩子是在爸爸妈妈的影响下长大的，所以，想让孩子成为一个心里有爱的人，我们就要修炼自己，努力让自己成为一个有爱的人。

前几天，少年团小韬妈妈给我发信息问我小奶猫怎么养。她说带俩儿子去楼下跳绳时，听到下水道里凄惨的小猫叫声，他们费了好大劲儿把一只正浑身颤抖、湿漉漉的小猫救了出来。但是怕养不活，问我怎么办？我赶紧给她闪送了猫奶粉，并告诉她怎么照顾小奶猫。

小韬妈妈深夜去楼下买棉签和猫咪用品，夜里起床给小猫喂食，后来给我发信息，说小猫在儿子的怀里睡着了，她觉得很欣慰。我好开心，未来她的两个儿子一定会和她一样是心里充满爱的人。妈妈的所作所为，孩子都看在眼里，不然小猫不会最后睡在了儿子的怀里。

孩子的世界是一张白纸，我们画上的是爱，那他未来的人生一定会充满温暖色彩。

2. 营造一个充满爱的家庭氛围

我们要努力给孩子营造一个充满爱的家庭氛围。家庭成员之间相互照顾、相互爱慕、相互支持、相互欣赏、相互尊重，没有嘲讽、没有嫌弃、没有否定、没有冷漠，孩子心中的花园才是阳光灿烂的。

一个在爱中成长的孩子，性格会开朗活泼，宽仁厚道，也一定很受欢迎。

3. 让孩子坚定“不以恶小而为之”的理念

孩子因为淘气，不善待小动物的时候，父母不能因为那只是一条小鱼或者一只小虫子而放任不管，反而要及时告诉孩子，我们和小动物都是这个世界的主人，我们没有理由去伤害它们，我们要学会爱护它们，学会照顾它们，学会体会它们的感受。

这让我想起一个故事：

暴风雨后的一个早晨，一位男士在海边散步，注意到沙滩的浅水洼里，有许多被暴风雨卷上岸的小鱼。用不了多久，浅水洼里的水就会被沙粒吸干，被太阳蒸干，小鱼会干涸而死。一个小男孩不停地从浅水洼里捡起小鱼，扔回大海。

男士走过去说："孩子，这水洼里有几百几千条小鱼，你救不过来的。"

"我知道。"小男孩头也不回地回答。

"哦？那你为什么还在扔？谁在乎呢？"

"这条小鱼在乎！"男孩儿一边回答，一边捡起一条鱼将它扔回大海。

4. 培养孩子的社会责任感

我们都是社会的一员，有义务对社会做出应有贡献。所以天使童声合唱团非常注重让孩子们参与公益活动，增加孩子们的社会责任感，让孩子在帮助别人的活动中，体会"赠人玫瑰手有余香"的幸福和快乐。

天使童声合唱团和全国最高级别的公益组织进行深度合作，孩子们的歌声经常唱响在各大公益舞台上，打动无数听众，让更多的人通过孩子们的歌声了解公益项目，加入公益活动。

孩子们在一次次的公益活动中体会到了爱的力量，培养了爱的情怀，增强了社会责任感。"天使"的孩子走向社会后，一定是有理想、有情怀、有责任感的年轻人，因为他们从小浸润在爱的环境里，在爱的歌声中长大。

5. 让孩子在一个有爱的集体中成长

在一个风气好的集体中，孩子们会找到正确的集体文化价值观并会主动去向这个集体的共同文化区靠近和努力，从而赢得自己在集体中的位置和友谊。集体中也会有很多的榜样，榜样的力量比任何说教都直观。

6. 培养孩子的兴趣爱好

孩子必须学会热爱生活，家长可以刻意培养孩子的兴趣爱好，让孩子在喜欢的事情中学会享受生活，成为一个有趣的人。一个有趣的人一定是充满爱和正能量的，他们拥有让自己幸福的能力。

7. 不要忽略任何一个可以教育孩子爱和感恩的细节

教育就是细节培养，在日常生活中，不要忽略任何教育孩子懂得爱的细节。

比如，妈妈干活儿的时候，爸爸要跟孩子说：“你看妈妈多辛苦，快去给妈妈捶捶背吧。”

孩子给妈妈捶背的时候，妈妈一定要正向地认可孩子，对孩子表示感谢，并告诉孩子：“有你做我的孩子，有你这么爱我，我很幸福。”

父母在生活中是一个正面引导的人，孩子就会体会爱的存在，懂得如何去爱别人。

每年的母亲节、感恩节、重阳节，“天使”都不会忘记教孩子如何感恩，我们的母亲节是妈妈们最盼望的节日，也是妈妈们最害怕的节日，因为她们会在“天使”的教室里因感动而哭得稀里哗啦。

每年母亲节，我们送给妈妈一份精致的请柬，宝宝们给妈妈们演唱送给妈妈的歌曲，送给妈妈一个护手霜，或者一把梳子，孩子拥抱妈妈，然后大声地告诉妈妈：“妈妈我爱你，有你好幸福，妈妈节日快乐。”

让爱变成习惯。

一位教育家说：“我们要培养学生面对一丛野菊花而怦然心动的情怀。”

我们的教育往往忽略了学生人格、道德、情感的养成，以至于有些学生对生命和世事越来越冷淡。这种人不会成为成功的人，因为他们心里没有爱。有爱才会成功，有爱才会赢，我们要从小教会孩子，懂得爱以及如何去爱。

02

有爱才会赢（二）

有一首大家耳熟能详的歌，叫《爱拼才会赢》，在我看来，想做人生赢家不仅要学会拼，更重要的是要懂得爱。

弗洛姆在《爱的艺术》一书中提到："爱首先不是同一个特定的人的关系，它是一种态度，一种性格倾向。这种态度和性格倾向决定了一个人同整个世界的关系，而不是同一个爱的对象的关系。"

一位纳粹集中营的幸存者当上美国一所中学的校长，每当有新教师来学校时，他都会交给对方一封信，写道：

> 亲爱的老师，我亲眼看到人类不该见到的情景，毒气室由学有专长的工程师建造，儿童被学识渊博的医生毒死，幼儿被训练有素的护士杀害。看到这一切，我怀疑教育究竟是为了什么？我的请求是，请你帮助学生成长为有人性的人。只有我们的孩子成长为有人性的人，读写算的能力才有价值。

人类兼有兽性和天使的一面，教育者的目的是净化人的灵魂，克服兽性。

人生是先有赢还是先有爱？

当孩子希望参与家庭活动、学着关心家人的时候，家长们最爱说的一句话是，"你别管那么多闲事，把学习弄好就行了，别的和你没关系"。

殊不知这种教育只会让孩子变得没有责任心，降低对家人的爱和关注。

我们想让孩子赢，希望孩子比过其他的孩子，但人生是先有赢还是先有爱？什么样的才是人生赢家呢？爱人者人恒爱之，这是我整天挂在嘴边的一句话。

我告诉老师们，你要学会爱你的每一个孩子，学会爱每一个家长，把真诚的爱和关心给到大家。

最近一件事让我大为震撼，“天使”丰台分团有个年轻指挥，他给我们的感受就是阳光热情，充满爱和朝气。

丰台团是“天使”所有团体中最小最年轻的，在指挥团队的孩子不到 100 人，这次“天使”线上招生，却打了一个翻身仗，丰台团报名人数好几百，很多家长点名要去丰台团，即便家住在其他区也要去丰台团。丰台团成了炙手可热的团队。

这件事和指挥老师有什么关系呢？

他爱每一个孩子，所以孩子也爱他；他爱每一个孩子，所以家长们也爱他。他在群里跟家长们互动，群里立马就像过年一样热闹，大家都跟指挥老师打招呼、聊天、开玩笑，俨然一个大家庭的感觉。

丰台团队的老师们受这阳光大男孩的影响，也和家长们相谈甚欢，老师们和家长们拉近了心与心的距离。其中一个老师生宝宝时，多少妈妈在线等着她的好消息，这种情感超越了老师和家长之间的关系，更像是家人关系。

这样的氛围，谁能不动容呢？我压力很大的时候，就愿意去丰台团的群里和这些可爱的家人们聊聊天、谈谈心，真的很放松。

我受到启发，也建立了妈妈群，想真诚地帮助妈妈们解决一些教育、生活、心情等方面的问题。

我昨天和乐乐老师说，非常感恩这段疫情时光，可以让我有时间去联络每一个“天使”的妈妈，和她们聊聊孩子，和她们说说教育，和她们拉拉家常，让她们了解我，也了解“天使”。

爱真的可以改变一个人

很多家长都说，孩子来到“天使”之后的变化非常大，性格越来越开朗，越来越自信。

奥森团有个孩子，刚来“天使”的时候性格内向，很少与同学交流。但这个孩子在学习上确实也非常努力，经过两年学习，参加了大大小小各种演出。4月，德育电视台采访了孩子的妈妈，让她说下孩子来到“天使”的变化。妈妈说孩子现在在学校里，无论是班里的主题班会，还是学校合唱团，他都会主动报名演讲或领唱。

一个内向孩子的自信从何而来？归根结底还是因为爱。

每当有孩子插班到一个班级，指挥老师都会让一个老生带一个新生，每个新生都有一个小师父，新生很快就可以跟老学员融入一起。合唱团是一个非常有爱、包容的集体。像芳芳老师之前举的例子，录音中，如果有一个孩子唱不好，其他孩子不应该嫌弃、指责，而是应该鼓励他，给他更多的爱，这个孩子一定会感受到温暖，如果受到排挤，内向的孩子会越来越自卑，可能未来都不敢唱歌了。

我们如何帮助这些性格内向的孩子？

第一，我们要帮助孩子找到属于自己的节奏。

第二，要给孩子足够宽松和包容的环境。先顺应孩子的速度，万事万物都有它特定的规律。对于害羞的孩子，增加他面对人群的信心是很重要的，孩子只要一受到称赞，就愿意付出更多的努力去尝试，多给孩子尝试的机会，多给孩子创造机会。同时，在孩子没有达到预期表现时也不要责怪他们，否则孩子会更退缩。积极心理学的创始人之一克里斯托弗· 彼得森教授在被问到用一句话来描述积极心理学时，他回答说：他人很重要（other people matter）。他用一句简单的话强调了构建积极人际关系的重要性。

中国的儒家哲学也说：“仁者爱人。”在合作才能共赢的时代，“爱”作为人际关系的润滑剂，充分发扬“爱”的力量，必定会有意想不到的收获。

03

爱和教育不是一场交易

在教育过程中，有些看似有效的方式其实是教育的陷阱，其中之一就是很多人不知不觉把教育变成一场交易。有些家长和老师为激发孩子做事的动力，习惯于用孩子感兴趣的物品或者事情达成交换。孩子受到奖励的刺激，提高短期做事效率，妈妈或老师认为这是一种有效的教育方式，长期使用这种方式教育孩子。殊不知，这种教育方式容易产生德西效应①。

> 1971 年，心理学家德西做了个实验，让一些大学生做被试者，在实验室里解答有趣的智力题。实验分三个阶段：第一阶段，所有被试者都没有奖励；第二阶段，被试者分为两组，实验组的被试者完成一个难题可得到 1 美元报酬，控制组的被试者跟第一阶段相同，没有报酬；第三阶段为休息时间，被试者可以在原地自由活动，看两组被试者是否继续解题。
>
> 实验组的被试者在第二阶段确实十分努力，第三阶段却很少有人继续解题，他们的兴趣在减弱。而控制组的被试者愿意花更多休息时间继续解题。
>
> 这个实验表明，进行一项愉快的活动（即内感报酬），如果能得到外部的物质奖励（外加报酬），反而让人减少对这项活动的兴趣。

在孩子感兴趣的学习活动中，过度奖励非但不能提高孩子的积极主动性，反而会降低孩子的学习热情，分散孩子的注意力。

每一门学科都是艺术，都有独特魅力，好的老师一定不会仅用贿赂的方式激

①德西效应：某些情况下，当人们能“外在报酬”和“内在报酬”兼得时，并不会增强工作动机，反而降低工作动机。

发孩子，反而会想办法让孩子体会和理解所教学科的魅力，让孩子认识这个学科，进而爱上这个学科。

天使童声合唱团在平时的教学过程中，不会为了追求短期效果，就盲目与孩子进行交流，而是尽可能让孩子体会到合唱的魅力。当孩子们慢慢爱上合唱，就会产生很强的主动性，有自主学习的动力。我经常跟孩子们说："'天使'的教育就是把一颗爱唱歌的种子种在孩子心里，孩子们会自己浇水、施肥，随着年龄增长，孩子的心里会开出美丽的花。"

内向的小皓

我们班小皓，在上第一节合唱排练课时，还在哭鼻子。

他那时尚在读幼儿园中班，来到"天使"，面临新的老师、新的小朋友、新的环境，有点内向的小皓不太适应。老师让小朋友们做自我介绍，相互认识，交好朋友，小皓默默地坐在自己的位置上，不愿意和别人交流。老师上课时，他总东张西望，扣扣手指，摸摸衣角，心思不在课堂上。

一个月以后的周日早上，小皓奶奶来送孩子上课。

小皓看起来很开心，积极地向我问好。我说："小皓，我看到你非常的开心，你笑起来有两个酒窝，特别帅气。"小皓笑着说了声："谢谢。"

小皓进班后，我对小皓奶奶说："孩子今天心情不错，挺开心的。"

小皓奶奶说："老师，来的路上，孩子在车里跟我们唱着咱们团学的歌，说老师表扬他啦，他要模仿咱们团老师，今天放学了回去还要教姐姐。"

原来，可爱的孩子是带着任务来上课的。

课堂上，指挥老师问："什么是合唱？"孩子们说："大家一起唱。"小皓随着大家回答，似懂非懂。学期末孩子们集训完以后，我问小皓什么是"合唱"？小皓说："所有人一张口，发出一个声音。"

孩子慢慢理解了合唱的意义。

现在的小皓，课堂上洋溢着灿烂的微笑，精神抖擞地跟着指挥老师排练，课堂专注力越来越好！课间休息，他主动演唱歌曲《孤勇者》。

他唱歌时投入的表情、认真的样子、坚定的眼神、紧握的拳头，深深地打动了我。每次有演出任务，这个还没上一年级的小娃娃表现十分优秀，姐姐看到弟弟的变化，也被吸引了过来，和弟弟一起开始了合唱之旅……

每个孩子都有自己不同于别人的地方，或许内向、或许活泼、或许适应慢、或许“自来熟”。给孩子足够的时间、空间，正向引导孩子，相信孩子会带给我们不一样的惊喜。

很多上了中学的大孩子对我说：“芳芳老师，我们上了中学可能就没有太多时间去参加演出，但是我依然愿意参加合唱团，只要让我每周来唱歌就行，我喜欢和同学们唱歌。”

其实孩子们不在乎能不能上台演出，对他们来说，合唱是生活不可或缺的一部分，是生命中最快乐的事！只要能和同学们一起唱歌，感受和声的魅力，感受合唱带给他们的安慰和欢愉就足够。

这才是艺术教育的最终目标，让每个孩子把唱歌变成终身的兴趣，把歌声融入每个孩子的心灵和人生，带给每个孩子欢愉和幸福。

我之前直播中邀请的心理专家铁医生说：“我们要培养孩子让自己幸福的能力，音乐和唱歌可以带给孩子们幸福，天使童声合唱团如果可以帮助孩子从小找到这样的幸福，那是一件让老师们终身骄傲的事。”

自我决定理论

好的教育就是要激发孩子的主观能动性，所有贿赂型教育都是“被动式教育”，与“主动式教育”有天壤之别，家长们一定要减少教育中的交易和贿赂行为，用更多时间构建孩子的兴趣，让孩子从“被动”变成“主动”，从而得到更为持久的学习和成长动力。

德西后来提出了自我决定理论（SDT：Self-Determination Theory），该理论认为人是积极的有机体，具有先天的心理成长和发展的潜能；自我决定的潜能可以引导人们从事感兴趣的、有益于能力发展的行为，这种对自我决定的追求就构成了人类行为的内在动机。

在德西的自我决定理论里，提到想要培养孩子的内在动机，需要满足孩子的三个内在需求，分别是自主需求、胜任需求和归属需求。

第一个是自主需求。

就是让孩子拥有一定的决定权，自己的事情自己能参与。比如在兴趣爱好的选择上，孩子最终去的兴趣班往往都是父母觉得应该要学的。要满足孩子的自主需求，就要给予孩子时间和空间，让他们对自己的事情安排有参与权和话语权。

第二个是胜任需求。

就是这个事情孩子能不能感觉到有足够的信心去完成。在这一部分，家长要给孩子安排难度适宜的挑战和任务，那种“跳一跳就能够得上”的挑战才能充分激发孩子已有的能力，还能激发他们的潜力。

第三个是归属需求。

即便孩子做得不好或者是失败了，也不会遭受到家长们的指责和批评，而是无条件的接纳和支持。因为在行动的过程中不可避免地会遇到挫折和失败，如果成功了就给奖励，失败了就惩罚扣零花钱，那么孩子心里会很没有安全感，会怀疑家长是不是真的爱自己。归属需求，就是要让孩子们感受到无论发生什么事情，他们都能够得到父母无条件的爱与支持。

想要培养孩子的自主内驱力，就要在他们成长的过程中不断地满足他们的自主需求、胜任需求和归属需求。

04

无条件的爱才是真的爱

家庭教育中经常会面临一个难题：什么样的爱才是真正的爱？很多家长容易混淆这个概念，把对孩子提要求当成爱的一部分。

我们在生活中常遇到这种场景，有些家长对孩子说："你要懂得感恩，爸爸和妈妈为你付出了太多。"或者有些家长对孩子说："你要听话，要好好学习，不然对不住爸爸妈妈对你的爱。"

很多父母把这类场景当成爱孩子的表现，可我们仔细想想，这种带有附加条件的"爱"真的是爱吗？当我们对某一份"爱"充满期待，并且渴望得到回报的时候，那份"爱"不就成了被"爱"者的负担？

孩子用最宽容的态度爱父母

我曾看过一个视频，记者对几位妈妈和她们的孩子分别进行采访。在采访过程中，孩子和妈妈被安排在两个房间，妈妈能看到孩子，孩子看不到妈妈。

记者首先采访孩子的妈妈，询问她们对孩子的看法。

她们有的说："我家孩子太淘气了，经常惹我生气。"

有的说："孩子不爱干净，整天把自己弄得像小花猫。"还有妈妈说："孩子胆小怕事，总是唯唯诺诺。"总之，孩子们被贴上"不听话""逆反""脆弱""怕吃苦""不懂感恩""懒惰""贪玩"等各种标签。记者让妈妈给孩子打分，满分 10 分。有的给孩子打 6 分，有的打 8 分，最少的打 5 分，就是没人打满分。

记者去另一个房间询问孩子们对妈妈的印象，他们给妈妈们贴上“温柔”“爱我”“给我做好吃的”“给我买新衣服”等标签。当记者让孩子们给妈妈打分时，孩子们用手比画一个“十”字，说出：“10分。”另一个房间的妈妈们看得泪流满面，她们没想到，自己对孩子那么挑剔，而她们在孩子心中的形象却那么完美。

有段时间，网上流行一个段子。孩子对爸爸说：“爸，我没要求你是马云和比尔·盖茨，你就别要求我是全校第一了，放过彼此吧！”

这样的对话和视频，看着看着就笑了，笑着笑着就哭了。

孩子被我们带到这个世界上，没有选择、没有依靠，他们唯有我们。成年人对于孩子来说是一棵大树、一把雨伞，一份遮风挡雨的安全感和一份温暖幸福的依靠。无论老师还是家长，都是孩子安全感与幸福感的基础。

我们已是成年人，忘记了自己作为孩子的惶恐和彷徨，喜欢以爱的名义要求和为难孩子，孩子却可以用最宽容的态度爱我们。

那个无助的小男孩

记得一次演出难度很大，对孩子要求也高，有个刚开始登台的小男孩局促不安，心情紧张，总是做错动作。由于他的失误，我们反复排练好多次。导演有点不耐烦，虽然他没说很重的话，语气中的焦躁还是让人很紧张。

作为团长，我感觉非常丢脸，“天使”是专业表演团队，孩子不该出现这样的问题，以后导演不跟我合作了怎么办？我很不耐烦地当着同学们的面对那个男孩说：“我告诉你好多次了，你就是记不住，要是再出错，你就别演了。”

我发泄了情绪之后，孩子更加紧张，错得更严重。我怕耽误整体演出彩排进度，告诉导演，我们先不占用舞台，在台下练好再来。到了后台，我的情绪缓解了一些。孩子们在休息，我忽然看到那个小男孩独自坐在那儿不说话。

我的心忽然被揪了一下。

那会儿我突然想到自己的孩子，如果他是我儿子，一个人如何消化刚刚的一切？这种感觉让我自责，我不该对他发脾气。

老师给孩子们发水的时候，那个男孩拿到水，先给了旁边的孩子。

我赶紧利用这个机会，在全团面前说："你们看，xxx 同学特别懂事，他拿到水后先分享给其他小伙伴。他找到凳子的时候，先让其他小伙伴坐着，而他一直站着，我觉得他有一颗金子一般的心，我们所有人都应该向他学习哦。"

我说这话的时候，那个小男孩的眼睛里充满了对我的爱和感激。

我看他情绪平稳了，把他叫到身边，说："宝宝，你刚才是不是特别紧张？觉得舞台太大了，生怕自己做错，可是越怕错就越紧张，越紧张就越容易出错？"他认真地点点头。我继续说，"我特别理解你，你刚刚登台没多久，能站在这样的舞台上表演，你已经非常棒了，芳芳老师都没在舞台上表演过呢，说不定我还不如你。刚刚你已经很努力了，一会儿再彩排的时候，你千万别紧张，想想身边还有那么多小伙伴陪着你一起，老师也在台下陪着你，我们一起加油好吗？我给你找几个大哥哥大姐姐当小老师，让他们当你的保镖，有他们在，你就不害怕了。"他又特别认真地点点头。

我特意找了团里两名年龄稍大的孩子，带着他去旁边单独练习，我还特别交代两名大孩子，到了舞台上，要站在这个男孩附近。

不出我所料，这个男孩再也没出过问题。音乐响起时，我看到他高高抬起的头和眼睛里流露出的自信的光。那一刻，我感动得热泪盈眶，并不仅因为看到孩子战胜了自己，更重要的是，在这个过程里，我也战胜了我自己，没有因为孩子的一点问题就对他全盘否定，没有违背作为教师的良心和原则。

从那以后，我变成一个特别护犊子的老师，不允许别人用苛责的态度对待我的孩子。我既然爱"天使"的孩子，就要用包容的心态对待他们，不为这份爱附加太多条件和要求。

不要放大缺点

很多妈妈和老师喜欢为那份爱附加一些条件，根源在于内心的焦虑。

每个人希望孩子变得更优秀，一旦发现孩子有某些缺点，内心就很警惕，生怕某项缺点影响了孩子的发展。

心理学上有一种“放大效应”的说法，指的是当我们过度关注某人的缺点，就会无形中把缺点放大很多倍，从而忽略了孩子的优点。

我的建议是：当我们认为孩子有某种不能原谅的缺点时，要强迫自己冷静下来，把孩子的优点和缺点都量化一下。

您一定会惊奇地发现，原来，您的孩子身上有您体察不到的很多优点。

有个教育学家做了个实验，让一些妈妈和老师用量化的方式总结孩子的优缺点。最终结果让人大跌眼镜，无论多么顽劣的孩子，缺点都不会超过整个人设评价的 15%。我们为什么总盯着孩子不到 15% 的缺点，却忽略了他们 85% 的优点呢？原因显而易见，我们在苛求孩子成为一个完美的人。

因为这种苛求和期待，我们会不断地告诉孩子：“你不听话就不是好孩子，你淘气就不是好孩子……”同时，孩子们也会根据我们的态度和语言，给自己的人生贴上“坏孩子”“淘气”“散漫”等标签，盲目夸大自身缺点，慢慢形成自卑型人格，甚至自我否定和自我放弃。

请教育者们将视线的焦点放在孩子们 85% 的优点上吧，给他们足够多的肯定和鼓励，强化他们正向的自我认知，即使他们出现问题，也不放弃、不嫌弃，加以正确的疏导。

在孩子人格养成的过程中，安全感是最重要的一条支柱。而能给孩子提供足够安全感的，只有父母们无条件的爱。这种无条件的爱能让孩子充满自信，拥有前行的力量和勇气，无所畏惧地面对人生的艰难困苦和风雨考验。

05

信任的力量

“信任是什么？信任就是你拿枪打了我，我仍然相信只是枪走了火。”

一个人能被他人信任是一种幸福。

信任有一种神奇的力量，可以成就一个孩子，作为父母和教育者，应该多信任和鼓励孩子，唤醒他们内在的驱动力。

世界上所有人都是一样的，没有人愿意辜负别人对他的信任，只要你信任我，我一定竭尽全力回报。孩子也这样，你给他很多的信任，他不想辜负，会对自己有要求。当孩子对自己有要求时，一定会变得越来越优秀，给你更多惊喜。

信任，可以彼此传递和相互增进，信任学生的老师一定有足够的人格魅力，师生彼此信任，是最理想的师生关系，能让教育步入佳境。

当孩子们上演出时，我带孩子住酒店，会让孩子自己挑选同伴，他们喜欢跟哪个小朋友住一个房间，就选谁。

我给你这份信任，你得保证你们俩在一起能做到按时完成作业、按时睡觉，不会破坏纪律。当然，我会检查孩子们，但如果出现问题，从此以后你们俩再也不可以住同一个房间了。孩子们很值得信任，没有一个人做出违反规则的行为。我信任他们，他们也知道老师的原则和底线在哪里，不会去触碰。

老师和家长之间也要互相信任，如果家长不信任老师，不管老师说什么，家长都可能认为他在骗钱，动不动觉得老师对自家孩子不好。在这种情况下，老师怎么帮孩子提升？反过来，如果家长对老师足够信任，老师怎么会辜负你的信任呢？你把孩子交给我了，我就要真心爱孩子，没有哪个老师不愿意看到孩子在舞台上绽放。

我给家长们举过一个例子：

当你生病咳嗽胸闷时，去找医生，要对医生有足够信任，医生让你去查胸片、查血、查CT，如果你对他并不信任，不就会觉得是浪费钱吗？医生如何治好你的病呢？如果你对医生完全信任，就高高兴兴地去查，检查后没有发现重病，那是好事，该开心，如果检查出什么问题，也能得到及时治疗。

作为一团之长，我对老师绝对信任，放手让他们尝试。

如果我每天盯着老师，看他们有没有备课，有没有迟到。我会非常累，大家也不会开心，想“我这么不值得你信任吗？我努力有什么意义呢？”我绝对相信每位老师的能力和人品，即使老师犯了错误，我也很包容。

我觉得他们已经很努力了，真的很棒。

我给了老师们信任和鼓励，老师也会对得起那份信任。老师跟我说：“我不怕你罚奖金、扣工资，最怕你如此信任我，我却犯错误。”干得多就一定错得多，我们都是摸着石头过河，谁能保证这一辈子不犯错？出了问题一起想方设法解决，下次避免就可以了。老师感受到这份信任之后，对工作更加努力和投入。

这是信任的力量。

成人之间的信任，让我们变得越来越优秀。

做衣服的师傅来问我：“芳芳老师，你看衣服做成这样行不行？”我都会告诉她：“我相信你的品质和能力，你一定能做得特别好，不然我不会找你合作。”

我放手让她去做，结果就是她很用心地给你做好，常常超出预期。

我们总说大道至简，无为而治，很多时候，我们的要求越多，可能得到的就越少，没有太高的要求，给予更多的信任，可能收获的结果会更好。

多一分信任，多一分美好。

06
培养高情商，从让孩子懂得共情开始

当今社会，“情商”对每个人的作用毋庸置疑，许多家长因为这个问题感到焦虑，不知如何提升孩子的“情商”。要找到提升方法，一定要先了解“情商”到底是什么，产生情商的根源在哪里。有些人对“情商”的理解有些偏颇，通常认为圆滑、世故、能歌善舞就是高情商。真的是这样吗？

在我看来，高情商是一个人要有很强的共情能力，并及时与周边的人产生良好的互动和沟通。

能共情，所以能迅速感受到别人的喜怒哀乐，产生较强的理解力和包容心。

那个找我道谢的男孩

只有懂得共情，才能逐步提高情商。下面举个例子吧。

有一次，我悄悄走进教室，正好看到小鸣和旁边的男孩讲话。天使童声合唱团不允许上课时讲话，我点了他的名字。下课时，小鸣径直走到我面前。

我以为他要找我道歉，没想到他竟然鞠了一躬，说：“谢谢芳芳老师刚才的提醒，以后我一定注意。”

这让我很诧异，孩子做错事的时候，有找我道歉的，有找我解释的，可从没有找我道谢的。道歉和道谢看似只有一字之差，差别却很大。

前者表示孩子认识到了错误，后者表示孩子不仅认识到错误，还把改正错误的机会当成了一种自我完善，有自我完善意识的孩子肯定不是普通孩子。

小鸣继续说："老师，刚刚是旁边同学的谱子找不到了，我就让他看我的，正好您进来时看到了。不过，不管有什么理由，我都不能违反团规，这是我的问题，我以后一定注意。"

他像个小大人一样，仅说了两句话，就为我描述了当时的情形，又委婉地表达出他是在帮助同学，还能站在我的立场上考虑问题，坦承自己的错误。我很难形容心里的感受，面对这么懂事的孩子，很震惊，也很欣慰。

我说："我错怪你了，对不起，以后还是尽量避免排练时讲话。"

从那以后，我对这个孩子产生深刻印象，开始留意他的表现。这个孩子的情商很高，他看到老师拿着东西，便主动过来帮忙；大家一起上电梯，他便主动帮助按着电梯门；参加演出时，在大巴车上，只有他主动向司机师傅问好。

他很快成了演出队里最受欢迎的同学，孩子们喜欢围着他转，老师和其他孩子的家长也喜欢他。有一次我问小鸣的妈妈，到底用了什么方法把他教育得这么好。她说："我经常跟小鸣说，你要站在别人的角度上考虑问题，遇到事情的时候，要先问问自己，如果你是这个人会有什么感受。"

这就是我们常说的"共情教育"，让孩子站在别人的立场上考虑问题。想要让孩子产生较强共情能力的话，需要让孩子满足以下几个条件：

1. 要有正确的价值观取向。

2. 要理解较为复杂的人类感情。

3. 愿意在某些时刻牺牲自我，代入别人的立场思考问题。

4. 当别人的立场与自己不同时，能做出一定妥协。

想实现以上几点，要对孩子进行不间断的人格教育、情感教育、分享教育、挫折教育等。这个过程很漫长，可孩子成了有共情能力的人，会受益终身，成为团体中受欢迎的人。

如果孩子在多数团体都受欢迎，未来的发展一定不会差。

“共情”的教育链条

共情是最高级的修养，修养是所有教育的综合体现。

有一次我带几个孩子去录音，某个女孩状态不好，不小心唱错了。

那天的天气较热，孩子们热得满头大汗，非常不耐烦，有人发声责怪那个女孩。女孩不但没能调整状态，反而更紧张，再录时又出错了。

我让指挥老师暂停一下，跟那女孩说：“宝宝，你太紧张了，先去外面休息和调整一下，帮大家把水拿来吧。”

那个女孩走出录音棚。我看着留下来的孩子，说：“孩子们辛苦了，我特别心疼你们的付出，你们那么努力，肯定想尽快把最好的效果呈现出来，所以有人出问题时，你们都很着急。”

孩子们纷纷点头。

我又说，“我能理解你们，如果我是你们也很着急。可如果出错的人是你们呢？咱们录音的时候谁没出过问题呢？谁又希望自己出问题呢？如果一个人不小心出了问题，其他人都在抱怨，她会有什么感觉？难过？紧张？羞愧？她本来已经很紧张了，你们还要抱怨她，会不会让她更紧张？所以，当我们的队友出现问题时，我希望你们拿出更多宽容和理解，多鼓励和帮助对方。我们是一个集体，不能落下任何一个人。有一个孩子出现问题，也是我们“天使”的问题。你们说对吗？”

孩子们充分理解了我的意思，当女孩拿着好几个同学的水杯进录音棚时，大家主动鼓掌，纷纷表示感谢。

女孩没想到其他孩子会有这种表现，羞赧地走进队伍。其他孩子拍拍她的手和肩膀，鼓励她加油。

有了这些认可和鼓励，女孩发挥很好，歌曲很快圆满完成。

我之所以举这个例子，是因为整个事件体现了“天使”的“共情教育”。

女孩出错的时候，其他孩子肯定很着急，我与他们共情，理解他们的焦灼感，并从这一点出发，让他们知道，焦虑和抱怨解决不了任何问题，他们要和我一样，与出错的女孩共情，并用爱和理解稀释掉对方心里的恐慌和紧张，才能尽快完成任务。

这是一个我先与孩子们共情，再引导孩子们与其他人共情的教育链条，是较为有效的教育方式，家长们教育孩子的时候，不妨尝试这种方法。

最好的教育是言传身教，我们能做到，才能要求孩子做到。

由于“天使”持之以恒的共情教育，孩子们的共情能力都很强。

例如“天使”经常为一首歌选领唱，指挥老师根据歌曲需要的音色、音域、音准等元素确定领唱人选。每个孩子都希望自己被选上，也都积极地争取机会，可当人选落定后，即使落选的孩子也会热情鼓掌，并与胜出者拥抱鼓励。

因为能共情，孩子们才有了广阔的胸怀。

人活于世，幸福感不是在无穷无尽的算计中求得的，而是在人与人设身处地的互相体谅中，悄然拾获的。

有了共情力，有了一颗充满爱也懂得换位思考的心，你会对世界多一分智慧，对人性多一分通透，给自己多一分幸福。

共情力是一种真正的善良，它是沟通的秘诀，也是处世的智慧，更是一种高级的情商。

只有拥有了共情力，我们才能在人际交往里游刃有余，结交真正的朋友，才能让情商发挥最大的价值！

07

再说“共情”（一）

上一个环节中，我们主要谈了团里老师们如何培养孩子们的共情能力，今天着重说说家庭中培养孩子共情能力的方法。

1. 家长多和孩子交流为人处世之道

生活中发生的任何事都可以和孩子探讨，激发孩子的共情能力。例如，孩子说学校里两个小朋友之间闹了矛盾，或者老师和孩子们之间的对话等等。

我们可以引导孩子，如果你是那个同学，你当时会有什么心情？如果你是老师，你当时会有什么心情？

用“如果你是……”这种谈话，引导孩子的代入感，产生对他人的共情。

但有一个原则，无论孩子陈述想法的时候是对是错，我们都先认真倾听，不要加以评论，把孩子的想法和角度彻底了解清楚，然后双方一起寻找解决问题的方法。

团里的小歆同学跟我聊天说：“芳芳老师，我不喜欢上学校的音乐课。”

我说：“为什么？你唱歌那么好。”

她说：“我们老师讲课时出现低级错误，同学给她指出来，她不承认，还很生气地骂了我们同学，我们很不服气！”

我没直接肯定或者否定孩子的观点，而是更详细地询问了当时的情况，以及老师出现了什么样的问题和错误。

然后说：“我理解你们的心情，虽然她是老师，但错了就是错了，谁都可能出现错误，应该虚心接受意见，而不是恼羞成怒。”

她很开心我支持她的想法。

我接着说，“我想说的是，如果你是老师，正在上课，一个孩子忽然站起来说，‘老师你讲错了’，而这个同学的语气还不是很尊重，你会怎么想？”

她想了想，说：“我会觉得很丢脸。”

我说：“是的，老师很没面子，对吧？”

她马上说：“所以我没有直接起来说话，其实我第一时间就发现了。”

我说：“你做得对，因为你有站在老师的角度考虑问题，是个考虑问题很成熟、很全面的孩子，给你点赞！如果是你，你会怎么做呢？”

她想了想说：“如果是我，我可能下课的时候，假装不懂这个问题，跟老师探讨一下，也许她就发现问题了。”

我说：“你做得很对，我欣赏你的做法。”

生活中类似的案例很多，孩子并不懂如何处理，作为成年人，我们应该引导孩子用恰当的角度想问题，用善良的方法处理问题。

孩子需要日积月累地从生活中学习为人处世的方法，我们不要天真地认为，在这方面，孩子可以自学成才，这是不现实的。

2. 放手让孩子做事

很多家长经常说一句话，爸爸妈妈付出那么多，你怎么不懂得心疼啊？

其实，这是因为孩子没有共情能力，没办法理解父母的心情。

造成这个结果的原因不在孩子，而是父母给孩子太多的代替和没有原则的付出。

孩子总是衣来伸手饭来张口，从来没动手帮忙做过任何事，没体验过什么是辛苦，如何理解大人的辛苦？

很多家务事，只要在孩子能力范围之内，要让孩子学会去做，让孩子在参与工作的过程中感受父母的辛劳。

如果有可能，父母也要带着孩子去看看工作上班的地方，他们才能心疼父母和家人的付出。

有些家长永远替孩子背书包，还说担心书包太沉，压得孩子不长个儿。这种家长不要指望孩子说一句感谢的话，因为他们没有机会体会书包的分量与负重的辛苦。

3. 共情是相互的也是平等的

父母要求孩子学会共情，要求孩子理解自己时，也试着站在孩子的角度理解孩子。

只有父母先共情，才能让孩子感受到真正的爱和关注，孩子才能敞开心扉，接受并理解大人的建议和情感，达到真正的共情。

4. 共情养成也可以通过解读文艺作品实现

“天使”严格要求孩子们养成阅读习惯，读一本书的过程就像和作者深入交谈的过程，能从字里行间感受到作者的情绪变化和情节的跌宕起伏。

我们深入阅读一本书的时候，会被文字带入作者的心灵世界中。所以，我是看过连续剧之后必须要再看一遍小说的人，连续剧的情节只是导演和编剧对作者的理解，而不是我的。

每次阅读原著的时候，我都有不一样的感受和收获，读书是培养孩子共情能力非常重要的手段。

08

再说“共情”（二）

“天使”少年团有个名叫小晴的大姐姐，情商极高，团里每个人都喜欢她，她最强的社交技能就是“共情”，无论在合唱团还是在学校，很多同学都愿意找她聊天，不管为了解闷，还是遇到了困难，她都可以提供帮助或者暖心的回应。

她从哪里获取的共情能力呢？当然离不开父母的教育和引导，她家有个固定不变的项目，每周六看电影，看完后，爸爸妈妈会给姐弟俩讲电影里的道理，孩子们会在故事情节和演员的对白中体会角色的情感起伏，品评演技的高低，也逐渐学会为人处世，这种方式不仅轻松愉悦，对孩子的影响也极为深刻，值得借鉴。

我还有一些培养孩子共情能力的方法，跟大家分享一下。

1. 榜样的力量

孩子就是父母的影印版，出了问题的话，根源一定在原版身上。家长在生活中的一言一行、一举一动都被孩子看在眼里，像樊登老师所说，家长每天都活在孩子的监控之中，平时父母对待事情的态度和处理问题的方法，会被孩子潜移默化地学会。为了让孩子提高共情能力，我们需要做好榜样。父母的格局，决定孩子的发展。

2. 让孩子学会欣赏艺术品

一件精美的雕塑、一幅温馨的油画、一首动听的乐曲……所有艺术品表达的都不仅是作品表面的内容，更重要的是背后的寓意、情感、背景和文化。我们学习艺术绝不是在学习流于表面的技

能技巧，更重要的是了解和感受作品背后的文化。所以，学习艺术、欣赏艺术也能很好地培养孩子的共情能力。

我经常说，如果大家把合唱团的指挥仅仅看作音乐老师，用一天学习了几首歌曲来衡量老师的教学成果，就背离了合唱艺术的核心价值。一个优秀的指挥要给予孩子的不仅是歌曲演唱，更要把处理作品的方法和原因都讲述完整，让孩子理解作品深刻的内涵。最重要的是，指挥要把自己对歌曲的理解和情感用独有的方式渗透给合唱团团员，引导孩子通过歌声传递给更多的人。所以，学音乐的人，尤其是学合唱的人，共情能力都会通过作品表达而不断成长和积累。

3. 在家里养一只小动物

让孩子在与小动物相处的过程中学会共情，尊重和善待生命，敬畏世界，也是培养孩子共情能力与责任感的重要途径和手段。

4. 多带孩子参加公益活动

"天使"最支持孩子参与公益活动，最重要的原因是希望孩子在参与公益活动的过程里，学会共情。当孩子拉着福利院爷爷奶奶的手送祝福时，当孩子在公益舞台上唱响公益歌曲时，当孩子拉着重病小伙伴的手传递温情时，我们知道，孩子已然具备了相当强的共情能力。

"共情"是时刻顾及别人的感受，是浸润了爱的温暖，是深刻到骨子里的教养，愿我们一起努力，从小培养孩子的共情能力。

在心理学和生物学的研究中，科学家已经发现了"共情"的生物学基础，意大利神经科学家贾科莫·里佐拉蒂（Giacomo Rizzolatti）发现人类大脑的前额叶存在一组镜像神经元，会让人们在看到别人的行为或情绪表达的时候有感同身受的感觉；这些神经元被认为是人类同理心（或称共情力）的神经生物学基础。我们观察他人进行某种行为和自己进行同样行为，这些神经元都会发放相同的神经元冲动，可以说这一组神经元"镜像"了其他个体的行为，就如同自己在进行这一行为一样。当这些信息开始起作用时，我们会理解他人的情绪，因为我们心理上已经变成了他人。有了镜像神经元，让我们理解他者的心灵也有了可能。

09

同理心就是人生的福气

《易经》64 卦中，谦卦最吉祥。

“谦”字左边一个言，右边一个兼顾的兼，意思就是说，说话做事要兼顾周围的人，不能不顾别人感受。我们经常听到有人说，“我这个人说话直，你别不爱听！”这是打着直率的名义出口伤人。

有同理心的人，说话不会让人不爱听，做事也懂得兼顾别人感受。

共情又译作同感、同理心、投情等，共情其实就是设身处地地为别人着想的人，一个时时刻刻都能为别人着想的人，一定是受欢迎的人。

我跟一个生意做得很大的朋友见面，他说：“我们做生意的时候，不要去想我不能吃亏，我要赚钱，我要把别人都比下去，反而要想大家有什么难处，能帮到大家什么，做什么贡献。我们做的事多了，自己也就慢慢好起来，这叫因果。”

如何培养孩子的同理心？

第一，父母要做好榜样，做一个谦虚有礼、多为别人着想的人。

比如有一天，我们出门时，楼上的奶奶走在后面，走出楼道时，兜兜就主动站在大门处挡着门，直到那个奶奶走出来，他才关门离开。奶奶特别感动，夸他是个懂事的孩子。

我问他：“你怎么想起帮奶奶挡着门？”他说：“每次妈妈出门看到后面有其他人，都会等他一下。”家长平时对待他人能否共情，对孩子影响很大。

第二，利用一切机会，告诉孩子做事的正确态度和方法。

比如我们在录音棚里录音，只要一个孩子唱错，其他孩子要陪他重新录。

唱错的人会觉得尴尬，其他孩子也不满。有次我告诉孩子们："你们做事要先去想如果你是唱错的人，你想让别人用什么态度对待你？"孩子们都说："我肯定希望得到大家原谅。"我说："那如果大家都嫌弃你都责怪你，你会不会马上就能唱好？"他们说："肯定越来越紧张，怎么可能唱好！"我说："那你们觉得该怎么对待不小心唱错的小伙伴呢？"于是，以后遇见不小心唱错的孩子，大家都拍拍他的肩膀说："别着急，我们再来一次。"孩子们变得越来越宽容，录音的效率反倒提升了。

第三，在团体和家庭中，都要讲同理心，兼顾别人感受。

我们会告诉孩子，教室是公共空间，即便在课间，你如果需要起立活动，也要慢慢挪动凳子，避免动作太大，影响其他孩子休息。

从小伙伴身边经过时，需要别人让一让，也要轻轻说话，不打扰别人。如果需要借用其他同学的物品，要经过别人同意。

在家里，我们每个人也都有自己的空间，也有公共空间。孩子进入爸爸妈妈的房间时，要提前敲门，表示尊重。当需要动别人东西时，也要征得对方同意。家人休息时，懂得轻声细语，对给自己家服务的所有人礼貌打招呼和道谢，懂得尊重每一个人。这些都是站在别人角度考虑问题，是有教养的表现。

如果孩子从小就养成这些好习惯，心中就会有别人，懂得为别人着想，懂得尊重别人。

这种孩子从家里进入学校，走向社会后，会成为一个受欢迎的人。

实现主动建设性回应

有一句话说，低级的人用嘴说话，高级的人用心说话。其实就是没教养的人，总是站在自己的角度去解读问题，有教养的人会站在对方的角度去思考问题。

当一个人难过和伤心时，用同理心倾听来安慰和陪伴对方，这对关系来说尤为重要。但还有大量研究发现，当一个人发生开心的事情时，我们如何做出回应也会对关系产生重要影响。

加利福尼亚大学的心理学家雪莉·盖博尔（Shelly Gable）将人们对他人发生好事时的回应分成四种：主动破坏性回应、被动破坏性回应、被动建设性回应和主动建设性回应。

能让谈话愉快进行，让关系良性发展的回应方式是主动建设性回应。

主动建设性回应是一种主动的、有积极情绪反应的、有进一步交流的回应方式，在这个过程中真诚地为对方感到高兴，并且把这种高兴展现出来。

如何实现主动建设性回应，这里有三个步骤。

第一步：表达赞美。

不要吝啬赞美之词，可以真诚地向对方表达肯定："哇！太棒啦！""这可真难得！""你做的太好啦！"

第二步：看到付出。

我们不仅要看到成功的结果，还要看到过程。

可以说出日常观察到的细节："能写出这么优秀的作文可不容易""不是所有人都能做到""我看到你每天都学习到很晚，周末也不放松自己"。

第三步：询问细节。

"我好奇你是怎么做到的？""多说一点这个事情的经过"，通过开放式提问来了解更多的细节，帮助对方回味这一好事的过程，这会极大提升积极情绪。

我们都以为"同甘容易共苦难"，其实，在对方发生好事的时候，多多运用主动建设性回应法与对方进行互动交流，可以把好事带来的积极情绪放大，增进彼此的关系。

积极心理学的研究人员也发现：最亲密、最可信赖的婚姻关系，其特别之处不在于伴侣如何回应对方的失望与失落，而是如何回应好消息、好事情！

10

做个“有趣”的人

一个月前，马上要到结婚纪念日，我心想说不定某人又忘了，就旁敲侧击地问他:“下周一是几号啊?”他认真地看一眼日历:“11 号。”

我说:“哦，那几月 11 号啊?”

“5 月。”

他又陷入沉默，继续琢磨自己的事。我又对他进行各种花式提点，他终于顿悟，原来结婚纪念日要到了。

我说:“你想送我什么礼物啊?”

他来了一句:“你想要什么?”我忽然感觉整个人都不好了。

这就是生活里典型的无趣男，不会制造惊喜，不解风情。你问他送你什么礼物，他就问你想要什么。你生气了也不会哄，其实不哄还好，越哄越生气。这种男人又称“钢铁直男”，活不少干，累没少受，只是与浪漫绝缘。无论是谁，生活多点趣味，会玩、会笑、会生活、懂浪漫、会哄人，不仅能让生活中充满幸福和趣味，也能让自己在群体里受到欢迎，我们通常管这种人叫“情商达人”。

情商是一种让人特别舒服的能力。一个情商高的人，会站在别人的角度去思考问题，说话办事先考虑别人的接受能力，想问题全面细致，宽容大度，富有幽默感，洞察人心。情商和智商不同，它是一个人对待世界的态度，要从小培养。

那如何培养呢?

首先，要从孩子的说话开始培养。

中国人含蓄，不喜欢正面表达感情。很难开口说“我爱你！我需要你！”这类话。我们不仅仅要学会表达爱和喜欢，做错事的时候，如能第一时间承认错误，会让人瞬间消气。孩子妈妈要做好表率，要经常表达自己对孩子的爱；我们做错事的时候，也不要因为我们是家长就羞于认错，只有看到我们认错，孩子才能学会认错。

软语浓情阳春暖，恶语伤人六月寒！所以，要想让孩子成为有趣的人，就要培养孩子的情商，高情商的养成要从说话的方式入手。

其次，如果想让孩子拥有有趣的灵魂，除了学会说话，还要让孩子站在别人的角度思考问题。我们要经常告诉孩子：如果你是对方，遇见这样的事，你会怎么做？你更希望别人对你什么态度？让孩子学会遇事替别人考虑。父母待人接物的方式和处理问题的方法也是孩子模仿的对象，所以，想让孩子具备高情商，家长要做好榜样，做宽容、大度、有格局的家长，经常告诉孩子各种事情的处理方法，解释清楚爸爸妈妈为什么要这么说和这么做，不说就永远不懂，我们说了，孩子才有可能懂。

再次，孩子在穿着上要得体大方，养成干净卫生的习惯。家长要多带孩子走出家门，接触大自然，接触小伙伴，增长见识，提升孩子的审美情趣，一个没有基本审美的人，会让人感觉无趣。我们还要培养孩子的爱心，让孩子懂得尊重生命，学会照顾生命。有爱心的孩子，眼神里都是动人的温暖。培养孩子的兴趣爱好，让孩子会唱歌、会弹琴、会画画、会写诗、爱滑雪、会游泳……一个教育家说过，一个不会游泳的男孩子未来遇见喜欢游泳的女孩子就追不到手了。

总之，有见识的孩子，他们的性格活泼开朗，对人温和亲切，会玩、有创意、兴趣广泛。工作上积极努力，生活里尽善尽美，说话幽默不浮夸，懂得感恩和照顾别人感受，偶尔会制造一点小浪漫和小惊喜。这样的人，走到哪里都是C位，是大家追随和欢喜的对象。这样的人，就是有趣的人。

11

互悦机制是美好教育关系的基础

互悦机制也称对等吸引律，即通常所说的两情相悦。人际交往中，这是一种自然的心理规律。如果你想得到别人支持，仅提出良好建议是不够的，必须让人们乐于倾听你的话，甚至喜欢听你说话，才能达到最好的沟通结果。

1982 年，美国威斯康星大学做过如下实验。

> 甲乙两支队伍进行保龄球比赛，第一球均各击倒了 7 只瓶。甲队教练对自己的队员说："你们很棒，打倒了 7 只瓶子，继续加油！" 乙队的教练训斥自己队员："怎么打得这么差，平时教你们的全忘了吗？" 甲队队员得到了很大鼓舞，随后比赛中越打越好，乙队队员非常不耐烦，越打越糟糕。最终甲队赢得比赛。

通过这个实验，我们能得到这样的信息：自己喜欢或亲近的人提出的要求，人们接受起来更容易，不会产生排斥感。

用"天使"老师们教研时经常说的一句话，"最好的教育就是让孩子爱上一个老师，从而爱上她所教的这门课程"。每次新入职的老师问到工作的首要要求时，我就一句话："拜托您用您自己的方式让孩子爱上你。"

老师给予孩子真正的爱和关心，孩子们会非常敏锐地察觉到。我们总说爱是相互的，如果可以用心去爱每一个孩子，孩子回报给我们的一定是更多的爱和信任。当孩子爱上这个老师，从而爱上这门课程时，一定会用更多心思关注这门学科，学习效率将会大大提升。孩子们学习成绩好，对老师崇拜，老师也会感受到职业幸福感和成就感，会更爱孩子们，这种正能量循环，构成教育环境中的良性生态系统，是最重要的教育元素。

我曾看到好多家长发的朋友圈，都说孩子要能把用在合唱上的学习态度用在其他功课上就好了。我也经常听家长说，孩子学习不踏实，只要跟孩子说，再不踏实就不要去合唱团了！孩子立马能考100分，屡试不爽。

每当看到这种反馈，我都为“天使”的老师感到骄傲，他们都以爱的教育理念为自己的工作准则，出色地完成了“天使”的教育工作。很多人问我，天使童声合唱团为什么能迅速崛起和发展？我只有一句话：“因为爱！老师爱孩子，孩子爱老师，更重要的是我们都爱合唱！”

通过小汐家长给我们的来信，就能看出这种互悦机制对孩子的影响。

> 一直想对“天使”的老师们说声“谢谢”，一直都没有特别好的机会。趁此机会，向你们说声：“谢谢您！”也祝你们节日快乐！
>
> 小汐是个不善表达的孩子，但她纯洁善良，关键时刻需要别人的助力。她不愿弹钢琴，在我所谓的“选择了就要坚持”的压力之下，默默忍受着。直到我提出：放弃吧！她含着泪点头，三年的钢琴之路戛然而止。我很纠结，放弃于心不忍，坚持毫无意义。夜深的时候，我总想孩子性格如此，不张扬，怕表达，如何是好？于是，我找到了“天使”老师，我们有了面试机会。
>
> 面试时，按常理孩子应该不紧张，我理所当然地认为她学了三年的钢琴，对音准、节奏的把握应该没问题，现实很快给了我当头棒喝，视频面试的时候，她把节奏唱得一团糟。我着急了，为什么着急？因为没有任何一项爱好是她坚持下来了的，画画、弹琴、戏剧、舞蹈、高尔夫……我貌似已经尽全力了。可是她哭了。她说：“妈妈，我没考好。”我问：“你想去吗？”她说：“想。”我说：“剩下的交给妈妈。”我真的像是“豁出去”的状态，拿起手机给“天使”老师打了个电话，希望，只是希望，还有机会。希望，再给孩子一点机会。
>
> 小汐不够自信，但她很乐观，需要不断鼓励。可能由于小学最关键

的时候，我在国外，孩子没有养成好的习惯。四年级上半学期，我被老师找了7次，小汐的成绩在班上倒数十名内，我急死了，可是，她依旧放飞自我。我心想这孩子心大，健康成长就好。整个四年级期间，除了我主动与学校老师沟通，剩下接到电话最多的就是指挥老师。按小汐的话说："指挥老师比我们班主任还负责。"我有片刻的震惊，好像真的是这样，我想象不到一个合唱团的老师，一个团里有着几十上百个孩子的老师，会这么用心地对待某一个孩子。

我有时候翻看孩子与指挥老师的对话，心中无限感动。他总是说："我的宝儿，你还能更好！""小汐宝贝，你太棒了！""宝贝，做得不错！""我的小宝儿，你这状态也太好了吧"……我真的从没觉得自己的孩子这么好，她在茫茫人海里毫不起眼，却在指挥老师的眼睛里熠熠生辉。

小汐惰性很强，但她很坚持，需要不断鞭策。小学阶段的四年级很关键，我陪着她阅读、唱歌、写字，一刻未曾松懈。期末老师找到我，说："小汐让所有老师都惊艳了，班上排第四名。"

每一次录完歌，她都滔滔不绝，说些我听着可专业的词了。我说："我还挺喜欢你这种得到新知识的嘚瑟劲儿。"我问她："录完歌累吗？"她说："还好。"我说："怎么这么久？"她说："久吗？正常吧。"我说："我都困了。"她说："我唱了几个小时都不累"……

有一天录完歌到家，已经晚上10点半了，我一转眼看见她已经坐在书桌前写作业。我说："孩子，太晚了先睡吧。"她说："我在学校没完成，现在抓紧时间把学校的作业先完成。"这4次的录音课，我忽然感觉孩子长大了，变得坚毅了，知道利用时间了。到了续费的时候，我问小汐："咱还唱吗？"她说："妈妈，我想唱。"我问爸爸："还续吗？"他说："客观地说，她唱得很一般，但是，我们不与别人比，和她自己比，她跨越了一大步。"她接着我的话说："妈妈，我一定会好好学习。"

太多的话难以表达，谢谢老师们用一支长篙，载着一船孩子们向青草更青处！

12

你又不是我——子非鱼，焉知鱼

人性中有个巨大的弱点，喜欢以己度人。

我们时常遇到这种情况："我觉得某种做法是好的，所以你也得这么做。"

再比如："我这么做都是为你好，你怎么就是不听呢？"

此类情况在亲密关系中表现得尤为明显，例如夫妻、亲子、师生之间。

在心理学上称之为"投射效应"，表现为将自己的特点归因到他人身上，认为自己具有某种特性，他人一定会有与自己相同的特性，从而把自己的感情、意志、特性投射到他人身上并强加于人，是一种认知障碍。

这种认知障碍建立在"控制欲"的基础之上，是其中一方对另一方的独立性与判断能力的剥夺，需要引起家长和老师们的警惕。

我前几天和一个闺蜜聊天，她儿子是我看着长大的，如今已经成长为一个有独立见解的20岁的小伙子。我记得他四五岁的时候，和妈妈相处得并不愉快。妈妈很瘦，很怕冷，只要一变天，就催促儿子也跟自己一样穿上厚衣服，但儿子说什么都不穿，母子俩时常闹得很不愉快。

后来孩子很正式地对妈妈说了一句话，我到现在还记得。他说："妈妈，你又不是我，怎么知道我的冷暖呢？"

子非鱼，焉可以己度鱼？

兜兜的姥姥，经常出现这种问题。她很挑食，不喜欢吃的东西很多，于是每次都做很多饭，如果家里有8口人，她一定至少做8个菜，连包饺子都要包3种馅的，固执地认为每道菜肯定有人跟她一样不爱吃。

她经常问兜兜：“你冷不冷啊？这个菜你肯定不爱吃吧？”兜兜和其他小朋友玩耍时，两个小朋友互相追着跑，如果兜兜跑在前面，她就会觉得是其他孩子欺负兜兜，去横加干涉。

在日常生活中，我们身为父母也经常出现这种问题。

爸爸妈妈喜欢的专业，想象的某种发展之路，就投射到孩子的人生当中，并固执地认为，父母给孩子选的人生道路就是孩子最幸福的人生道路，可没人想过孩子是否真的喜欢这种人生道路。

“天使”有个特别乖巧的男孩，练习和演出非常积极，说话像个小大人，有条有理，逻辑性比较强，时常说一些超出他年龄的话，“天使”的老师们都很喜欢他，经常逗他说话。不过那个孩子性格有些内向，总是郁郁寡欢，一看就让人觉得有心事。

我试着找他谈话，想知道他身上到底发生了什么，然后找机会开导他。他说话很警惕，怕我知道他的心事，故意岔开话题。

我无奈之下，又找他妈妈谈话，他妈妈非常开朗，当着我的面规划孩子的未来：中学要考上什么学校，高中要选什么方向，大学要学什么专业，毕业后要找个什么样的工作，将来要找个什么样的女朋友，结婚后要生几个孩子……

她语重心长地说：“我这一切都是为他好，给他设计了最完美的人生，能避开所有的雷。”我心里已经隐隐知道那个男孩的烦恼是怎么回事了，等他妈妈走后，我给那个男孩打了个电话：“你总是那么不开心，是因为妈妈管你太多，总让你按她的规划生活吗？”

男孩在电话里哭到崩溃，抽抽搭搭地说：“我爸妈让我做的事情从来不问我是不是喜欢，为什么他们要逼着我去做我不喜欢的事儿，却从不支持我喜欢的事儿？我到底做错了什么？”

我告诉孩子，那不是他的错，而是父母做得不对。

这种不被家长理解的孩子很让人心疼，他们总是活在另一个人的阴影里，去实现另一个人的人生梦想，自己的个性却不断被磨损、被剔除。

这种“投射效应”有个很重要的前提，就是家长或老师认为自己永远是对的，自己所做的一切都是为了孩子好。

我们在这儿会有个疑问，对与错的标准是什么？谁能确定自己所想的一定是对的？

退一步来讲，即便家长们所想的事情在某个时间段是对的，谁又能保证孩子长大后，也就是10年或者20年后，那些想法还是对的？世界永远在发展和改变，有些家长以当下的认知去设计孩子几十年后的生活，难道不是“刻舟求剑”吗？

我们在过往生活中得到的人生经验，真的适用到几十年后吗？

即便我们说的都是对的，如果孩子不喜欢我们为他们选的道路，例如学业的选择、职业的规划、爱情与婚姻的选择等，哪怕他们屈服于我们的压力，听从了我们的安排，他们真的会幸福吗？他们被迫去读一个不喜欢的专业，去从事一份不喜欢的工作，去和一个不喜欢的人过一辈子，何尝不是一种自我的迷失？

孩子拥有独立的人格，孩子不是父母的附属品或游戏小号，我们无权替他们选择人生的发展方向，能做的只有引导和帮扶而已。

太强势的父母，教养不出幸福的孩子。

我们与其整日忙着为孩子设计一条“世俗成功”的道路，不如把选择权交给孩子，还给他们幸福和满足。

所以，当我们费尽心力地给孩子设计未来的时候，请您邀请孩子一起参与意见。孩子的人生，需要自己掌控！

13
权威来自信守承诺

成年人的人际交往有一条重要原则，就是信守承诺。

答应别人的事儿一定要做到，做不到，会导致信用受损。我们想让孩子养成守信的习惯，就要对孩子守信。

我们对孩子做什么，孩子就对这个世界做什么。

某个上午，兜兜说想去超市，我跟他说："你先帮爸爸妈妈干点活，等我们干完，就带你去超市。"干了一上午，我和兜兜爸爸有点体力不支。

兜兜爸爸说："咱们明天再去超市吧！"兜兜马上神情失落。

我对兜兜爸爸说："不行，我之前答应兜兜了。"

兜兜爸爸说："我不知道你答应他了，既然答应了，我们就去超市。"

我跟兜兜说："虽然爸爸妈妈很累，但是我们必须履行我们的承诺，成为说到做到的爸爸妈妈。"于是一家三口开心地去超市购物。

这是生活中的小事，但蕴含了教育的道理，即预期效应。

1928 年，心理学家廷波克用猴子做了个实验。

> 实验以猴子为受试者，首先当着猴子的面，把它们喜欢吃的香蕉放入两个带盖子的容器中的其中一个。过后，让猴子进行选择。
>
> 结果发现，猴子有良好辨别能力，能准确地从装有香蕉的容器中取得食物。然后，实验者再次当着猴子的面把香蕉放入后，用一块木板挡住猴子的视线，在挡板后面把香蕉换成猴子不喜欢吃的莴苣叶子。

当猴子从容器中取出莴苣叶子而不是香蕉时，非常惊讶，有“大吃一惊”的挫败感。它拒绝吃莴苣叶子，并四处搜索香蕉。

寻找失败后，猴子非常沮丧地向实验者大发脾气。

动物和人类的情绪不受他们行为的直接结果的影响，而是受他们预期行为将会带来的结果支配。如果实际与预期相符，会加强预期的作用力和可信度。如果预期良好而实际不符，会给人带来认知失调。

在预期没有实现，即奖励物不如预期的奖励物时，不仅不能保持原有的操作水平，还会降低操作水平。一些爸爸妈妈为了让孩子学习和听话，随口给孩子承诺。而且不觉得孩子会当真，有时候觉得孩子忘了。

其实，孩子的内心十分单纯，对父母和师长有十足的信任。在他们心中，爸爸妈妈和老师的话至高无上，所以爸爸妈妈和老师的承诺就更加重要。当孩子因为教育者的一句承诺，很认真努力地做了一件事，却没有得到预期承诺时，会变得很沮丧。不仅让孩子失去自信和继续做事的勇气，更重要的是孩子心中的榜样会崩塌，觉得周围的一切都不再可信，这种失落和沮丧长期积累，孩子就很难再信任别人，直接导致孩子人生的失败。

我们答应孩子的事，也可能因为一些特殊原因做不到，我们就要很严肃地对孩子解释，争取得到孩子的谅解。

比如，有次我们答应带兜兜出去玩，可家里的狗狗生病严重，我们要带狗狗看病，没能出门。事后我们非常诚恳地和兜兜解释，并做出补偿，从而得到兜兜的理解和体谅。

天使童声合唱团里的孩子都知道，芳芳老师说出去的话没有做不到的，所以孩子们都愿意听芳芳老师的话。再比如我跟孩子们说：“你们别剪头发，咱们上台需要留住长发”，然后一直追求干练形象的我，也开始留长发。也许有一天我需要改变形象，再变回短发，我也会跟孩子们解释我的理由，并征得他们的谅解。

我们互相监督、互相提升，每个人都做一个值得被信任的人。

14

不当虎妈，告别强势教育

中国传统教育观里有句话："棍棒之下出孝子。"类似的教育理念源远流长，影响着每个中国家庭，导致虎爸虎妈层出不穷。

虎爸虎妈教育出来的，一定是优秀的孩子吗？

我们注意观察一下身边的例子，会发现结果往往是相反的。棍棒之下未必教出孝子，反而要么抹杀孩子的个性，要么激发出孩子的叛逆心理。

我有天带着兜兜学识字，坚持了 50 分钟左右时，他显得很懈怠，明明认识的字，却每次都点错。连续点错两次后，我严厉地说："你是不是成心？这么不认真，还想玩这个玩那个呢？"

我气不过，用手戳了一下他的头，兜兜才打起精神做完最后的练习。我如释重负地说："好了，去玩吧，早打起精神不就没事了？"

孩子没回应，我回头一看，他趴在沙发上睡着了。我忽然想起来，由于感冒，他在学习前刚喝了感冒药，难怪他始终打不起精神。

我忽然特别后悔，抱起儿子回卧室，在他的小脸上亲了一下。下定决心，以后再也不做强势妈妈，学着去理解和爱护孩子。

强势真的好吗？

强势父母对我们这一代人来说，都记忆深刻。我们父母秉承着传统教育理念，对孩子基本上都是强势到底。

我母亲就是极为传统的人，是个不太讲道理的妈妈。我小时候淘气，常在外面惹事，回家就挨揍。我姐姐正好相反，是一个乖乖女，一直非常听话懂事。

我妈妈一直习惯用正话反说的方式和我们交流。

大杂院里小朋友们跑来跑去，我不小心摔倒，我妈一定会说："我说别跑别跑，摔了吧？活该。应该再摔狠点，不然不长记性。"我就红着脸，忍着腿上的疼和眼里的泪，在我妈的指责里委屈地回家。到了家，我妈还得给我抹红药水，包扎受伤的腿。

她明明心疼我，嘴里却绝对不说出来。

从小到大，我很少听到妈妈对我的认可，虽然我经常听别人说她在背地里夸我，但是我从来没亲耳听到过，像是不管我怎么努力，都不能让她满意。有时就算我说的话有道理，她都会说一句："我是你妈，我说什么就是什么，你给我听着就行。"

所以，我从小就是一个叛逆的孩子，受伤挨打从来不哭，在外受委屈也不回家说。

过去的父母很多都是像我妈这样的刀子嘴豆腐心的父母，乐乐老师的妈妈据说比我妈妈还严厉，但是这样严厉的妈妈们，能给孩子的成长带来什么结果呢？

拿我自己举例吧。我变成一个遇事只会自我检讨的人，哪怕是路不平把我绊了一跤，也是因为我自己不小心造成的。在我的成长过程中，因为这种个性，曾备受委屈。

我姐属于很乖的孩子，不管我妈说什么，她一句话都不说。我一直以为她受到的家庭影响会少一点，后来发现，她也有性格缺陷，缺乏爱的能力。记得她儿子还小的时候，她不愿抱孩子，抗拒母子之间的亲热举动。直到现在，无论她儿子多努力，我都没听到我姐对他有语言上的认可。

她无形中成了我妈的翻版。

要学会对孩子表达爱

当我们和孩子起争执，我们的语言暴力，我们对他们的惩罚，真的是想要教育和影响孩子？难道不是想宣泄我们心中的负面情绪？

孩子成了我们情绪的牺牲品。

我们的每一句话，我们的每一个态度，都会对孩子一生造成难以磨灭的影响。如果当初我妈能改变态度，我一些性格上的短板也不会存在。

过于强势的父母，会导致孩子的自我价值感缺失，自尊水平低。有的孩子成为“讨好型人格”，讨好每一个人，避免自己受伤害。

有的孩子“怀恨在心”，长大后以同样手段伤害别人。有的孩子成为“逃避者”，自我否定、自卑、不敢表达自己的想法和感受，活在自己的小世界里。

我们要学会和孩子共情，想象如果我们是孩子的话，我们会有怎样的心情。

好好说话体现了父母自身的修养和水平，也是和谐亲子关系的基础。活泼的孩子一定是在和谐的家庭环境里长大的。

快乐的童年可以治愈一生，悲惨的童年要用一生去治愈。我们想让孩子有爱的能力，就要学会对孩子表达爱。我们要给孩子一个快乐的童年，让他们在今后的人生中，不管经历什么样的风雨，都能得到来自遥远童年的慰藉。

现代脑科学的研究发现，人类大脑中负责情绪的“杏仁核”的位置临近主管长时记忆的“海马体”，研究者认为“杏仁核”可以给情绪信息编码，经过编码的某种情绪进入长时记忆之中可随时经触发而复现。一旦人们回忆起往事，也就回忆起与此相伴的情绪，而往往情绪的体验会更加深刻和强烈。这也就不难解释在记忆提取或遗忘理论中的“压抑说”，学生所学的知识并不是没有储存在大脑中，而是因为某种不愉快的情绪体验让他不愿意提取这段经历而被压抑了。

反之，如果伴随知识存储的是快乐的情绪，在需要提取出来的时候就会伴随快乐的体验。

15

肢体语言：让一个港湾拥抱一艘船

我曾是个严厉的老师，本来就有点不怒自威，又刻意和孩子们之间保持着不远不近的距离。我的潜意识里也一直觉得师道尊严，和孩子之间要有距离，才能更好地对孩子们进行管理，更有威信。

直到有一天，一个孩子改变了我的观念。

海淀团有个小淘气叫小元，他聪明、活泼、淘气，是充电五分钟通话两小时的孩子，随时活力满满，精力充沛。

有一次我带孩子们去儿童艺术剧院演出，去往后台的路上，我看到路边有一个锥桶，脑子里下意识地想：小元那个小淘气路过的时候会不会踢一脚？

他果然没让我失望，路过的时候喊着："咦哈！"重重地踢了一脚。"天使"对孩子们的纪律要求非常严格，我叫住他，然后严厉批评了他。他知道自己错了，一直低着头，默不作声。为了不让他再次犯错，我让他走在我身边。

到了后台，大家坐下休息时，他双手捧着一瓶水，递给我说："芳芳老师，您辛苦了，请您喝水。"我看到孩子那渴望被老师认可的眼神，彻底被打败，不由自主蹲下来，抱着他说："谢谢宝宝，你太温暖了，芳芳老师批评你的时候比较严厉，态度不好，但你做得也不对，我们一起改好不好？"

我清楚地记得，我拥抱孩子的那一刹那，孩子的小肩膀轻轻震动了一下，可能他从没想到过，严格的芳芳老师也有拥抱他的时候。那一刻，我们彼此的心贴近了，我不再是一个高高在上的老师，他也不再是一个犯了错误的学生，我们像是彼此珍爱的母子。

这是好多年前的事，那个小娃娃已经成长为一个大男孩，优秀、懂事、踏实、礼貌、温暖而开朗。我们也成了最好的朋友，不管多远看到我，他都跑过来，给我一个温暖的拥抱。

这件事发生后，我慢慢学会了用肢体语言和孩子交流。当孩子取得好成绩时，我们彼此拥抱庆祝。当孩子犯了小错误，我会先拉着孩子的手，再跟他聊天。当孩子出现小情绪，我会拍拍他的肩，为他打气。

我发现孩子们和我的距离越来越近，彼此的爱意在一次次的温暖接触里传递和渗透。好多妈妈都说，芳芳老师才是亲妈，孩子把芳芳老师的话当圣旨。这就是心理学里的互悦机制，让孩子感受到我们的爱，才会把信任和爱反馈给我们。

中国人含蓄和内敛，大多父母不愿表达对孩子的爱，孩子自然也学不会去爱，长此以往，孩子会失去爱的能力。

家长们不好意思拥抱、亲吻孩子，甚至没机会去拍拍孩子的肩，和孩子之间的距离渐渐远了。妈妈和爸爸对于孩子来说，不能只是督促他们写作业时，或者开家长会时才出现的角色，更应该是彼此最珍爱的人。

我们要多对孩子表达我们的爱，给他们一个拥抱或一个亲吻，肢体动作会把单调的语言润色得生动而具体，让彼此之间的距离亲密无间。当肢体传达了温度以后，我们和孩子的心才能贴得更近，孩子才能感受到父母真挚的爱。

让我们回家后给孩子一个拥抱吧，像一个港湾在拥抱一艘船，像一片夜空拥抱月亮，像一个鸟巢拥抱归家的燕子。

16

惜字如金：妈妈的话越少越珍贵

我们发现一个现象，话比较少的家长更容易得到孩子尊敬，越是喋喋不休的家长，孩子反而越没有敬畏之心。这种现象在心理学上被称为“超限效应”。

当年马克·吐温听牧师演讲时，最初感觉牧师讲得好，打算捐款。

10分钟后，牧师还没讲完，他不耐烦了，决定只捐些零钱。

又过了10分钟，牧师还没讲完，他决定不捐了。

牧师终于结束演讲，气愤的马克·吐温不仅分文未捐，还从盘子里偷了2元钱。

这种因刺激过多引起逆反心理的现象，就是“超限效应”。

教育孩子的过程也是一样，好多家长，尤其是妈妈，最担心的就是孩子不听话，当孩子出现问题或者错误的时候，就一直喋喋不休地批评教育。

刚一开始，孩子会觉得内疚不安，想要改变，但随着家长一直不停地批评和强化，孩子会觉得不耐烦，最终产生逆反心理。

对孩子进行批评教育时，要注意我们的方式方法，避免严厉的重复的批评和指责。孩子出现问题的初期，妈妈要想好方式方法，然后再和孩子进行正式深入的谈话，如需要再次讨论这个话题时，我们要换个角度去说。

妈妈和孩子谈话前，先用共情的方式，用他们最容易接受的方式进行谈话。即便是表扬，也不要触及“超限效应”的门槛。一次不空洞的表扬是对孩子有效的鼓励和认可，但相同的内容一直说，会让孩子感觉被糊弄。所以，妈妈们在教育孩子的问题上，一定努力做到惜字如金，说得越少，话的分量越重。

17

参与就是最好的肯定

父母与孩子的生活有一部分是被割裂开的，那就是学校。孩子上学时，家长基本参与不到孩子的学校生活。为了解决这个问题，很多学校时常举办各种亲子活动，邀请家长参加。

有些家长不理解这种活动的目的，借口工作忙、没时间，还有家长认为这种活动是小孩子的事儿，没那么重要。他们不知道的是，父母的参与是对孩子最好的肯定。每个孩子都希望自己的学校生活被父母了解，让父母更多地参与自己的人生。

天使童声合唱团极为重视亲子关系的维护和培养。

教育分为家庭教育、学校教育和社会教育。家庭教育是三项教育中最早的，陪伴孩子时间最长的、影响最深远的。

建立良好的亲子关系对孩子的人格养成和成长发展有举足轻重的意义。

“天使”很重视仪式感，经常举办各种家长和孩子共同参与的活动：生日会、开放课、汇报演出、联欢会、音乐会……天使童声合唱团会郑重地给家长们发邀请函，邀请家长们出席孩子的活动。“天使”的孩子都是身经百战的小演员，但是团里邀请爸爸妈妈来听他们唱歌时，从孩子们期盼的小眼神，到孩子们准备节目时候的兴奋和忐忑，老师们都能体会他们的重视程度。在他们心里，唱给爸妈的歌才是最好听的歌。

对孩子来说，如果家长能身着正式的服装，能按时到场，能用听音乐会的规格礼仪要求自己，孩子们就能感受到家长的重视，这是对孩子的认可和鼓励。

对家长来说，能亲身参与孩子们在学校以及团队里的活动，用实际行动对孩子的成长表示支持和赞扬，亲身参与到孩子的成长过程中，和孩子建立更多互动的空间。在参与活动的过程中，能更大程度地增进亲子关系。

同时，参与孩子的各种活动，也是家长们了解孩子的学习、生活、思想状态以及老师的教学水平和教育理念的好机会。更是和老师面对面沟通和交流，增加彼此了解的好机会。

家长只有懂得和老师沟通交流，才能让老师对孩子的情况更了解，全面地判断孩子的情况，更好地帮助孩子成长。

对老师来说，不怕孩子学不会，也不怕孩子能力弱，就怕家长不重视。

老师最想要的是家长对孩子学业的重视态度，如果家长对孩子的学习、活动、进步成长都很重视，积极参加老师组织的各种亲子活动，也是对老师的一种鼓励，会让老师在心里了解家长的认可度和重视程度。

老师们常说："如果家长对孩子不重视，我们油尽灯枯也枉然。"

陪伴孩子的过程也是教育孩子的过程，父母要抓住每次参与孩子活动的机会，对孩子进行认可鼓励，给予支持和辅导。

需要注意的就是，家长们既然参与，就要认真和持久。认真的家长，参加孩子活动时会穿上漂亮得体的衣服，积极互动，彬彬有礼，而不是穿着随意，敷衍了事。家长的认真和重视，能成就孩子的尊严和自信。

家长在家校合作中起着沟通、支持、协调、辅助等作用。家长既要充分发挥自己的作用，又要注意把握分寸，不要过度参与学生的学习进程和侵入师生关系，做到家校共育，与学校教育一起，为孩子营造和谐的教育环境，帮助孩子健康成长。

18

了解和接纳才是真爱

凯瑟琳·沃尔斯说："你希望孩子出于对你的恐惧而听从你的建议，还是出于对你的爱戴和敬重而听从你的建议呢？"

我们的孩子，每天在学校会遇见很多事，都有可能影响孩子的情绪和状态。比如，有时孩子回到家闷闷不乐，没心情写作业，没心情锻炼。

于是，关心则乱的妈妈拉着孩子问长问短。

如果妈妈平时比较理解孩子，孩子或许会说一下情绪来源，比如和小朋友吵架啊，被同学们误解啊。作为成年人或监护人，我们更关注孩子的学习和身体，有时会觉得孩子说的事不重要。但是当我们打着爱孩子的旗号，口无遮拦地说出，"不就是这么点破事吗？你不会也别理他？你到学校是去学习呢还是去玩了？为这么点破事连作业都不写了，你还想干嘛啊你"……听了您的话，孩子会有两个结果，要么跟您吵架、顶嘴，然后和您疏远，要么再也不把他的事儿告诉您了。

孩子的世界里，友情是最重要的事，当交友出现问题的时候，孩子会焦虑、自卑、自我否定，甚至不愿再去上学。

如果家长轻视孩子的感受，逼迫孩子用家长的方式去解决问题，会导致孩子从此不再依靠你或指望你帮助他。一味强求是对孩子的不尊重，导致孩子无法认知自己的情感，不会用正确的方式疏导情绪情感，心理上会变得压抑和扭曲。

正确的方式是用情感疏导，认可孩子的感受，当孩子说起他和小朋友产生矛盾，我们首先理解孩子的情感和情绪，告诉孩子，和最好的朋友闹矛盾，心里肯定不好受。然后帮孩子分析哪儿出现了问题，并找到解决办法。

若孩子要自己待一会儿，我们决不干涉。

孩子和我们一样，有时遇见问题，也不需要别人帮忙想办法，只需自己冷静一下，消化情绪，抑或仅需要一个安静的听众。孩子不需要建议时，妈妈们尽量闭嘴，没人愿意特别烦的时候，还有人在身边滔滔不绝地说话。

孩子释放了坏情绪或想到解决办法后，我们再建议孩子做他该做的事，孩子才能更专注地做事。如果我们不用情绪引导的方式，而是用强制的方式逼迫孩子就范。即使孩子表面顺从，心思也不会放在学习上，可能很长时间都不会平静，学习成绩也会一落千丈。

这个问题像中医理论，中医认为我们肝火旺盛，不会先用药物压制不健康状态，而是会帮我们从身体深处调理体质，提升免疫力，把不好的东西彻底消除，才能从根本上解决问题。

我们发现孩子有情绪问题时，一定要先让孩子解决问题，再让孩子去做我们希望他们做的事。孩子们都很单纯，我们帮他们解决问题，他们会很自觉地完成自己该完成的任务，也会越来越信任我们。

就像《你就是孩子最好的玩具》书中说的："只有当你包容孩子的感受并表示同情的时候，真正的合作才能够开始。"

如果一个年幼的孩子因父母压力而不敢承认自己的疲惫、恐惧或者厌倦，其实等于把父母的愿望置于自己的需要之上，在否认自己的感受。

只有家长首先接纳、理解和认同孩子的感受，孩子才能学会认可和处理自己的情感，学会在未来的人生中解决和处理所遇到的困难，所以接纳和了解才是真正的爱。

19

表扬的艺术

天使童声合唱团的老师们开会时，我也经常谈到，态度不真诚的表扬、流于表面的表扬、没有内容和针对性的表扬，只会让大家觉得虚伪，既不能触动孩子心灵，也无法实现表扬的意义和价值。

有一次，我去一个分团办事，赶上一个班的孩子下课，一个小女孩远远地跑过来跟我打招呼。于是，我马上就去她们班里，当着全班孩子的面表扬了这个小女孩，希望所有人跟她学习。表扬她的时候，我看到她惊喜的目光，她肯定没想到只是打一个招呼，就能得到这么隆重的表扬。

及时的鼓励和表扬，可以让孩子感受到努力被认可，建立起继续学习和攻克更多困难的信心。没有人的成功是基于打骂和否定的。教育者的肯定，哪怕是一个眼神、一句有意义的话语、一个鼓励的小卡片都有可能成为孩子成功的起点。

我们常说，你想让孩子变成什么样，就把孩子夸成什么样。鼓励和表扬这种正向引导的心理暗示，对孩子的成长有非比寻常的意义和价值。我经常告诉孩子，你穿上“天使”的衣服，就是“天使”！就会比普通小朋友更优秀！所有听到这句话的孩子都不自觉地挺直后背，我相信在孩子们的心里此刻种下了高标准和严要求的种子。好多妈妈说，孩子来到“天使”以后，慢慢地变样了！其实不是孩子变样了，是我们对孩子的及时鼓励和正面解读让孩子找到了自信。

究竟要怎样表扬孩子？我们再次引用积极心理学提倡的“积极主动式回应”来说明。

分享的好事	回应类型	回应话语
“我们踢球赢了！”	消极主动	“踢球赢了能上大学吗？” “你作业写了吗？”
	消极被动	“哦，你爸去哪了？”
	积极被动	“不错，挺厉害的。”
	积极主动	“太棒了，真了不起！快说说你们怎么赢的，怎么进的球？”

当孩子回来分享好事的时候，我们不但表扬他“赢球”了，鼓励他“真棒、真厉害”的话，更要让他分享一下成功的细节：“你进球了没有？”如果他是守门员或者啦啦队，也要问他：“你做出了什么贡献？你有什么样的感受？”这样就可以把生活中的“小确幸”进行放大，让孩子充分回味胜利的喜悦。

海淀周六二团有一位小“天使”，回忆起她，我脑海中浮现的都是她姣好但清瘦的模样。她刚来的时候非常拘谨，整个人看起来不够放松，说话声音也非常小，3小时课程里，除了唱歌，几乎听不见她的任何声音。但她一节课坐姿非常端正，也不和旁边同学说话，更别说嬉戏打闹了。

我心想这孩子除了内向点，其他方面真不错。

一开始，她向老师问好的声音很小，但每次老师都会热情地和她打招呼，慢慢地，她也能主动向老师问好，虽然声音不够洪亮，但也有很大进步了。这时老师会当着全班同学的面，特别隆重地说：“今天×××同学能主动和老师问好，礼貌进步很大，特别棒！”她会腼腆地一笑，以此回应老师。

指挥老师也经常给孩子锻炼机会，让她到前面做音乐小游戏，她一开始有点拘谨，后来也特别开心地笑啊，跳啊，唱啊，她也陆续得到了“课间安静看书之星”“坐姿端正之星”“回课标兵”“节奏达人”等奖励邮票。

有一次我和她妈妈聊天才知道，她回家后会清晰地向妈妈描述每一张邮票是怎样得到的，如数家珍。

妈妈还说她加入合唱团后勇敢多了，在学校被选上录制学校报送的欢迎宇航员返航的一个情景剧，虽然戏份少，但她一次性出色地完成了录制。她后来陆续参加一些演出，妈妈都陪着她认真努力练习和打卡，踏踏实实演好每一场。

直到有一次《开门大吉》录制的节目正式播出，妈妈激动地给每位老师发了一段文字："感谢老师给予孩子展示的机会，更感谢天使童声合唱团老师们对孩子一直以来的帮助和教导，孩子越来越自信了。刚才看到《开门大吉》里孩子的表现，我和爸爸都很激动，孩子以前很自闭，不说话，表情呆滞，医生都说她有选择性缄默症，现在她已经能在舞台上自信地歌唱，对于孩子的进步，我们深感欣慰。”

天呐，原来这孩子有自闭的过往，两年多的时间不跟外界说话，我们真没有感觉出来，单纯地认为她就是内向而已。

妈妈说她知道唱歌是需要天赋加后天培养，也知道孩子天赋一般，但为了孩子走出来，报名了家门口的培训中心。经过训练，孩子也拿到了一些奖项，有一次她偷偷对妈妈说，她也想拿金奖。妈妈和孩子沟通分析，发现她主要是不够自信。后来偶然在朋友圈看到天使童声合唱团的招生信息，觉得孩子既然喜欢唱歌，合唱的话，人多就不会那么紧张了，于是来到“天使”。

爸爸妈妈想让孩子在一个好的氛围中感受音乐的力量，受到艺术熏陶。事实证明妈妈的选择没有错，孩子在“天使”经历了大大小小的舞台历练，每一次都努力地练习好每一首歌曲和动作，在舞台绽放出她最美、最自信的笑容，现在也能经常看到她甜美的笑容，老师们都真心觉得，孩子有这样的成长和进步，我们的工作值了！

20

谁都没有权力给孩子贴标签

今天和一个好朋友聊起她家孩子，我心里久久不能平静。她儿子有点淘气，可在我眼里，那个孩子很单纯，也很聪明可爱。有一天孩子回家后，闷闷不乐，说他和一个小朋友出门时互相挤了一下，明明是另外一个小朋友先挤他的，但老师解决问题时，对他批评更多。

另外，他很有音乐天赋，在学校竞选管乐团，被音乐老师选上，孩子回家后，开心地和妈妈分享经历，全班只挑上了他。可第二天，孩子得到不好的消息，其他老师觉得他不行，不适合学，孩子像被当头泼了一盆冷水，变得没有精神和自信了。

因为这个小朋友被贴上淘气包的标签，老师们就以偏概全地否定了他的一切，伤害了他的自尊心和自信心。

这是一种普遍的心理现象，叫晕轮效应①。

如果认知对象被标明是“好”的，他就会被“好”的光圈笼罩着，并被赋予一切好的品质；如果认知对象被标明是“坏”的，他就会被“坏”的光晕笼罩着，所有的品质都被认为是坏的。

晕轮效应是人际相互作用过程中形成的一种夸大的社会现象，常表现一个人对另一个人的最初印象决定了总体看法，看不准对方的真实品质。

---

①晕轮效应：指人们对他人的认知判断主要根据个人好恶得出，然后再从这个判断推论出认知对象的其他品质。

这个效应是在教育过程中不可取，所有孩子是一个完整个体，没有好坏之分。乐乐老师前几天说，在老师的眼里，不能有好学生和坏学生的分别。有的孩子学习成绩好，踏实努力，但他也许不够大度友善；有的孩子可能学习不那么刻苦，上课不那么专注，但他或许情商特别高，主动帮老师做事。每个孩子都有他独特的特质，作为教育者，我们不能以偏概全地给孩子贴标签。

当老师用固有的眼光看待孩子时，会毁掉孩子的自信。就算我们只是在心里给孩子贴标签，可我们的态度和语气都能让敏感的孩子察觉到，当我们的言行阻碍和影响了孩子的自我认知时，我们会毁掉孩子一生的幸福。

如果家庭里有两个以上孩子的妈妈们更要全面了解孩子，不能小宝宝一哭，就认定是老大欺负他。我听过很多家里的老大抱怨，我弟特矫情，明明是他抢我东西，然后他还哭，只要他一哭，我妈就骂我。正因如此，家里有了二宝，老大往往变得焦虑不安。

孩子们有一颗敏感的心，对大人的语气和态度很敏感。经常被老师或大人宠爱的孩子，容易自以为是，目中无人，一旦不如意或者偶尔不受重视就生气；经常受到委屈和冷淡的孩子，会因感受到大人的偏心和歧视，变得态度消极，甚至产生破罐破摔的心理，自我放弃。

教育者要全面了解孩子，用爱护的态度对待孩子。

孔子说，有教无类。不能把孩子分为三六九等，更不能一叶障目地给孩子贴标签。成绩好的孩子也有不足的地方，成绩差的孩子也有闪光点。

在“天使”的这么多年，我用心陪伴每一个“天使”的成长，才发现一个生命的成长不仅靠高标准的规则、高水准的教学法，更需要用老师们的爱和耐心灌溉，在理解和爱中长大的孩子才能优秀快乐。

没人有资格给别人贴标签，我们要努力做一个公平公正的老师，做一个有积极光环的老师，不给任何一个孩子贴标签。

21

开会啦！一起开会吧！

大家想到开会就头疼，都烦开会。孩子们却正相反，开会的形式是他们喜闻乐见的，尤其是能在会议中有点参与感，就更开心了。

会议是团体中不可或缺的活动形式，是传递集体思想、同步集体目标、融合集体情感的好形式。

比如天使童声合唱团在每年的新年或者圣诞节，会有仪式感地给孩子们安排和策划集体联欢会。老师们和孩子们一起把教室布置得非常漂亮，孩子们练习了很多好听的歌曲，请来爸爸妈妈，为他们演唱最好听的歌曲。老师们会总结一年来孩子们取得的进步和成绩。孩子们还会互相祝福、互相鼓励、互相学习，在欢乐的气氛里迎接新的一年，每年的元旦联欢会都是孩子们最盼望的仪式。

家庭里也可以举行各种会议。比如我们利用周末的休息时间，全家坐在一起，很有仪式感地举行一个家庭会议，总结一下家庭中的每个人做了哪些事，哪些值得表扬学习，哪些需要进步和努力，并一起制订改进计划，形成全家的行为准则。

家庭中制定行为准则时，要全家都参与意见，同时一起努力执行，互相监督、互相提醒，共同进步。在家庭会议中，我们还可以一起制订下一周的各种计划，包括节日活动、出游计划、采购计划、社交计划等各种大事小事的决定。

在家庭会议中，每个人可以轮流承担不同的工作，比如孩子做会议主持人，妈妈做会议策划，爸爸做会议记录，下次会议轮换。让孩子充分体会到自己是家庭的主人，对整个家庭的生活质量和幸福负责任，不仅能增强孩子的参与感，也能增强孩子的责任心。

很多家长觉得孩子还小，只要把学习弄好了，其他和孩子没有关系。其实孩子也是家庭一员，有权利对自己的家庭提出意见和想法。

孩子要在家里有存在感，当一个人感觉自己被需要，会变成一个充满责任心和使命感的人。如果孩子觉得自己在家庭里不被需要，就会渐渐失去对生活的热爱，变得内向、没有责任感、不懂得感恩、没有趣味、自私而依赖感强。

家庭会议其实给了我们一个表达自己的机会，家庭里每个人都需要表达，每个人都有表达的权利。很多时候，家长会忽略孩子的感受，限制孩子表达的权利，让孩子心里的不满堆积，慢慢变得叛逆。

一起开会时，我们可以心平气和地说出每个人对家庭生活的不满和对其他家庭成员的需求，让每个人感受到被重视和被尊重。很多规矩是孩子参与提出来的，孩子心里会更重视，会更加认真地完成和遵守，当孩子做不到遵守规则时，家长们也要用共同制定的规则约束孩子，让孩子承担结果。

在家庭会议里，我们可以和孩子一起设计策划各种节日、纪念日活动，不仅可以增加孩子的生活乐趣，还能更好地促进亲子关系，活跃家庭气氛。

我忽然想起情景喜剧《我爱我家》里的很多桥段，他们家经常在老付同志的带领下开展家庭会议，每个人都在会上发言，每个人的发言都被尊重和认真聆听，家里的小黑板报还可以记录家里的好人好事。

家庭是社会中最基础的组织单位，一个有着仪式感、经常开家庭会议的家庭，一定会像老付同志一家，充满正能量，充满爱、美满和幸福。

从今天开始，召开第一届家庭代表大会吧！我不聊了，拿着笔记本，去开家庭会议啦！

22

不可缺席的爱

我和兜兜爸爸聊天，说起我们认识的一个女孩，她年龄不大，八九岁的样子，很热情，也喜欢交朋友，但大家都不喜欢她。因为她没礼貌，不太懂规矩，和其他小朋友一起玩的时候，很少见到孩子的妈妈，基本都是老人带。

老人对孩子可用无微不至来形容，孩子对老人的态度却蛮横不讲理。因不太经常见面，关系也不太近，她也不是我的学生，我们不便对孩子进行教育，但这个孩子就是典型的“老人惯子”。

直到有一天，一个成年异性对孩子表现出非同寻常的亲近，我们以为那是孩子亲戚，后来却觉得不太对劲。出于教师的职业敏感，我们私下问孩子。孩子说她和那人不熟，但每次碰见，他都过来抱抱自己，孩子觉得无所谓，我却很担心，对孩子说：“不能让不认识的人碰到你，不能和他太热情，很危险。”我们也婉转地对她家人透露了一下，让他们多关注。现在想起这件事，还像一块石头压在心里。

之前我们也听到有孩子说，妈妈每天很忙，没时间陪她，每次见面总说她，和她吵架，她不喜欢妈妈。

大家肯定能想到，这个孩子的亲子关系什么样。孩子一出生，就开始在心里建设自己的安全感城堡，带给孩子最初安全感的就是妈妈，尤其是女孩子。当女孩子和妈妈的关系非常亲密，安全感就很强。和妈妈相处的过程中，妈妈不仅可以给孩子带来温暖，更重要的是，可以时刻关注孩子的成长变化，给予孩子重要的引导和教育。一个有良好亲子关系的孩子心里不缺爱。不缺爱的孩子，不会随随便便去陌生人那里寻找拥抱和温暖，遭遇伤害的可能性会降低。

我非常理解很多妈妈，想要工作就不能照顾孩子，陪伴孩子就要放弃工作，两者很难兼得。我仅仅希望，我们能在孩子性格塑造、习惯养成、认识世界最重要的这段时间，多花一些时间陪伴在孩子身边。

例如学校里、团体里组织的活动，无论多忙，我们一定腾出时间参与。我曾亲眼见过团里组织活动，有的家长很忙，没时间或迟到，孩子充盈泪光的眼睛。每当这时，我都过去抱着孩子，告诉他们不要着急，妈妈一定不会忘记，也许马上就到。

再比如孩子临睡前的拥抱、孩子遇见问题的谈话、孩子的生日、孩子取得成绩时的肯定和表扬……很多我们大人觉得无所谓的小事，对孩子来说真的很重要。老人可以在我们腾不出时间的时候，帮我们照顾孩子，但是老人毕竟年龄大了，更多的教育影响，需要妈妈爸爸亲自做。

孩子是上天送给我们的礼物，也是上天赋予我们的责任，更是我们用心陪伴的人。就像《人民日报》说的："教育好你的孩子，也是你人生中最重要的事业，他决定着你一生的幸福。"

关于孩子的恋父情结和恋母情结，心理学中有非常多的讨论。在四五岁的时候，男孩子会有恋母情结，女孩子会有恋父情结，这个阶段的心理需求如果没有被满足，长大以后孩子就会去寻求替代的对象，比如女孩找男朋友、男孩找女朋友，都会在潜意识里按照他们父母的形象去寻找。孩子对异性家长的情结，无意中也会形成家庭中的"三角关系"。

都说女儿是爸爸的"小情人儿""小棉袄儿"，作为家长也非常有必要满足孩子的心理需求，对孩子的心理和生理安全都进行保护。

23

家庭的无限死循环

前两天临出门之前，兜兜丢了一个东西，不停地大声哭，跟姥姥发脾气。姥姥生气地说：“你自己的玩具丢得满屋都是，自己不收拾，我帮你收拾完了，你找不到还跟我急。”

我跟她说：“妈，您知道为什么兜兜从来不跟我急吗？因为我从来不收他的玩具，他自己的玩具就应该让他自己来收。这是他自己的事情，应该自己承担，而且他自己收拾东西，知道放在哪儿，下次再拿的时候不会弄错。您好心帮他，会让他觉得收拾玩具是你的事，找不到了就赖您，您还特别委屈，但他也没错啊！以后您别替他收拾了。”

我能感觉到我妈心里不好受，姥姥心疼外孙，帮着收拾东西，孩子找不到东西，跟她发脾气，我还不向着她说话。

我们生活当中经常出现这种情况，孩子来排练，发现没带谱子，恰好妈妈还没有离开教室，孩子跑到妈妈身边，哭着跟妈妈说：“都赖你，不把谱子收好，你昨天干吗呢？不知道给我收拾东西！”妈妈也特生气：“我帮你收拾东西，找不到就赖我？”

其实呢，如果从小让孩子学会自己收拾东西，不去代替他，要他自己对自己负责。既能增强孩子的责任感，也能提升孩子的生活能力。

很多孩子排练之后，或者演出之后到处丢东西，有时丢个水壶，有时丢个谱子，甚至有人冬天排练之后穿错别人的羽绒服。这种孩子学习成绩也不好，生活能力也不强。说到底还是家长代替的原因。

家长总觉得孩子小，很多事情不会自己做，就替他做了吧。学习实际上源于生活，所有学科知识都是从生活劳动中总结出来的。要是孩子什么都不做，遇见抽象知识，就不会对应相对常识，理解起来很费劲。日常的生活劳动能提升孩子的动手能力、规划能力、总结能力等，这一切能力都是学习能力的基础。

适当地参与家庭劳动，对提升孩子的参与感非常重要，他会把自己当家庭的主人，热爱生活，用积极心态面对生活。

那天晚上，我决定平心静气地跟我妈聊一聊，说咱们家有一个原则，就是不要代替孩子。孩子想做什么，就让他去做，大人在旁边看着他、协助他、提醒他和保护他就行。

每个孩子都有好奇心和探索欲望，希望自己动手尝试，孩子做任何事情都是一个学习和探索过程，如果我们总是代替孩子把所有的一切都归整好，孩子就缺乏参与感，越来越依赖大人。时间长了，孩子发现家里的一切都不关我的事儿，会变得没有责任心，冷漠自私，不懂得感恩和回报大人。

长大以后，孩子不会懂得共情，因为他们从来没有体会过别人的艰辛，没有尝试自己动手创造幸福的快乐和成就感，非常可怕。人类的进步靠的是自己动手，慢慢总结和积累，不让孩子动手，等于剥夺了他的生存权利。他们所有的生活都是被我们安排好的、照顾好的，他们会失去目标。

我们要让孩子承担一些他力所能及的家务，让他们体会父母的不易，得到被需要的快乐和成就感。我和兜兜爸爸去工作时，经常带着兜兜，告诉他，他要跟爸爸妈妈一起完成工作，了解爸爸妈妈工作的内容，不过爸爸妈妈工作时也需要他帮忙配合，他要安安静静地在旁边等候，踏踏实实地陪伴，不打扰爸爸妈妈。

工作之后，我会告诉兜兜，爸爸妈妈每天早出晚归，都在努力工作，结交更多朋友，努力提升自己。希望未来的他也可以像爸爸妈妈一样，有很多朋友，特别努力地提升自己，成就一番事业。孩子陪伴我工作的过程，也是他学习的过程，我们处理问题的态度，对待工作的态度都会影响到他，给他树立榜样。

我们家长再爱孩子，总有一天也要离孩子而去，让他们独立面对世界。

我们要教给他们生存能力，像鸟妈妈教会小鸟飞翔一样。

我们希望孩子过得更幸福，就该从小培养孩子的生活能力，培养孩子的责任心，让孩子能够独立面对这个世界。

在家庭生活中，我们应该调整心态，不要代替、不要焦虑、不要着急，放手让孩子学会成长。

当代科学心理学的流行理念——“具身认知”也可以为上述故事提供佐证。自古希腊开始，身体在教育与教学过程中就受到贬抑或忽略；教育与教学效果体现在“脖颈”以上，与“脖颈”以下的身体无关。在这种教育模式里，身体要么是通向真理的障碍，要么仅仅是一个把心智带到课堂的“载体”或“容器”；学习被视为一种可以“离身”的精神训练，但是“具身认知”理念挑战了这种教育观念。当代认知理论的发展已经实现了范式变革，由摒弃身体参与的传统认知理论（认为只有大脑参与），逐步转向为将认知的发生看作身体、心智以及环境三者构成认知系统的“具身认知”（Embodied Cognition）理论。

“具身认知”理论强调身体参与在认知的实现中发挥着关键作用，其中心内容包括：1. 认知过程的进行方式和步骤实际上是被身体的物理属性决定的；2. 认知的内容是通过身体参与提供的；3. 认知、身体、环境是一体的，认知存在于大脑，大脑存在于身体，身体存在于环境。

从纯粹大脑认知的传统教学转到身心投入的主动体验式学习，以师生互动的身心融合为生成式学习达成了路径；从“具身认知”的角度而言，采用输入式的知识传授方式违背了学生认知的基本规律，难以帮助学生内化所学所知，无法达到对知识的真正透彻领悟与把握。

24

给我一个爱的抱抱

天使童声合唱团与海银集团共同打造了一个公益项目——小海豚天使童声合唱团，旨在成立一个贵州山区的童声合唱团，把歌声和最好的音乐教育带给山区的孩子。

和海银公益项目负责人沟通后，我们了解到，海银集团帮助的很多都是贵州与大凉山的孩子，他们大都是留守儿童，父母都不在身边。“天使”的老师们无不为之动容，努力用专业能力帮助孩子和当地老师提升。

老师们还罗列了各种帮助孩子学习的用具、教具、图书、教材，也想到了捐助吃的、用的，但海银公益的负责人跟我说：“芳芳老师，孩子们什么都有，很多人给他们捐东西，我们发现，孩子最喜欢的是大家无意中捐的毛绒玩具。”

这让我想起了心理学里著名的恒河猴实验，就是前文所说哈洛（Harlow）的猴子实验。这些贵州的孩子们从小生活在老人身边，缺乏来自父母的关爱和有温度的拥抱，内心极度缺乏安全感，所以孩子们急需温暖柔软的玩具，为自己带来安全感和满足感。

安全感的忽视

很多家长对孩子的教育，尤其是对男孩子的教育，最不注重这种安全感的建立。很多家长认为，男孩子要有男子汉气魄，摔跟头不用扶，自己爬起来才是坚强；被欺负了不许哭，要打碎牙咽到肚子里，然后打回去；遇见困难了不许说，自己想办法解决。殊不知这种方式培养出来的男孩子缺乏安全感，没有自信、没有同理心，不懂爱惜自己，更不会去爱别人。

这么小的孩子正需要关爱和建立安全感，我们让孩子自己面对一切，孩子一次次咽下委屈的泪水，一次次把被欺负的负能量用自己不太大的心脏去消化，久而久之，成了孩子心里的阴影，而这些阴影会随时间流逝，蚀骨般地刻在孩子的内心深处。

孩子出生在一个家庭，没有生存能力，需要成人为他们做好准备，他们只有无条件地依赖成年人的庇佑才能生存，父母变成孩子们唯一可以依赖的人。

不管父母给什么，孩子都无条件地接受和消化。我们给予孩子足够的爱和关怀，孩子会变得开朗、大方，充满自信，我们给到孩子的都是责骂、惩罚、不符合他们年龄段的要求、坏脾气，孩子没有什么发泄的渠道，压抑太久的情绪需要宣泄时，会做出一些不好的事情，例如用暴力解决和小朋友的矛盾，莫名其妙地发火,精神涣散,不求进取,自我否定。这些都是孩子缺乏安全感和幸福感的表现。

缺乏安全感的他

有一天排练时，老师给我发过来一个视频，一个6岁左右的男孩子站在合唱台上，歇斯底里地吼他旁边的小朋友。老师问我该怎么办?

我请老师走到他身边，什么都不说地看着他，等他安静，然后带着他去教室外面。如果有可能的话，看看能不能拉住他的手，如果可以拉手，再进一步地搂搂他的肩膀，坐下来问他到底出了什么问题。老师按我的要求与孩子交流，询问我下一步的方法。我说:“你可以尝试抱一抱他吗?你什么都别说，就抱一抱他，如果可以，请你抱他一分钟，让他平静下来”。

老师按我说的做，孩子真的很快就从焦虑的情绪里平静下来，通过谈话，老师告诉他，那样对其他小朋友是不对的，也教会了孩子以后该用什么态度去处理问题。事后，这个小朋友向其他孩子道了歉。

以我多年的经验来看，这件事远没有结束，这个孩子之所以出现这种情况，跟家庭教育密不可分。课后，我让班主任老师和孩子的家长谈了谈，我告诉老师，这个孩子之所以这样，是压抑时间太久了，不知用什么方式疏解压力，他一定有暴躁的父母。

经老师了解，孩子的爸爸是个简单粗暴型父亲，对孩子要求十分严苛，动不动就是棍棒教育，孩子经常挨打，所以才有这种表现。

我让老师跟他妈妈沟通，让她知道孩子不能这样教育，打孩子是教育无助的表现，可以用更好的方法让孩子和我们合作。经常被暴力对待的孩子，未来的成长会出现严重的心理问题，我们希望这个妈妈能好好跟爸爸谈，改变教育方法。

由于爸爸的长期暴力，这个孩子非常抗拒与同性成年人的接触，我们的指挥正好是个男老师，我嘱咐指挥，在日后的排练中不要着急接触孩子。他只要离孩子近，孩子就会感觉到压力，我们慢慢来，先让孩子喜欢他这个人，乐于接触他，再从拉孩子手开始，接近孩子，直到可以给孩子一个温暖的抱抱。

我们不知道可以改变家长多少观念，但至少我们可以通过不懈努力，让孩子感受到温暖，哪怕每周只有 3 小时，也是对孩子的付出和爱。

在教育中，我们不要小看一个温暖的抱抱，这种肢体接触，能给到孩子一个温暖的充满爱的港湾，让孩子在大人的怀里得到温度和安全，只有经常被抱抱的孩子才能心中有爱、眼里有光，充满自信。所以，每个家长都多给孩子一个温暖的抱抱吧。

作为老师，我们也愿意张开我们的怀抱，温暖每一颗纯净的童心。

积极关系小结

人类作为社会性的群居动物，人际关系对每个人来说都至关重要。任何一个人脱离了周围的社会人际关系都是无法长久生存的。

奥地利著名精神分析学家勒内·斯皮茨在十九世纪三四十年对当时孤儿院做了长期大量的观察和研究。

研究发现，那些被遗弃的婴儿仅仅被满足生理需求和安全需求，并不能让他们正常地发育和成长，也就是说若是缺乏与抚养者之间正常的人际互动，婴儿的发育发展将会严重受阻。

这里说的人际互动是抚养者与婴儿之间的言语互动、抚摸、眼神交流、拥抱、情绪安抚等，缺乏这些人际互动的婴儿无一例外地变得更容易生病、性格孤僻以及没有活力。

那些超过3个月缺乏人际互动的婴儿，他们的眼神呆滞，手眼协调能力会衰退，有三分之一都活不过2岁，即使幸运地活到了4岁左右，还可能不会站立、行走和说话。

前文在介绍马斯洛的需求层次理论时，说到爱与归属的需求是成长性需求，从斯皮茨的研究里也可以看到，爱与归属的关系需求是必要的，年龄越小越是需要。

为了让孩子更好地成长，我们人人都献出一点爱，这个世界将会变成美好的人间！

第 5 章
什么是意义和目的？

01

积跬步至千里

“这位女士，外面那么热，进来休息一下吧，不买东西也没关系的。”

“我看您挺喜欢这件衣服的颜色，您不忙的话就试试吧！”

“您穿这件衣服真的很合身，这是我们的限量款，正好今天我们商场促销，也是难得的机会，您就买一件吧。”于是，柜姐成功地售卖了一件又一件衣服。

我们是不是很熟悉这个场景？本来没想买的衣服最终拿回家了。这个聪明的柜姐运用了心理学上的“登门槛效应”①。

一般情况下，人们不愿接受较高较难的要求，相反，人们乐于接受较小的、较易完成的要求。实现了较小的要求后，人们会慢慢地接受较大的要求。

“登门槛效应”是美国社会心理学家弗里德曼与弗雷瑟于1966年提出来的。他们做过一个实验。

> 派人随机访问一组家庭主妇，要求她们将一个小招牌挂在她们家的窗户上，这些家庭主妇愉快地同意。过了一段时间，他们再次访问这组家庭主妇，要求她们将一个不仅大而且不太美观的招牌放在庭院里，有超过半数的家庭主妇同意。
>
> 与之相反的是，他们访问另一组家庭主妇，直接提出将大而不太美观的招牌放在庭院里，只有不足20%的家庭主妇同意。

---

①登门槛效应：又称“得寸进尺效应”，指一个人一旦接受他人一个微不足道的要求，为了避免认知上的不协调，或想维持前后一致的印象，有可能接受更大的要求，犹如登门槛时一级台阶一级台阶地登，更容易顺利登上高处。

我们需要完成一项难度较大的任务时,可以运用“登门槛效应”,把目标拆分。先设一个不太费劲就可以够到的小目标,然后逐步增加目标难度。

当人们完成容易完成的任务时,心理上没有对任务内容的抵触情绪,有利于总体任务的达成。

一年前,乐乐老师告诉我,让我动手把对教育的理解和“天使”的教育理念整理成书,再把孩子们的故事融合进书里,一方面便于大家了解“天使”,另一方面,对“天使”多年来教育理念进行总结。一想到写书,我的头大了三圈,马上拒绝。我是一个老师,不是作家,你让我写写教案还行,写书还是算了,就迟迟没动笔。

等建立了妈妈群,有一天,朋友跟我聊天时说:“你看了那么多书,可以利用妈妈午休的时间,写一点你对教育理念的评论和理解,也可以让妈妈们了解你的教育理念啊!其实几句话就行了,不用太多。”

我一想,有道理啊!于是,就开始了每天的妈妈群午间阅读小感悟。

刚开始很难,真的不知道该写什么,但我已经发过了,大家都知道我每天会发,不写怎么行呢?为了达到目标,我更注重积累。于是我更加大量地阅读、总结、规划、成稿……当我硬着头皮写了一段时间以后,我发现每晚写一篇短文,压力并不大,这就成为我的一个习惯和爱好。

像乐乐老师所说:“积蓄在我心里的能量不可限量。”

所以,我很感谢当时朋友给了我一个登门槛的机会,也很感谢每天阅读我的文字、给我支持和鼓励的妈妈们。没有这一切,就没有我现在的成长和积累,也就没有现在呈现在大家面前的这本书籍。

我们平时对孩子的教育也是一样,需要孩子达成某个高目标时,一定要把目标拆分,给孩子一个伸手能够到的目标。只要孩子接受了这个目标,会主动地跟随我们逐步递增的目标成长。积跬步以至千里,最终达成我们想要的结果。

02

作为父母必须要知道的十件事

1. 父母和子女注定总有一天要分离

在渐行渐远的过程中，我们要帮孩子掌握独立生活的本领、自主学习的能力、相伴一生的兴趣爱好和善良热情、自信开朗的性格品质。

2. 我们要接受孩子的普通

即便子女在你的眼里是最可爱的宝贝，他们也是芸芸众生中的普通一员，没什么特别之处。他们有自己的缺陷、有自己的专长、有自己的性格，也有自己的思想。

3. 学会容忍孩子的“慢”

他们做事会很“慢”，个子长得会很“慢”，学习知识会很“慢”，我们要有耐心，等着孩子从“慢”到“快”。如果我们嫌“慢”，非要去代替他们，孩子就永远都没机会变“快”。

4. 对孩子的教育要着眼于整个人生

不要把视线聚焦于此时此刻的成败得失，而是把视线放远至孩子长远的未来。帮助孩子从成功中汲取力量，从失败中淬炼心智，从收获中感悟幸福，从失去中学会节俭，从喜爱中培养责任，从愤怒中捍卫尊严，从悲伤中感受共情，从欢乐中结朋识友。

5. 要正视世界的多元

在孩子能理解的年龄，让他们知道世界的真相：我们的社会并非童话王国，奥特光波和宇宙力量不能保护自己与亲人；不是所有人都非黑即白、非善即恶，面相正派的人不见得有多好，面露凶光的人也不见得有多坏。

6. 我们要摆正位置

父母的陪伴只能占据子女生命周期的六分之一至八分之一，其余时间里，子女应该找到真正和他们相伴一生的伴侣。所以，让子女知道什么是真爱的同时，也要让孩子们学会如何爱一个人。

7. 最重要的事情是提升品德、塑造性格与培养习惯

品德决定孩子人生的底线和高度；性格决定孩子生命的宽度与广度；习惯决定孩子成长的速度与强度！我们什么时候学习知识都不晚，但学做人必须从出生就开始。

8. 父母一定给孩子留“面子”

任何时刻，父母都要给孩子留出足够的“面子”，孩子才能还给父母“里子”。您想让孩子学好，就不要在外人面前过分谦虚；您想让孩子优胜，就不要当着外人埋怨孩子的失利；如果您想让孩子坚持，就不要把别人家孩子如何如何挂在嘴边！

9. 父母是孩子一生的榜样

女孩希望自己像妈妈一样温柔漂亮，也梦想可以找到一个像爸爸一样聪明潇洒的男生做人生伴侣；男生会把妈妈守护于心底，也会学习爸爸为人处世的方法。

10. 永远站在孩子这边

要让孩子知道，无论何时何地，也无论生老病死，父母都坚定不移地做他们的依靠。在这之后，我们再做一个“帮理不帮亲”的严苛父母，让孩子学会遵守规则、敬畏法律。父母永远爱自己的孩子，但是爱不能超越规则；父母永远都会保护自己的孩子，但是保护不能逾越法律！

03

让教育回归本真

有一天，我和两个最好的朋友带孩子出去郊游，闲谈之余聊起孩子的教育问题。现在中国的教育就是一个字——“快”。

很多妈妈认为孩子学的东西不如同龄人多，焦虑地盲目追赶，幼儿园学小学的东西，小学学初中的东西，初中学高中的东西，你追我赶，带火一批批校外补习班，也带火一个个不明觉厉的教育“概念”。

很多妈妈为了让孩子学书本知识，把孩子憋在家里，啃书刷题。孩子学不好，学不明白，造成妈妈的焦虑和家庭战争。我们的教育到底哪儿出了问题？我今天斗胆谈谈这个话题。

教育是什么？我最喜欢的一句话说：“教育是一个灵魂影响另一个灵魂的过程。”我们为什么要对孩子进行教育？乐乐老师的一句话让我深以为然，他说：“我们教育孩子，其实是为了有一天当我们不能陪在孩子身边的时候，孩子有能力适应这个世界，创造更好的生活。”

教育孩子，首先要让孩子认识这个世界，了解这个世界。人类很聪明，可以把各种知识归纳总结、落笔成书……书本都是前人的智慧总结，但孩子们只靠书本知识去认识世界是不行的，至少是不全面的。

要让孩子走进日常生活，走进真实世界，用眼睛去见识、用手去触摸、用口去品尝、用心去感受、用脑去思考、用身躯去承载、用脚步去丈量！

知识和技能，尤其低年龄段的基础知识技能，都源于生活，我们要把教育回归到生活中去。学龄前的孩子，不要每天憋在家里学加减法、英语、识字，而是多出去郊游。让他们知道，樱桃是红色的，结在树上，黄瓜是绿色的，挂在藤上。让孩子可以听到鸟鸣虫语，让孩子可以闻到瓜李飘香，让孩子见识不同地区的风土人情，让孩子融入山河壮丽自然美景……

即便不能经常带孩子出去，也可以让孩子多在小区里玩，认识新的小伙伴，培养孩子的交往能力。孩子们在一起就是一个小社会，在打打闹闹里学会做人。

教育是一个慢的过程，需要耐心，静待花开。好的老师更是跳出所教学科的知识体系，引领孩子探究渗透在生活里的知识魅力。进过我直播间的英语教师杜老师曾写过一篇文章，让我非常感动。她没有要求孩子每天背诵多少单词，而是更注重朗读，体会语言音调情感的韵律，告诉孩子为什么有人说话像唱歌一样好听，如何才能让自己的话语更有魅力。

拿合唱举例，天使童声合唱团不要求老师们必须唱到什么高难度的曲子。高难度的曲子只能说明技能技巧过关，但真正的艺术家要去研究每一首作品背后的情感和创作背景。每一首作品都是作曲家对生活的阐述和歌颂，是内心世界的澎湃表达。我们演绎一首作品，像经历了其他人的人生，是在用我们的灵魂和作曲家进行一次跨越时空的交流对话。

老师这个称呼充满神圣感，像是一位在黑暗中手举明烛火把的引路神明，用光和热带动学生爱上学习和爱上知识。这团火会温暖孩子的生命，这束光会照亮孩子的人生。

教育要回归本真，好的教育不是考了多少个满分，不是背了多少个单词，不是刷了多少道题，而是让孩子学会生活、学会学习、学会热爱、学会敬畏！当我们离开他们的时候，他们可以拥有独立生活、实现梦想和体现人生价值的能力。

04

教会孩子尊重生命

在孩子的成长过程中，“生命教育”是不能省略的重要内容。我们之所以被称为“人”,是因为我们有人性和健全人格。人性最重要的一个特点就是尊重生命，不仅尊重同类生命，也尊重其他动物的生命。

让孩子尊重生命，是人格养成的关键一步。我们很难相信，一个对生命漠不关心的孩子能成长为对社会有用的人。从心理学上说，怜悯心是衡量犯罪心理的重要指标。我们都曾在社会新闻和电影中经常看到，一些堪称天才，智商超群的人，却因为缺乏怜悯心，最终沦为冷酷的罪犯。

第一次挨打的兜兜

出于这种认知，我今天一早把兜兜打了一顿，这是他“兜生”中第一次挨打，也是我第一次以暴力的方式教育儿子。作为一名教育者，知道不能用打骂的方式教育孩子，我也一直告诉自己，要做一个温柔而坚定的妈妈，不到万不得已不能动手，没想到这个万不得已来得那么快。

那天一早，兜兜爸爸非常气愤地告诉我，他养在小院里的一缸金鱼全都死了，原因是兜兜晚上刚喷完驱蚊液，就把手伸进鱼缸里摸金鱼，把它们毒死了。

在这之前，我提醒过他许多次，让他不要把手伸进鱼缸，因为他手上有防蚊液，但他一直不当回事。

在我们家，决不允许孩子迫害小动物，这次却因为他的顽劣，失去了那么多条鲜活的生命，如果我不让他记住迫害生命的代价，不让他懂得敬畏生命和爱护动物，未来可能会出大问题。我犹豫了很久，跟兜兜爸爸说："我今天要好好教训他一下，会打他，你不要心疼啊。"

兜兜爸爸在这件事上坚定地站在我这边，回答说："不心疼，我帮你按着。"

我黑着脸，把兜兜从床上叫起来，带他来到小院，让他亲眼看到死去的小鱼，严肃地说："妈妈提醒过你，你手上的驱蚊液会害死你最爱的小鱼朋友，现在这个结果你愿意看到吗？它们因为你死了，再也见不到爸爸妈妈，也看不到这个世界了！你不是说小鱼是你的朋友吗？你怎么能这么对待自己的朋友呢？妈妈以前告诉过你，它们比你小这么多，你要懂得爱护它们。它们没有爸爸妈妈哥哥姐姐，你要保护它们。但你就是这样保护它们的吗？"

我翻开兜兜的手，一下一下打了下去。兜兜哇哇大哭，说："妈妈我错了，我记住了，以后再也不会了！"

我说："你挨打的时候疼不疼？"

他说："疼！"

我说："小鱼都死了，它们难道不疼吗？你给我记住，以后不许伤害小动物！"

打兜兜的那一刻，我深刻体会到打在儿身疼在娘心的感受，真的有点儿下不去手，可又必须让他懂得作为人必须要具备的品质——善良和尊重生命。

李玫瑾老师说过："要从小教育孩子学会善良，在关键时刻能救命的。"

学会善良

"勿以恶小而为之，勿以善小而不为。"

很多家长觉得一只小鸡、一条小鱼、一个小乌龟，孩子喜欢就买。可是孩子不懂得正确的喂养方法，用自己喜欢的方式跟小动物接触，直到小动物被折磨致死。家长不干涉的话，孩子心里就会种下一个念头——它们死了也没什么嘛。

时日一长，就会产生唯我独尊的感受。

一旦孩子习惯了伤害生命，内心阈值会不断提高，今天伤害一条小鱼，明天可能就会伤害一条小狗，长大了可能就会伤害到人。

这是青少年犯罪的根本原因：最初的小恶得不到遏制，最终发展成大恶。如果把这个话题扩展到整个人类，就是我们不懂得敬畏大自然，觉得人类是地球的主宰。所以我们看到日益变暖的北极，北极熊妈妈带着孩子，趴在仅有的浮冰上寻求生路；我们看到在澳大利亚大火中，树袋熊独自在烧成炭黑色的桉树上发抖；我们看到成群的穿山甲被剥皮抽筋，怀里依然紧紧地保护着自己的宝宝……

没有善良，我们最终伤害的是自己。

我们教会孩子善良，不仅要从根本上阻断犯罪心理的形成，还要让他们知道真正的大善是学会保护：保护自己爱的人，保护自然环境，保护我们的家园。

到了晚上，我把兜兜搂在怀里，给他讲了很多关于自然、动物和环境的故事，让他知道我为什么会生气，也告诉他该如何保护小动物，如何照顾它们。

兜兜说：“妈妈，其实我是想和金鱼握手，因为好朋友都是要握手的。”

我说：“妈妈知道你是好意，你是喜欢它们。但是你要懂得，你的喜欢不一定是它们的喜欢，也许你的喜欢会伤害到它们，你要用正确的方法去和它们接触。平时你和其他小朋友也是一样，你认为的喜欢不一定是其他小朋友喜欢的方式。你要懂得去体谅别人，用让别人舒服的方式去跟别人接触，才能拥有更多的朋友。”

兜兜说：“妈妈我懂了，我亲亲你，你会喜欢吗？”我说：“当然喜欢。”于是兜兜搂着我的脖子，使劲亲了亲我的脸。我的心掠过一丝酸楚，这么可爱的孩子竟然被我打了！但是我希望，今天的痛觉记忆能引导他走向正确的方向。

看着他熟睡的样子，我暗暗发誓：妈妈尽量不再动手了，原谅妈妈今天的暴力教育，希望你可以成长为一个善良温暖的孩子，希望你身边的一切都能因为你而得到快乐，这样你才能是一个拥有幸福的孩子。

妈妈爱你。

05

接受孩子选择的结果

今天看了一个有意思的抖音视频，大概意思是，为什么妈妈说你挑食，因为每天都是她买菜，她不爱吃的不买。所以，你不爱吃她做的饭，就是挑食。

这让很多人联想到自己的妈妈，我也是这样。我妈不爱吃肉，所以买菜时不爱买肉，基本上是青菜豆腐，说青菜豆腐保平安，不吃青菜，对生长发育不好。有一天，我买了几斤排骨，又买了一块酱猪肝。我说:“您吃点肉吧！”我妈说:“吃肉容易高血压，得多吃粗粮和青菜。”

生活中，我们经常对孩子假性尊重。

比如，带孩子出去买东西，让他挑他自己喜欢的玩具或者衣服。当孩子深思熟虑，好不容易选了一个自己喜欢的，妈妈发现孩子选的跟我们想的不一样，就跟孩子说:“这个玩具不好吧。你就不能挑点别的吗？”说来说去，最终还是让孩子选择了我们想让孩子选择的。

孩子集中精力做选择时，需要的不是大人指明方向和思路，需要的是尊重。也不是说什么都听孩子的，毕竟孩子没有生活经验，不知道自己喜欢的是不是生活中需要的。为了避免让孩子选择以后还不认同孩子的选择，家长们应该在孩子选择前，和孩子一起制定选择的范围。比如家里有的不选，大小在什么范围内的可以选，等等，这样就不会随意更改孩子的选择。

如果孩子的选择经常被我们更改，孩子会感觉自己的意见没价值，他们会变得懒得做主、懒得想问题，依赖性强，没有主见。

很多家长对孩子的未来多少有预设，妈妈们引领着孩子去选择他们的兴趣爱好，但这些未必是孩子喜欢的，多半是妈妈喜欢的。孩子刚开始接触各种学习科目时，我们尽可能多带孩子接触和学习。妈妈们观察孩子对哪一科内容更感兴趣，然后帮助他坚持下去就好了。不是妈妈喜欢什么，然后替孩子选择。或者当孩子选择了喜欢的科目，妈妈却不喜欢，或者妈妈觉得跟升学高考没有什么关系和帮助，强行让孩子更改兴趣爱好。这种情况，对孩子一生的伤害无法弥补。

一个人最幸福的不是想做什么就做什么，而是不想做什么可以不去做什么。

很多时候，我们应该聆听孩子的声音，帮助他们了解自己，努力做最好的自己，用他们认为的最幸福的方式去生活。

每个人都是一个独立的人，拥有独立人格，我们能做的就是接纳和尊重。

积极心理学家曾经总结过六种对孩子以爱之名的心理控制，家长们可能有意无意地这样做了，用流行语来说就是对孩子进行了PUA。

1. 否认孩子的感受。

2. 压制孩子的思考。

3. 激发孩子内疚感。

4. 家长有条件的爱。

5. 分析孩子的动机。

6. 激发孩子的焦虑。

长此以往，当孩子长大了没有主见，犯选择恐惧症的时候，可能就会追悔莫及了。

06

孩子的脆弱，我们要懂

近些年来，儿童心理问题越发突出，偶尔出现一些孩子受到小的打击后，就会跳楼轻生的新闻，每当听闻这种事件，我都心痛不已。最近几天又有一个江苏女孩轻生，她的作文被老师批评，作文课后她就选择跳楼。

我们惋惜一个10岁生命陨落的时候，更应思考的是，该如何保护我们的孩子？如何安抚孩子脆弱的心灵？避免类似悲剧的发生。

我站在妈妈的角度，给其他父母提供一些建议。

1. 要让孩子知道父母可以依靠

作为父母，我们必须要做到的是让孩子知道，我们是最爱他的人，无论他在外面遇到什么情况，无论做的对与错，父母都是他最强有力的依靠，永远站在他身后帮助他、保护他、理解他。只有孩子觉得父母是自己的依靠，才会在发生问题的时候找父母求助。

2. 要让孩子知道大人也会犯错

孩子的心理承受能力很差，所以害怕犯错，害怕被批评，出现问题时过度自责，长期处于心理的高压状态。

要让孩子正视这个问题，父母要告诉孩子，出错不可怕，即使是父母和老师，也都可能做错事，当感到委屈时，不要过分自责，找适当的时机解释清楚，很多事，没有你想象的那么糟。

3. 要对孩子进行生命教育，让孩子理解生命的意义

我们要找机会和孩子聊聊生命这个话题，让他们知道每个人

的生命只有一次，不能重来。当我们失去了它，就意味着永远不能再见到自己最爱的爸爸妈妈，就意味着自己很多想做的事做不了，就意味着会给爱自己的人带来很多痛苦和伤害。

当孩子懂得生命的意义，懂得要为爱我们的人好好活着的时候，就不会轻易选择放弃生命。

4. 培养孩子的格局，经常带孩子出去见世面

如果父母能经常带孩子出去旅游，就能让孩子了解这个世界的美丽和广阔，让孩子见识到山河的壮阔，了解到世界的博大，懂得历史的悠久，孩子的心胸就宽广了，性格就豁达了，就不会为一件眼前的小事轻易否定自己，选择极端的方式放弃自己。

5. 让孩子经受一些挫折教育

有些家长认为孩子应该多鼓励，建立自信，但也要有必须的谈话和小惩戒。在孩子能够承受的范围之内，让孩子适当地承受结果，提高孩子对惩戒的阈值，就不会过于脆弱，也能磨砺孩子的性格。

6. 培养孩子良好的兴趣爱好

人一旦有了爱好，有了压力时，就能正确舒缓压力。

体育运动、唱歌跳舞、棋牌游戏等，都能让孩子疏解压力，避免孩子的负面情绪堆积。

7. 帮助孩子正确地认识自己，这是自信的基础

让孩子知道，每个人都有优点和不足，让孩子正确认识自己的长处，让孩子相信自己。

有时候不要太在意别人的看法，不是别人都说你不好就真的不好，要正确认识自己的优点，肯定自己，提升自信，建立强大的内心。

生命只有一次，我们必须活出生命的意义。

心理意义疗法的开创者维克多·弗兰克尔在他的《活出生命的意义》一书中提出：人生的意义总是可能的，它是人生的基本驱动力。在任何境遇下，人都有

最后一个自由，就是每个人都可以自主地选择他的人生态度的自由，即不管人生境遇如何，选择积极或消极的人生态度，这是我们自己的自由选择。

通过小汐妈妈的来信，我们能看到应该如何理解和帮助一个孩子。

每当我看到小汐落落大方地站在舞台上演出，每当我听到小汐不由自主快乐地哼唱，我总是非常庆幸自己帮孩子找到了真正投入和喜欢的课外活动，更加庆幸找到了让她把这个兴趣坚持下来的温暖的集体。

小汐最初加入合唱团的时候还是一个幼儿园的小不点，选择合唱团是因为她喜欢唱歌，但好奇与好玩才是年幼的她同意参与的主要动力。

一晃到了小学二年级，小汐作为积累了多年经验的小团员，非常荣幸，在比较小的年龄就晋级到合唱团的大班，在这期间，我突然发现她不再如当初那么迫切地等待每周的课堂。直到有个周末，她突然问我："妈妈，今天的合唱团课能不能帮我请假呀？"

我说："你没有生病，也没有特别的事情冲突，为什么呀？"

她低头支支吾吾地说："我觉得现在的课程很难，我有点跟不上，每次周围的同学都比我理解得快。"

我问："你还喜欢唱歌吗？如果喜欢，我们需要的是加强学习，而不是退出学习。克服困难的方式可不是逃避困难。"

小汐虽然没有被完全说服，但她同意继续努力和尝试。我知道她一定需要更多的理解和动力，所以我即刻跟主课老师沟通了她目前的状态。朝阳大班任教的指挥老师真的非常专业，只要小汐取得了一些进步，或者是主动举手回答问题，她都会及时给予孩子正面的肯定与鼓励。

小汐在每周作业回课时，有问题的部分，老师都会不厌其烦地纠正。逐渐，小汐重新建立起了自信。她更加主动地参与合唱团给予的实践机会，跟着大家一起攻克了一个个看起来很困难的任务。现在的她也在憧憬着更美好的明天：她会听着少年团的歌曲跟我说，她也想未来能唱得这么好；她会说音乐好神奇，单个声部不觉得多好听，为什么多个声部合起来那么动听；更重要的是她不再畏惧困难，无论是学习还是生活。

期待小汐的蜕变，更加期待合唱团的壮大，希望大家都能共同在这个集体中收获快乐、收获成长！

07

没有规矩，不成方圆

“爱子，则为之计深远。”

可能有的家长觉得天使童声合唱团有点严厉，尤其是对待一些事情上，重态度、重过程，却不是那么重结果，这与别的教育机构有明显差别。

以演出为例，有些演出因为没有现场收音环境，甚至连收音设备都没有，只能提前录音才能确保演唱效果。有些参与演出的孩子觉得，反正大家一起唱，我就浑水摸鱼，不去背歌词了，观众也看不出来。遇到这种情况，别的团睁只眼闭只眼，但我不会。我会把彩排时没背熟歌词的孩子摘出来，让他在旁边看，不能上场。有些家长不理解，我们大老远跑来，也请过假了，还不让孩子上台？

我也只能跟家长说，请你们理解。

我心里也挺心疼孩子，但更要为孩子的将来着想。

如果他没有背会歌词就上台演出，以后在对待很多重要的事情，敷衍马虎，得过且过，最终会承担他们无法承担的严重后果，那时他怎么办？现在让他为自己的行为承担一点责任，正是为了避免将来的重大后果。

我们对学习态度的重视，不仅表现在演出录音上，平时回课也是这样。有一次录作品，团里要求所有孩子先通过回课，才有资格去参加录音，当时正值是五一放假，我们要求晚上 10 点前把课回完。有俩小朋友关系不错，一直在玩，直到 10 点半才回课，我就没让他们参加录音。

那俩孩子眼泪汪汪，在外边坐着听，很难受。

我跟他们说："芳芳老师为什么没让你们录音？我知道你们难受，但是我想让你们知道，如果因为学习紧张，没有回课或者回课晚了，老师可以给你无限宽容，第二天回课都来得及。但如果你是因为玩，耽误回课，我不能接受。我要求你态度一定端正，过程一定努力。所以我今天让你们承受该承受的东西，接受你自己的行为带来的后果。"

从那以后，这俩孩子每次回课都提前完成，再也没出现拖拉的问题。

天使童声合唱团不仅对孩子做事要求严格，做人方面也是如此。有一次演出，孩子们除了盒饭外，主食馒头随便拿。有孩子故意多拿馒头，当时我没说话，吃完后，那几个孩子想扔掉多余的馒头。我说："你们几个人坐在这儿，把馒头吃完再走。"

几个孩子傻眼了，强撑着吃了一会儿。

我说："馒头不一定都吃完，吃不完你拿纸包着，带回家去吃，别噎着。但我要告诉你们，这个结果是你们必须承担的。"

过了一会儿，孩子们说："对不起，老师，我错了。"

我说："你们没有对不起我，你们对不起的是自己。你们出门在外，一言一行都代表着你们的修养和家教。你们伸手拿免费的东西时，要问自己能不能吃完。你们不能浪费粮食，更不能浪费自己的德行。你觉得丢掉一个馒头是不值一提的小事，但是你们一定记住旁边人的眼神，他们会觉得这个孩子没修养，是不是你们自己脸上也很不好看？"

孩子说："明白了。"

后来有家长跟我说："不管我家孩子能不能参加演出，都要跟着天使童声合唱团。有次我带她吃自助餐，孩子跟我说，'妈妈你拿够自己吃的就可以了，老师说了不可以浪费'，我就觉得带着这孩子，太有面子了。其他孩子弄一堆薯条，吃不完就全扔了，这么一对比，我家孩子更有修养。"蔡元培先生说过："决定孩子一生的不是学习成绩，而是健全的人格修养。"

08

建设心理的花园

心理学上有一种名叫“配套效应”的说法，指人们拥有一件新物品后，会不断配置与之相适应的物品，以期达到心理上的平衡。我对“配套效应”感触颇深，原因还是最近搬家。我以前一直羡慕别人有个花园，搬家后自己也有了一个，想着好好建设一下。

乐乐老师买了一套户外桌椅和遮阳伞，我买了各种盆栽花，再然后，我俩就踏入了园艺的坑里不能自拔。有了桌椅，当然要买个桌布，有了漂亮桌布，当然要搭配好看的椅垫和靠垫。看着角落空得慌，应该放一缸水，有了水得买点水生植物啊，有了水生植物得买金鱼，有了金鱼太动感，又搭配一只乌龟，有了乌龟，觉得没有声音，干脆再买个蝈蝈。花园这么漂亮，晚上得有灯才好看啊，又买了各式各样的太阳能灯……

经历这件事以后，我开始对这种心理状态产生浓厚兴趣，进行了较为深入的研究，并将之融入“天使”的日常教育中。

众所周知，“天使”入团考试非常严格，孩子们过五关斩六将才能进来。我会经常跟孩子们说：“你们能来到“天使”，就是全国最优秀的孩子，是全国小朋友们学习的榜样，就是全国小朋友的偶像，我相信加入“天使”后，你们在未来的学习中一定会创造出很多惊喜！”

这就是我们根据少儿心理制定的教育方式，先让孩子认识到，加入合唱团是一件非常荣耀的事，再告诉他们，为了能配得上这种荣耀，他们在其他方面也要做到最好，相当于给孩子建设了一个心理花园、一个美好愿景。

父母在家陪孩子学习的时候，也可以利用“配套效应”。如果孩子某一科偏科严重，您可以跟孩子说:“你看，你作文写得那么好，我相信你一定能把数学学好的，语文的文言文那么难，你都不怕，数学那点东西不就更简单了吗?”

乐乐老师经常跟孩子们说:“你看你们唱歌学的谱子，那么多小节，那么多声部，我一看就晕了，你们拿起来就唱；德语、法语、意大利语，你们张嘴就来；这么难的谱子你们都能学得这么好，数学语文还算事儿吗?”

给孩子们建设心理花园的目的是让孩子们相信自己是优秀的。“因为我是优秀的，所以我应该哪里都优秀。”为了能和这样优秀的意识相配套，学生们会努力地扮演自己心中最优秀的角色，并且相信，他们的努力会有一个最好的结果。所以当他们的其他科成绩出现问题的时候，他们就会产生强烈的不平衡感，认为自己是一个好学生，绝不能出现这样的问题，激发自己内心深处的斗志，从而达到新的心理平衡。小淼妈妈的来信很好地说明了如何有效利用配套效应。

> 时光荏苒，岁月如梭，一转眼我家小树苗已经在“天使”度过了5个年头，从老师眼里的小不点儿长成大姑娘了。
>
> 每当孩子穿上“天使”的团服，脸上就洋溢着一种发自内心的自信，整个人如同得到了升华，自信、自律、自足是孩子这几年在“天使”得到的最大收获。
>
> 当年刚入团的时候，孩子还没有太多的音乐基础，状态也是懵懵懂懂，演唱的时候根本说不上有什么表现力。随着在小班、大班，到现在在少年团的历练，跟随着老师一步一个脚印地前行，真是有了很大的变化。
>
> 我们“天使”的风格是无论做什么事情都要一丝不苟，容不得半点马虎，每次演出前的练习和回课都是一次次的磨炼。
>
> 歌词背诵要精准，动作卡点要准确，表情要到位，每一个细节都要抠到位。表情僵硬要对着镜子练习，歌词不熟要一遍遍唱。
>
> 随着演出增多，必然会耽误一些学校的课程。一开始孩子也会应接不暇，不知道该如何分配有限的时间。经常是落下的课程和没写的作业

> 来不及补上，虽然学校老师很包容，但是我们是“天使”的娃，怎么能不时时刻刻高标准严要求呢？而且“天使”的好多大哥哥大姐姐都可以学习演出两不误，我们也可以尝试着挑战一下。
>
> 有一次经历印象很深，有年冬天期末考试前夕，正好赶上一次特别重要的演出，那天很冷，还下着雪，活动结束，孩子回到家都快凌晨 3 点，8 点还要到学校考数学，虽然只休息了三四小时，但最终考试发挥得还不错。
>
> 现在弟弟也在小班学习合唱，从小在姐姐的熏陶下，入团后很快适应了上课节奏，虽然回课还需要家长的大量协助，但从小就知道了干一件事一定要认真，在自己的能力范围内争取做到最好，同时也早早体会到了每次排练、演出都不是容易的事情。孩子小的时候，能发掘到孩子的兴趣点真不容易，家长也希望能尽最大努力为孩子创造条件，保护好孩子内心这颗小小的种子。两个孩子能在“天使”这个温暖有爱的大家庭里持续学习真是一件幸福而且幸运的事情。特别喜欢“天使”的一句话“做有温度的事，唱有感情的歌”，我们一波一波的小“天使”要传承下去呀。

注意，“配套效应”千万不要反着用！例如孩子某次做事不好，或者学习出现问题，有的家长直接给孩子扣一个帽子，说：“你怎么那么笨啊，是不是脑子不够用，你比别人都差。”家长说痛快了，殊不知给孩子的心理建设了一个破旧庭院。因为这句话，孩子的心理花园会长满杂草，会觉得我就是不如别人，我就是做不好，干脆放弃吧。

有的家长因为孩子的语文和数学没学好，把孩子的兴趣班都停了，虽然兴趣班和语文数学的成绩之间没有直接关系，但我们可以把孩子喜欢的项目作为孩子心理花园里最美的那把椅子，帮助他们从这把椅子开始建立自己的美丽花园！

我们在教育中，要善于去发现每个孩子的闪光点，把那个闪光点作为孩子心灵花园建设的起点，让孩子利用“配套效应”，建设专属于他的美丽花园！早春时，我们默默支持和播种，到了盛夏，我们就可以坐在如画的花园里，欣赏孩子们人生中最瑰丽的美景！

09

请不要用分数来衡量孩子

分数对孩子重要吗？重要！分数能影响孩子的一生吗？不能！孩子的成长是一种综合能力的提高，可是许多家长把孩子的优秀只与学习成绩挂钩，忽略了孩子其他方面的成长，致使孩子在成长过程中遇到一系列问题。

孩子成了分数的奴隶，而不是分数的主人。

要讲清楚这个问题，我们必须直面一个根本诉求，教育到底要达到什么目标？仅仅是让孩子学会各种语言、公式和题型吗？

其实，教育是对生命个体的尊重和唤醒，是对人的内在潜能的开发和拓展。教育者要具备面向未来的眼光，具备智慧的胸襟，真正懂孩子。

现在的教育体系和评价体系已经很了不起了，但还是有明显缺陷。

我们的大脑分为左脑和右脑，左脑负责智商，主导理性分析和判断，右脑负责情商、联想、感觉和创造力，可是我们过于重视左脑部分。可以这么理解，左脑决定一个人的发展下限，而右脑则决定他的发展上限。

可是，家长送孩子去上早教班、上奥数班，开发的全部都是左脑，而忽视了右脑的开发，孩子的情商和创造力的培养缺乏重视。之所以产生这种现象，根源还是现在的教育评价体系是通过分数体现。考的分数高，那就是好孩子，甚至成绩好的孩子在学校里是有特权的。考的分数低，好像就不是好孩子，低人一等。

这样的评价体系对孩子来说并不公平，过于片面，体现不了至关重要的创造力和情商。

如果一个教育者仅用分数衡量一个孩子，他就不是一个合格的教育者。一定要让孩子全能发展，才是对孩子负责的态度。

我曾经看到过一个视频，视频里说：

未来的社会到底需要怎样的人才？

10年之后，20年之后，我们的孩子长大了，社会还需不需要我们这样的孩子？我们的孩子用当前的方法培养出来后，在社会上会不会受欢迎？

今天大家对教育的问题看法不一，有的人说中国的教育很糟糕，有的人说中国的教育还是很不错的。教和育是两个概念，教——今天你到全世界各个大学去看，中国初中和高中属于比较差的学生，到了欧美，基本上是最好的学生。这跟我们老师的教育水平、家长的勤奋、学生的勤奋、老师的教育方法是有关系的。

但中国的教育实在太差，我问很多老师，您教什么？基本上讲的是数学、语文，我很少听见说教音乐、体育、美术这些东西。现在孩子读书很好，但是，做人的道理差了很多。知识是可以传授的，是可以勤奋学习的，但是文化是玩出来的。

现在的孩子玩的时间实在太少了。

如果我今天重新设置中国的教育体系，幼儿园的孩子必须会唱歌，必须懂音乐，必须欣赏音乐。音乐是跟天堂相通的，它可以开启人的智慧，音乐对人实在太重要。我以前在加拿大碰到过一对夫妻，妈妈留在加拿大，爸爸又回到了国内。妈妈留在加拿大的目的是让女儿学习花样滑冰。花样滑冰中国技巧已经很好了，干吗不回北京学花样滑冰？妈妈说，留在加拿大学滑冰是为了音乐。中国的很多花样滑冰音乐只是背景音乐，西方的滑冰音乐是融入了整个滑冰过程中的，运动员把自己完全沉入音乐里面，这是有差异的。

这两段核心观点是：音乐、体育、美术能让一个孩子成为一个人，而不是学习的机器。

未来是信息时代，就像我们10年前无法想象，拿一个手机就可以出入中国所有的地方，十几二十年之后，也会有很多难以想象的新技术和新产品出现。这些高科技不能代替的是什么？是人类的情感和创造力。

我们要是想让孩子成为未来所需要的那个人，从现在开始，就要把孩子的情商、修养、创造力培养起来，而不能简单让孩子搞好学习。如果孩子是个没有责任感、不愿合作、不会表现、没有爱心的人，即便他书本知识学得很好，考试分数很高，未来也不会有太好的出路。

小祺曾经就是个不太合群的男孩，“文静”而瘦弱。为什么用“文静”呢？因为他真的很不爱交流，这是我对他的第一印象，像个小姑娘，白白净净的，瘦瘦小小，不爱说话。

小祺的音乐基础还不错，只是唱歌不爱张嘴，缺少唱歌状态，律动性也会差一些。刚进团时，每次让他起来模唱，他的声音总是在嗓子眼，细细的，不凑近都听不到。萱萱老师就鼓励他，说他音准好，如果能再大声点就更好了。

一段时间后，他变得自信，老师安排他上演出锻炼，每次演出前的回课打卡，他都能够按时认真做到，有时候他还会有一些小问题，萱萱老师就耐心地不厌其烦地反复强调：口腔打开，提笑肌，提眉亮眼……

就是这些简单的、耐心的话语，使得小祺成为“天使”第一梯队的孩子。只要是有适合他的演出就给他锻炼机会，好多演出都能看到他的身影。只要音乐响起，他马上进入唱歌状态，自信大方，优秀帅气！

家长作为孩子的引路人，应该放眼孩子的未来，思考如何让孩子成为即便脱离书本也能成为被社会需要的人。教育是为了满足社会发展的人才需求，从中国现在的水平来看，市场对有情商、有创造力、有合作精神的人才需求旺盛，20 年后，当我们的孩子们步入社会时，能否成为这个社会所需求的人？

教育的眼光必须长远，不要盯着眼前的几次考试分数。

教育是终其一生的艺术。

10

教育是慢的艺术

有一次芳芳老师在“天使”直播间采访了有40多年语文教学经验的侯老师，讲如何学语文，谈到阅读理解时，侯老师用一个字来形容——“品”。

“品”可以组成品读、品茶、品味等词，这些词给人什么感觉？对，是“慢”的感觉。品不是阅，品读和阅读之间的差距在于速度。

所有学科的老师都会告诉家长一个规律，教育是量变到质变的过程，是一个慢的过程，需要我们静下心来，慢慢地陪伴和等候。

现代教育都以目标导向为主，家长们追求快，这与当前社会物质生活的快速发展有直接关系。

像一篇文章里说的：寄信，最好是特快专递；拍照，最好是立等可取；坐车，最好是高速路、高铁、磁悬浮；坐飞机，最好是直航；做事，最好是名利双收；创业，最好是一夜暴富；结婚，最好有现房现车；排队，要快，最好能插队。若不能，就会琢磨，为什么别人排的队比我排的快呢？

因为着急，我们不顾及孩子们自然成长的发展规律，一味揠苗助长。但是时光啊，就是这么任性，孩子们只能一天天长大，他们的心智也只能按正常规律发展，绝不会因为催促而变得更好。

在各种催促中，孩子没有时间休息，没有时间感受自然的美，没有时间品读一篇美好的短文，没有时间钻研喜欢的事，更没有时间思考自己的人生。他们就这样被催着催着，忽然长大了，以后回过头看，数学只学会了速算，语文只学会了略读，英文只学会了考试，艺术只学会了考级。

家长们百思不得其解，为什么孩子不爱看书？因为我们没给孩子时间，让他们慢下来品读书籍。“读书百遍，其义自见”，要有慢慢读到百遍的时间啊！

不去钻研，如何让孩子体会数学研究的成就感？不去细细朗诵，怎么能让孩子有时间去琢磨哪个词用什么方式去说才动听？不反复欣赏，怎么让孩子感受每一首诗、每一首歌、每一首曲悠扬旋律背后的动人故事和情感？

我一直琢磨一个问题，为什么在学堂时代，有那么多知名教师脱颖而出，培养出那么多优秀的青年。在丰子恺、蔡元培、朱自清那个年代，为什么人才辈出？因为老先生们是慢慢地用毕生精力影响着学生，不仅讲述每个学科的学习内容，更是在生活中，在实践里引导孩子们认识、感知、了解世界，爱上这个世界。

每个孩子都有特点，都需要慢慢培养和发现，过去的时代什么都是慢的，尤其是教育，没有人着急，才能引领孩子在他最合适的道路上越走越好。现在一切都是快餐形式，没人有时间停下来研究孩子，没人有时间停下来等孩子，更没人有时间听听孩子的声音，我们找不到孩子容易成功的点，如何让孩子成功呢？

著名的钢琴家石叔诚先生 40 岁学钢琴，50 岁成为钢琴家，褚时健先生 75 岁重新创业做褚橙。人生就像一场没有起点也没有终点的赛跑，不在乎谁起跑的速度快，虽然有些人可能暂时领先，但是领先的不会永远领先，落后的也不会永远落后！成功和失败，都只是对人生某一阶段的临时评价而已！

“记得早先少年时，大家诚诚恳恳，说一句是一句。从前的日色变得慢，车马邮件都慢，一生只够爱一个人……”

孩子们的歌声萦绕耳畔，教育就像是一道清香的工夫茶，需要慢慢品味，人生像是一坛浓烈的酒，需要日积月累的沉淀。

人生不是快餐、不是快照、不是高速！人生，每个人只有一次，需要慢慢走、慢慢感受、慢慢体会。

11

让孩子懂得承担结果

有个妈妈跟我说："我家孩子特别磨蹭，每次上课前，我不停催她，她就是不慌不忙，我都要急死了，她却一点不着急，我真是没辙了，不知怎么办才好。"

我正好有个小实例，可以和大家分享一下。

我们要学会让孩子承担自己行为的结果。妈妈们都希望孩子顺顺利利，不要经历我们成长过程中的那些大小坎坷。作为妈妈的我非常理解，也感同身受。

但是，我们必须明白，成长路上，没有风雨躲得过。

我们是要努力为孩子遮风挡雨？还是该让孩子懂得淋雨的结果，然后学会在雨中奔跑呢？

我家发生了一个小故事。

兜兜有一双最喜欢的红色运动鞋，但他脚长得快，鞋有点顶脚。

我说他不能穿这双鞋了，走路会疼，他非穿不可。

我没再强制他换鞋，只是重申："妈妈已经告诉过你，这个鞋对于你而言已经小到不能穿了，会让你脚疼，如果你确定要穿，我尊重你的决定。"

他还是穿着小红鞋，跟姥姥和姥爷逛超市。我特意嘱咐姥姥姥爷，他喊脚疼也不要抱着他，让他感受一下穿小鞋的结果。从超市回来后，小家伙果然第一时间把这双鞋束之高阁。小伙伴喊他出去玩的时候，我让他穿，他说："不穿了，鞋小了，脚疼！"

孩子就是这样，对世界充满好奇，想探索不同空间，想尝试不同的事物，想用自己喜欢的方式生活，想穿自己喜欢的衣服鞋帽。作为家长，我们要保护孩子的好奇心，不能因为知道有一点点危险，或者不会成功，就剥夺孩子尝试的权利，而是要放手让他们认识世界，承受必要的结果。

我们怕孩子承受结果，一直做他们的保护伞，孩子就永远不懂什么是危险。孩子自己没承担过结果，你说多少次，对他来说都没用！像文章开头的妈妈，其实就是狠下心来，让孩子迟到一次，让她体验迟到的结果，下次她就知道着急了。

我带团演出时，从不重复第二遍要求，我说的每句话都跟大家有关系，要学会认真聆听，懂得专注，如果孩子没有做到，就要承担相应后果。孩子们都知道，只要我说过的要求，就一定严格执行，所以孩子们都会自觉地按要求去做，他们懂得为自己的行为买单。

对一个妈妈来说，首先要解决唠叨的问题，妈妈话越多，孩子越不听，因为他们找不到重点，时间长了，会不尊重妈妈。妈妈首先要学会做到惜字如金，言出必行，然后增强孩子的责任心，让孩子明白每个人要为自己的行为负责！

教育者只要在整件事中做好安全评估，保证孩子承担的是小结果，不会有太大伤害，并在孩子遭遇挫折的时候及时给予温暖和鼓励，而不是充当事后诸葛亮，对孩子冷嘲热讽。最后就是帮助孩子及时总结经验，避免再次出现同样的问题。

教育是引领，而不是代替；妈妈是港湾，而不是铠甲！

今天的小感悟送给每一个心疼孩子的妈妈，当我们心软的时候就要告诉自己，现在不让他学会承担结果，未来社会会加倍地让他承受。

所以，学会放手吧，为了我们爱的“天使”们！

不要把孩子养成笼中之鸟，那样的他们永远学不会展翅飞翔，更没有机会和能力去感受蓝天的广阔和世间的美景。

12

从养小宠物开始，让孩子拥有善良的内心

大家知道我是动物保护主义者，最在乎小动物，它们都有一颗最纯真的心，只要你爱它们，它们就会把心都交给你，绝无保留。这样的爱，任谁都不能辜负。

我一直主张在孩子的成长过程中，养一只小动物，能给孩子的童年带来很多好处。

首先是陪伴，很多家庭都是一个孩子，虽然生活富裕，衣食无忧，但孩子内心的孤独没法排遣。

孩子的成长需要伙伴，宠物正好能缓解孩子们的情绪，他们可以和小动物做角色扮演，可以带小宠物一起奔跑跳跃，孩子和小动物之间的那种独特的交流方式，也可以改变孩子性格。

20世纪70年代，英国剑桥大学提出伴侣动物疗法，明确指出饲养宠物可以缓解焦虑情绪，对治疗儿童孤独症有明显作用和效果。

我家养小狗时，我提前告诉兜兜，应该用什么方法对待狗狗，怎样更好地保护它，不要去伤害它。

日常生活中，孩子在与宠物相处的过程里，慢慢学会如何与人相处，学会如何关心和爱护其他生命。

小动物是比孩子更弱小的个体，教会孩子如何去照顾宠物的日常生活，比如按时喂水喂饭，清理宠物便便，可以让孩子参与家务劳动，也培养了孩子的责任心。

像泰戈尔所说，教育的目的应当是向人传送生命的气息。

因此，教育之育，应该从尊重生命开始，使人心向善。

孩子们从小爱护生命，未来就不会因为自身不快乐或者不顺利而变得冷酷残忍。前段时间看到某大学的学生，短时间内残害了80多只流浪猫，目的就是区区几千块钱。

他受到了全社会的谴责，我却从这件事里看到另一个问题，孩子们的教育经历中过分强调技能技巧，而忽略了人性、道德、良知培养。

一个人对弱小缺乏怜悯心，就不会懂得尊重和平等。

如果孩子从小没学会善良，会带给社会什么样的结果？

教育最重要的是唤醒孩子尊重生命的良知，因为懂得尊重生命、敬畏自然，孩子才会有平安幸福的人生。

著名医学家钟南山的团队实验证明，养小动物的家庭里，孩子对周围环境的敏感度低于不养动物的家庭，也就是说，孩子患呼吸系统过敏病症的风险小很多。他和他的团队接受广州市一档健康栏目采访时说，城市儿童患哮喘等过敏性呼吸道疾病的发病率有上升趋势，建议家长可以考虑在家中养宠物，可以帮小朋友适应过敏原。

所以，如果有可能，就养一只小动物吧！但前提是，要先教会孩子如何用心地去爱动物。

我们既要对孩子负责，也要对小动物的生命和幸福负责。

一切皆为因果，当你爱这个世界的时候，这个世界也会爱你；当你爱护小动物的时候，小动物也会把它的爱反馈给你。

13

谦虚是最高贵的品格

寺院里接纳了一个16岁的流浪儿，他头脑非常灵活，脚勤嘴快，在寺院剃发沐浴后，变成一个干净利索的小沙弥。

法师关照他的生活起居，也苦口婆心、因势利导地教他为僧做人的基本常识，见他接受和领会问题比较快，又教他习字念书、诵读经文。

没多久，法师发现了小沙弥的致命弱点：心浮气躁、喜欢张扬、骄傲自满。比如他一旦领悟某个禅理，就一遍遍地向法师和其他僧侣炫耀，当法师为了鼓励他，夸奖他几句时，他马上就在众僧面前显摆，把任何人都不放在眼里，大有唯我独尊、不可一世之势。

一天，法师把一盆含苞待放的月见草送给这个小沙弥，让他值更的时候，注意观察花卉的生态状况。

第二天一早，没等法师找他，他就欣喜若狂地抱着那盆花招摇地上门，当着众僧的面大声说："您送给我的这盆花太奇妙了！它晚上开放。清香四溢、美不胜收，可是，一到早上，它便又收敛了它的香花芳蕊……"

法师特别温和地问："它晚上开花的时候吵你了吗？"

"没，没有，"小沙弥高兴地说，"它开放和闭合都是静悄悄的，哪会吵我呢？"

"哦，原来是这样啊，"法师说，"老衲还以为花开的时候得吵闹着炫耀一番呢。"

小沙弥愣了一下，"唰"的一下脸红了，喏喏地对法师说："弟子知错了！弟子知错了！"

这个故事告诉我们：一个人任何时候都要谦虚，满招损，谦受益，时时谦虚方能以低姿态向他人学习，有更多成长的机会。过多炫耀只能证明自己无知，自满自大只能让自己止步不前。

昨天，奥森团的小朋友接受了一个艰巨的任务，为全国道德模范巡演启动仪式录制主题曲。这是一首很大的作品，和一位著名歌手一起演唱。这位歌手的歌声高亢嘹亮，高音部分的音域很高，刚入奥森团半年的小朋友有很大压力。

奥森团的老师邀请海淀少年团的五个大孩子和奥森团的小朋友一起录制，范指挥选了海淀团五个最优秀的小朋友参与录音，他们是“天使”最优秀、最大的五个孩子，也是全团小朋友早有耳闻的小楷模。

排练时，他们五个坐在最后面。奥森团的小朋友刚训练半年，有时音准会出现一些偏差，有的时候谱子背得不是很熟练。当奥森团小朋友出现问题，老师帮忙调整时，这五个孩子会表现得不耐烦。我默默地看着，没有出声。

排练结束，我把五个孩子叫到了身边，表情严肃，孩子们感觉自己好像出了什么问题。我问：“今天排练，你们觉得自己唱的是最棒的吗？”孩子见我表情凝重，低着头不敢说话。我告诉他们：“其实你们唱的就是最棒的。”

所有的孩子瞬间抬起眼。

我说：“但我想说的是，你们应该唱得最棒。因为你们接受专业训练的时间最长，那些小朋友唱得不如你们好，因为他们才来半年时间。你们五六年前来团里的时候，招生比例是10:1，这些小朋友是30:1进来的，他们的个人基础条件比你们强很多，再训练两年，会超过你们，你们唯一的优势不过是在合唱团的专业训练时间更长，这不该成为你们骄傲的资本。天使童声合唱团的孩子不要有‘娇气’二字，你们做得再好，也不要骄傲。”

孩子们低着头不说话。

我接着说，“你们刚学半年的时候，进棚会不会错音？会不会紧张？会不会不放松不自在？你们希望身边的哥哥姐姐表现出怎样的态度？另外，我告诉你们，人一旦骄傲，就没了进步空间，只能停在原地，甚至退步。你们对于这些新的小朋友来说，是高高在上的小明星。在他们心目中，你们如此完美。但是当你们表现出骄傲的样子，你们在弟弟妹妹心目当中的形象一下就崩塌了，大家觉得你也就如此，很浮躁，不值得他们学习。所以芳芳老师想告诉你们，每个人身上都有我们值得学习的东西，用平和谦虚的态度对待身边的人，才能体现你的高修养。你们知道自己该怎么做了吗？”

所有的小朋友都不说话，深深地点头。

在接下来的录音中，所有孩子表现得谦虚谨慎，踏实努力，为现场弟弟妹妹做出非常好的表率。

录音非常顺利，结束后，五个大孩子主动留下来帮小朋友们收拾耳机。

放学时，我又跟他们说:“刚刚录音时，我看到了“天使”的姐姐该有的样子。你们必须要知道，谦虚是人基本的美德，是高贵的修养。你们知道吗？今天你们的所作所为会被下面的学弟学妹学到，总有一天他们像你们一样大，也会像你们一样优秀，因为你们做出了很好的榜样。你们几个人的能力毋庸置疑，一定是全团最好的，但是芳芳老师想告诉你们，能力只能决定人生的高度，人品和修养才会决定人生的宽度和长度。想要有一个成功的人生，一定要刻意修炼修养和人品。”

孩子们眼中重新绽放骄傲的光，而这份骄傲是我非常珍惜的。这几个已经到了青春期的大孩子虽然优秀，但成长历程中仍然无可避免的会出问题。遇见问题时，我们之间没有抱怨和争吵，有的只是朋友之间友善的推心置腹。我真的就像他们嘴里那个芳姐一样，把我的人生感悟循循善诱地讲给他们听。

谦谦君子，虚怀若谷，一个虚怀若谷的谦谦君子肯定会忠实地表现自己，虚心公道，顶天立地，突出自己的才能，赢得威信和地位，却不刻意抹杀或贬低别人，这就是谦虚。

谦虚、虚心是了不起的修养，是一种美德，是进取和成功的必要前提。

14

"天使"爱公益

天使童声合唱团曾被媒体评为"最美公益童声合唱团"，建团以来，"天使"致力于参加各种公益活动，跟全国所有大型公益组织保持密切的联系和合作。

"天使"为什么要做公益？

我曾看到一篇文章，有句话打动了我："公益的意义不是用捐了多少钱来衡量的，是你唤醒了多少人的爱心。"

公益是最好的修行，自从参加各种公益活动，我一次次被公益活动的内容打动。我经常在公益颁奖典礼的台侧，听到一个又一个公益志愿者的故事。

我曾因福利院老人对亲情的渴望而感动，曾被一些生病儿童自强不息的状态打动，曾因自己努力救助的孩子最终不治，痛哭流涕。在一次次的公益活动中，我洗涤了心灵，深刻认识到生命的珍贵、生活的本质、人生的价值。

做公益既是为他人奉献，也是自我灵魂的救赎。

天使童声合唱团的孩子们曾参与中国儿童文化艺术基金会主办的《致敬英雄》拍摄现场，会长阚丽君老师采访一对守岛夫妻。

整整 32 年，夫妻俩过了 20 多年没水没电，只有一盏煤油灯、一个煤炭炉、一台收音机的日子。台风大作，海岛上的煤用光了，他们只能吃生米。没人和他们说话，他们就在树上刻字，或是对着海风唱歌。生孩子的时候，没人接生，只能丈夫自己接生。植物都不能在岛上存活，撒下一斤多的苦楝树种子，只长出一棵小苗。儿女在岸上，无人照看，家中失火，孩子差点儿丢命。大女儿结婚时，化了5次妆都被泪水打湿，进礼堂时，一步三回头，父母却迟迟没有来……

生活虽然苦，心里虽然苦，王继才夫妇还是几十年如一日守着小岛，升旗、巡岛、观天象、护航标、写日志，每天的巡查日志堆起来有一人多高。

每个凌晨，五星红旗都会冉冉升起。

每次遭到犯罪分子威胁或者殴打，他们从不屈服。为了守岛，夫妻俩尝遍了酸甜苦辣。32年，11680天，枯燥、孤独、无助，每一天重复着相同的日子，但王继才心里有个信念：家就是岛，岛就是国，守岛就是卫国。

我在台下听他们的故事，陪他们哭，陪他们笑。孩子们演唱了《大海故乡》，当歌声响彻演播大厅时，所有观众不约而同跟着唱起来，随着歌声的旋律，每个人脸上都流下了感动的热泪。回来的路上，孩子们说："芳芳老师，今天的活动太感人了，我们明白了什么叫作人生价值，我们知道了什么是坚韧不拔。"

我那会儿感觉到，带孩子们参与这样的活动的意义非常深远和伟大，将对孩子们的一生有着极大的影响和震撼。

"爱人者，人恒爱之"，当你发扬了爱、真诚、奉献、利他精神，你会发现整个人的状态都不一样了，变得豁达、踏实、快乐和满足。

我希望"天使"的每一个孩子就像他们的名字一样，成为充满爱心的小"天使"，通过他们的声音，通过他们的行为，通过他们的努力，为社会做更多的贡献。

"天使"和青基会的公益人，多年来共同组织了"希望工程"的多场艺术讲座。我们把来自各个偏远山区的音乐老师们组织到北京，由"天使"的老师和专家面对面、手把手地为他们传授艺术教育的知识。

我们希望老师们能把歌声带给大山里的孩子，更希望通过"天使"老师的努力，让更多的孩子享受到艺术教育，让更多孩子的生命当中充满艺术的阳光。

很多大山里的孩子，教育资源有限，没太多的机会感受真正的艺术教育。

"授之以鱼不如授之以渔"，把他们的老师请到北京来，学习和感受"天使"

的先进艺术教育经验，了解世界一流的艺术教育理念和方式方法，提升他们的艺术教育品位和能力。从北京回去后，全国各地的老师都组建了自己的合唱团，天使般的歌声飘扬在了全国各地。

大家都知道，盲人小朋友一般都有敏锐的听觉，也有过人的动听嗓音，为了能够让他们一样感受到唱歌的幸福和生命的色彩，天使童声合唱团和北京第一盲人学校共同组织了盲童合唱团，“天使”出资为孩子们安排最好的老师，给每个孩子一身漂亮的演出服。经过一段时间的排练，“天使”子品牌——盲童月光天使的歌声响彻音乐厅，嘉宾和家长们流下感动的泪水。

“天使”的孩子们，家庭环境一般都非常好，没办法体会大山深处孩子们的生活，他们随手丢弃的玩具，不看的书籍，对于那些孩子都十足珍贵。因此，“天使”购买了很多新图书发给孩子们，作为六一节礼物，希望孩子们用他们看过的书兑换，每一个孩子还把他们看过的书里面写一张卡片，卡片里面写上推荐这本书的目的和理由，并且也写上给拿到这本书的小朋友的祝福。然后，我们就把这一摞摞图书送到大山深处，为大山里很多孩子和学校建了不少图书馆。

益人者必能自得其益，“天使”的孩子在参与公益的过程中，逐步提升自己，建立完整的人格和价值观，必将成为对社会更有价值的人。

积极心理学有一个很有效的方法，叫作助人疗法，也就是通过帮助他人来疗愈自己。助人的行为转移了你的注意力，原本你的注意力都聚焦在自己的压力、自己的困难，甚至是痛苦上走不出来。当你帮助他人的时候，你的注意力就转移到他人的需求、他人的困难、他人的痛苦上，就不会只聚焦于自己那个痛苦的内心世界了。帮助别人会让我们更加地自信，更有价值感。很多人总觉得自己有一点无所事事，一事无成，觉得自己好像能量值很低，对他人和这个世界产生不了影响。但当我们帮助需要帮助的人的时候，你就会觉得：我是可以产生一些积极的影响的，我是有价值的，所以我的人生是有意义的。

15 “天使”到底教什么

在天使童声合唱团的报名群里，好多家长都在问一个共同的问题：“天使童声合唱团到底教什么？能学到什么知识？”

作为团长，我在此给家长们介绍一下“天使”的教育理念。

说到教育理念，芳芳老师有很多话要说，也有很多真实的成功案例可以讲，篇幅有限，我们今天只能简短介绍一下。

没有我，只有我们

如果用每次上课教几首歌、几个音符、教什么知识来衡量艺术教育，我个人认为，这种标准太片面，无以衡量天使童声合唱团的教育。

一个老师如果仅给孩子讲述知识体系、教授技能技巧，更应被称为教书匠。教育者应该着眼孩子未来的人生走向，孩子的品德修养、孩子的行为习惯以及孩子的心理健康。所以，老师要用自己对艺术的热爱，点燃孩子爱的火焰，用自己的高尚情操，影响孩子的修养和品德，用自己的赤子爱心，感染孩子的心灵。

家长们也许知道天使童声合唱团每年参加上百场演出，认为“天使”有着深厚的背景资源。但我想骄傲地告诉全世界，我们的成绩不靠关系、不靠花钱、不靠送礼，我们靠实力。我们的孩子有能力让所有合作伙伴跟我们合作一次，就不愿意再选其他团体。

我们能做到 100 人在后台候场悄无声息；我们能做到 200 人在五星级酒店自

助餐厅里，不出声地用餐；我们能做到懂得礼貌地向每一个人问好；我们能做到每次演出结束以后，将后台收拾得干干净净、整整齐齐；我们能做到养成了无论走到哪里，背包里都带一本课外书。孩子们知道在什么环境里该用什么样的音量讲话才有涵养。孩子们知道在一个团体中如何做才能成为一个受欢迎的人。

孩子们更知道合唱的含义就是，没有我只有我们。

合唱是一种包容的艺术，所有的人在合唱团里都要懂得配合、包容、大气，建立大的格局意识，这才是合唱艺术给予孩子们最有意义的帮助。

“天使”是个有爱的大家庭

刚参团的一些孩子，在陌生环境下连话都不敢说，也不敢和老师对视。

经过团队不到一年的培养，孩子完全变了一个人。

原因是什么？是孩子们能和小伙伴们一起见识全国最大的舞台。一次次地锻炼，一次次地成长，孩子们就增强了信心，拓宽了眼界，培养了能力。

“天使”的孩子为什么那么自信？因为他们在“天使”的大家庭里，沐浴着爱成长。

“天使”对老师的第一项要求就是爱孩子。如果老师不爱孩子，即便再优秀，“天使”也不会选择。只有用心爱孩子，教育的方式和方向才可能正确。

“天使”的老师必须爱自己的专业，如果把专业当成挣钱的工具，那么这就是一个工作，如果深爱自己的专业，她可以用对艺术的爱点燃孩子的激情。老师们把合唱的种子种在孩子心里，结出来的就是爱艺术、爱生活、充满幸福的果实。

“天使”是一个有爱的大家庭，我们不仅一起唱歌、一起演出，更是一起成长的好伙伴。“天使”的孩子们养成了踏实努力的性格，养成了爱看书的习惯，养成了独立自主的能力。“天使”带着孩子们每天跳绳锻炼打卡，鼓励孩子们从对一件小事的坚持，磨炼自己的意志力。“天使”教育孩子们懂得感恩，每一个母亲节、感恩节、重阳节都带领孩子们做各种活动。

“天使”积极参与公益活动，带领孩子们参加各种公益项目组织的演出，告诉孩子做一个有社会责任感的孩子。

“天使”是严格的

“天使”要求孩子们先把该做的事做好，再去做喜欢做的事。我们每个假期之前，都会收孩子们的学校成绩单，关注孩子们的学习成绩，所以“天使”的孩子在团里几年后，都成长为学霸。

去年期末考试成绩，67% 的孩子平均分在 95 分以上，97% 的孩子平均分在 85 分以上。全团小学四年级以上的大孩子中，各级三好学生占比达 80%，北京市级三好生和优秀少先队员占比 32%，被大家称之为学霸天团。

“天使”参与的所有演出都是大型演出，没有超群的水准是无法立足的，所以“天使”对老师的教学水平要求极其严格。

对于小班的孩子，我们先培养他们对音乐的热爱，老师们用游戏的形式引领孩子们学习音乐，把乐理知识和演唱技巧潜移默化地浸润到孩子的能力体系之中。大班的孩子会进入比较难的阶段，学习作品分析、曲式分析、和声进行，甚至和声编配等有难度的内容，我们根据孩子们的学习进度逐步加深。

孩子们如果愿意走专业，我们就帮助他们深入提升，如果孩子想走特长，我们帮助孩子在上大学的时候进行专业的特长生培养。

相比于“天使”是一个合唱团体，我更希望“天使”是一个成长中心。我们要做的不仅仅是教授技能技巧，更重要的是关注孩子成长的每一个细节。我们常说细节决定成败，那么教育更需要事无巨细，教育无小事。

“天使”追求的目标是要做有良心的教育，对得起每一个孩子的努力，不辜负每一个家长的嘱托。教育是慢的过程，需要积累，需要精雕细琢。我们没有办法给任何人承诺任何结果，我们只会踏踏实实地做好每一件教育的小事，只会和孩子们一起，做有温度的事，唱有感情的歌！

16

教育要绕开思维定式

大人与孩子最大的差别是什么？是可塑性。

孩子的可塑性明显比家长和老师大得多，可家长和老师们往往忽略这一点，以成年人思维设定孩子的能力边界，形成思维定式，不敢让孩子做超越常规的尝试，限制了孩子们能力的拓展。

著名音乐人何琪老师发来了“天使”的新单曲《声律启蒙》的制作小样，这是一首前卫的说唱歌曲，速度快，对孩子们的音准、咬字、吐字要求极高，和腾讯推出的虚拟电子合成歌手——天鹅镜共同演唱。

何琪老师说：“能把这首歌唱下来，“天使”的孩子就是 NO.1 了。”

我怀着忐忑的心情点开歌曲小样，歌声震撼到了我，没想到孩子们能这么出色地完成这个艰巨的任务，完全超出了我的想象力边界。W

这首歌之所以录制成功，完全得益于老师们绕开了教育的思维定式，敢于让孩子尝试完全陌生的领域，突破自己。

思维惯性表现为这次用某种方式解决了一个问题，下次遇到类似的问题或表面看起来相同的问题，不由自主地还是沿着上次使用过的方式去解决。思维定式就是这种“惯性思维”，人们按习惯的、固定的思路去考虑问题、分析问题，在解决问题的过程中做特定方式的加工准备，阻碍了思维开放性和灵活性，造成思维的僵化和呆板。从另一个角度讲，这也是一种思维的惰性，拒绝在思维能力上的开发，拒绝创新，具有明显的个体性。

再说回何琪老师的那首歌，我当时也陷入了一种思维定式。

刚拿到那首歌的小样时，我一听就蒙圈了。当时只有一个感觉，孩子们绝对完成不了。我把那首歌传给指挥老师听，她给我的回复是："她自己唱了好多遍，嘴都倒腾不过来！"

我们几乎想跟何老师说放弃了，两个老师都唱不下来的歌，孩子肯定唱不下来。但是这么好的机会，我们真的不想就这么错过。

我和指挥老师纠结了将近一周的时间，一会儿担心歌曲难度太大，孩子们完成不了，一会儿又怕失去那个重要的机会。

我们心里非常清楚，失去那次机会，"天使"就再也不能挑战这种歌曲，老师和孩子们在心理上会对这样的歌曲产生惧怕感，认为自己不行。

想抓住机会的话，时间太紧张，当时处于疫情时期，孩子们不在老师身边，没办法面对面辅导，万一录得不好怎么办？还剩下四天的时候，老师们商量了一下，决定跳出思维定式，选择相信孩子们的能力，相信他们能挑战自己。

接下来的几天，孩子们每天用音频打卡练习，我们邀请何琪老师给孩子们在腾讯会议上了一堂生动的网课。

孩子们学习得非常认真，不到三天工夫，已经可以比较自如地把整首歌唱下来了。

孩子们优秀的表现给了我们信心，更加投入地让孩子进行练习，孩子们也没辜负老师的期待，最终练得非常熟练，终于可以进棚了。

经过紧张的录音和后期制作，当成品呈现在我们面前时，比想象中还要惊喜。听着孩子们的歌声，让我想起一句话：假如给孩子一个支点，他们将能撬动整个地球；假如送给孩子一双翅膀，他们将在乐坛里掀起滔天波澜！

这个事例说明，老师们在教育中不要用思维定式去理解孩子，要给孩子机会，充分相信他们的能力，他们一定会给我们惊喜。

“师不必贤于弟子，弟子不必不如师。”

教育过程一定不是教育者和被教育者自上而下的灌输关系，而是相互滋养和学习的互助亲密关系。

听完孩子们的歌，我和老师们在群里给孩子们点赞，告诉孩子们，老师们深深地膜拜你们，在这方面，你们可以做我们的老师。

孩子们的自信瞬间被老师们点燃了，他们没有想过老师还能向他们学习。

有了这次的成功，我深深为自己曾经的思维定式感到羞愧，并打破自我边界，准备让孩子们尝试更多新鲜的东西。

在后续的拍摄过程中，我给孩子们发了一个特别流行的美国歌曲的视频，告诉孩子们:“这首歌不是之前‘天使’的感觉，你们要跳出自己的思维定式，忘记你们‘天使’的身份。不是站在那一动不动地唯美微笑，而是放开自己，让自己化身恶魔，唱着跳着去演唱和拍摄。你们要有多面的自己，而不是一成不变的自己。”

现在有一个流行的名词:“乌卡时代”(VUCA)。VUCA是Volatile，Uncertain，Complex，Ambiguous的首字母缩写，这四个单词分别是易变性、不确定、复杂和模糊的意思。

乌卡时代是指我们正处于一个易变性、不确定性、复杂性、模糊性的世界里。

如何超越乌卡?

许多大咖一致认为，未来至少10年到20年里唯一不变的东西就是变化本身，所以为了更好地应对变化，我们应当有意识地培养自身超越思维定式的能力，用灵活的方式去应对变化、拥抱变化。

17

“立规矩”的原则

孩子小的时候，不理解什么是规矩，什么是原则。可没有规矩不成方圆，我们生活在社会中，要从小学会遵守游戏规则，长大后，才能不被社会淘汰。从小教孩子遵守规矩，给孩子立规矩，是每个父母必做的事。立规矩的方式和原则有哪些呢？

1. 立规矩要趁早

立规矩是让孩子养成良好习惯的基础，例如玩完玩具放回原处、不随便打断大人说话、不随意翻动大人的东西等，都是孩子要了解的规矩。孩子很小的时候，我们要一遍一遍地给孩子重复，直到他们把正确的行为变成习惯。教育其实就是一次次量变到质变的过程，所以教育者要有一张“婆婆嘴”。如果孩子忘记规矩，就时刻提醒孩子，引领孩子达到要求。立规矩的年龄越小，孩子越不容易在错误的道路上走得太远，好习惯就会越牢固。学习像建大楼，好习惯是大楼的地基。地基越扎实，大楼才越稳固。

所以立规矩、打基础，要趁早。

2. 规矩设立以后，不要轻易妥协和破坏

《这样定规矩孩子才愿意听》这本书中说，很多时候，孩子会随意破坏父母定的规矩，试探甚至挑战父母的忍耐程度。

有时候，父母设了规矩，却因自己的工作、心情、环境等因素而不坚持。心情好的时候，规矩可有可无；心情不好的时候，孩子稍微越界就是一顿责骂。这让比较敏感的孩子无所适从，搞不清是否需要遵守规矩，比较调皮或者心思灵活的孩子，会学着“钻空子”，挑战父母的底线。规矩不能轻易更改，这也是在孩子心目中树立父母威信的重要的方式。设定规矩而不遵守的父母不但教育不好孩子，还无法让孩子学会尊重，只会起到反作用。

3. 给孩子设立的规矩和规则要简单明确

孩子提要求时，语言越简洁越好，不要笼统不要绕弯，否则孩子听不懂指令，也不容易遵守执行。例如我们可以直接让孩子玩完玩具要收好，而不是告诉孩子，学会管理自己的物品。大一点的孩子，就直接告诉他们，学会自己收拾物品、学会自己记作业、学会自己检查作业、每天自己上闹铃起床洗漱、按时上学，而不是笼统地说你要做一个有责任感的人。

4. 及时总结很必要

要经常和孩子进行事后交谈，无论孩子遵守了规则，还是破坏了规则，都要及时总结评价。先认可好的行为，再总结不对的地方，共同想办法解决。孩子达到要求时，要告诉孩子，你每天自己写完老师留的作业，每天自己上闹铃起床，做的非常不错，妈妈帮你设立这个规矩是希望你成为一个有责任感的人！这些笼统概念要放到事后总结，有利于规则的执行。

18

公益“天使”

天使童声合唱团许多年前就与众多公益组织合作，一路并肩走来，参与过上百场大小公益活动和演出。

艺术疗愈联盟致力于用各种艺术形式对重病儿童的心灵进行干预，减少疾病给孩子们的内心造成的压力和自卑。社会上大部分的公益项目都是为孩子提供医疗资金和资源上的救助，很少有人关注孩子的内心世界。

我们希望用歌声和艺术点燃孩子们的信心，给他们些许安慰和快乐。

“天使”的老师线上授课，教孩子们唱歌、跳舞、做游戏，在治疗间隙充实他们的生活，带给他们快乐。每当重病孩子听完老师讲课，开心地谢谢老师的时候；每当孩子们在病房唱起老师教的歌曲，给我们回课的时候，我们内心酸楚又欣慰。

2021 年元旦，天使童声合唱团的孩子带着礼物和问候，到了燕郊的某康复医院，与在这里休养治疗的重病患儿共聚一堂。

一个 7 岁左右的小男孩让人印象深刻，坐在舞台凳子上，大声唱了一首《我相信》，歌声响彻会场，大家热情鼓掌。

我听他嗓音条件那么好，出于职业敏感，向旁边的志愿者打听。

我说：“这个孩子唱得真好，病好了来天使童声合唱团吧，我一定好好培养他。”

旁边的志愿者却说：“芳芳老师，他得了严重的白血病，刚接受完化疗，他以后可能会成为天上的天使吧……”

听到这句话，我不知后面的孩子唱了什么，也忘了孩子是怎么走下台的，一个人悄悄躲到后台哭了很久……

演出完，那个孩子问我:“老师，我唱得好吗?”

我说:“特别好，宝宝。”

他问:“那我也可以和你们的小朋友一样唱歌吗?”

我说:“没问题宝宝，你很快就会好起来，芳芳老师等着你。”

我们俩还拉了勾。

我对孩子说了谎，可那是我说的最值得的谎话，也是最让我痛苦的谎话，我多希望总能说话算话，等他病好了，拉着他的小手，走进“天使”温暖的大家庭。

我忽然想起和乐乐老师在盲校参加孩子们活动时，一个特别漂亮的小女孩拉着兜兜爸爸的手说:“老师，让我摸摸你的脸，我就知道你长什么样。”

看着那只小手，我的眼泪肆意流淌，回城路上，我一直没有说话，在心里对自己说，我拿什么拯救我的孩子们? 我怎么做能让你们多一分快乐少一些痛苦?

去年，天使童声合唱团上海分团的小朋友们随着海银基金的阿姨叔叔，一起走进大凉山，带去了“天使”的歌声和爱，与大凉山的孩子们建立起深厚的友谊。

前几天，大凉山的孩子们来到北京，北京团的小伙伴热情地陪伴了一周时间。我们一起唱歌、一起做游戏、一起拍视频，临走时，“天使”的孩子为他们准备了自己喜欢的图书，给他们写了赠言。

公益这条路上，我们能做的有限，但只要我们努力坚持，就是对社会最大的贡献。这种公益活动对于每一个孩子的成长来说，非常充实有意义，我们每年都积极让“天使”的所有孩子全员参与，让他们从小培养对社会的责任感和利他精神。

此刻，我想起孩子们经常唱的那首歌，每个孩子，都值得被宠爱，他们是我们的未来……

为了美好的未来，“天使”一定竭尽全力做好每一项公益活动，让天使童声合唱团里充满爱的光芒!

19

学为人师，行为世范

“学为人师，行为世范”是我母校——北师大的校训，我永远忘不了第一次看到这句话的场景，那是一个洒满了阳光的午后。那时的我年轻单纯，难以理解校训的深刻含义，直到现在，我做了快30年的老师，才真正对这句话有了深刻的理解和感悟。

让老师们专注幸福地做教育

孩子的灵魂是世界上最干净、最清澈的，我总是希望“天使”的孩子也和天使一样，干净、透明、善良且高尚。我们知道，要教育出灵魂和声音都干净的孩子，必须有一批灵魂同样清澈的老师，他们要像孩子一样，不被社会风气侵蚀，不被歪风邪气侵扰，用心感受和理解生活，爱着周围的人和世界。

天使童声合唱团高管层一直努力用各种方法，让老师脱离商业运作和社会关系的牵扰，把老师和招生等商业行为分割，做一个不被世俗打扰的专注的老师。努力铸就一道坚实的防火墙，把所有烦恼挡在墙外，把一线老师围在中央，给老师们足够的空间和安全感，让他们专注且幸福地做教育。

我每次开教师会时都说，我羡慕老师们成年后还能拥有赤诚的童心，能用孩子的眼光看待和爱这个世界，我无比珍惜老师们的热爱，请大家保护好这份赤诚，用心做教育，用心爱孩子。

“天使”有一条不成文的规定，就是老师的音量不能超过正常聊天的分贝，“天使”的老师拒绝大嗓门。

很多学生群体两公里外就能听到吵吵嚷嚷的声浪，走近一看，那种群体里一定有一位嗓门特别大的老师，对孩子说话都是喊出来的。

老师越喊，孩子声音越大，最后变成我们看到的那一幕。

“天使”出门时，路人从队伍旁边经过，都不会听到声音，“天使”老师连孩子走路的脚步声都有要求。在后台，哪怕几百个“天使”的孩子集中在一起，都能安静得像图书馆。

天使童声合唱团的后台成了人们不自觉拿出手机拍照的亮丽风景线。

我经常跟老师们说:“我们大声呵斥孩子时，孩子们首先接纳到的信息不是您言语中的要求，而是您说话时的语气，暴躁的语气就是一种噪声，人们听到噪声，内心都是浮躁且反抗的。”

发现孩子的闪光点

有一年，丰台团开学上第一次课，一个五年级的男孩子在课堂上，把坐在前排的另外一个男孩推倒在地。合唱课是在阶梯教室，前排的男孩子直接就从台阶上摔下来，这是“天使”从未有过的事故，所有老师都慌了，管理老师第一时间给我打来了电话，我安排老师们先带前面的孩子去医院做全面检查，再联系双方家长。

经过检查，孩子没出现问题，老师把孩子送回家休息，又和惹祸的男孩家长谈话。他妈妈跟我说，这个男生在学校里就是典型的淘气孩子，老师三天两头找家长，今天跟这个打架，明天跟那个打架，破坏纪律不听话，家长很头疼，说孩子唯一的兴趣就是唱歌，好不容易考上“天使”，还是出现了问题。

家长担心天使童声合唱团开除这个孩子。老师问我怎么处理，我说:“老师没有挑选孩子的权利，我们无法要求每个孩子必须是没问题的，我们肯定留下孩子，而且努力帮助这个孩子成长。”

首先，我们让孩子的妈妈不要批评他，问清楚到底因为什么才做出这种事。只有问清原因，我们才能帮孩子解决问题。

经过妈妈询问，我们得知，这个孩子在学校经常被批评，周围同学不喜欢他，经常用语言刺激他，所以他对刺激的语言很敏感。

出事当天，前排的男生因为他没做好一件事，就说了一句不太好听的话，虽然这个孩子答应过家长，在天使童声合唱团克制自己，一直努力坚持遵守纪律，可是还是被前排的孩子笑话了，一怒之下就推了那个孩子。

首先，我们理解和同情这个孩子，因为我们看到了孩子的努力，理解并接纳孩子的情绪；其次，当孩子出了问题不找老师，而是采用暴力解决的方式，可能是因为孩子性格冲动，也可能是因为孩子经常被批评，丧失了对老师的信任，觉得老师不能帮他公正地处理问题，孩子的行为是无助的表现。

我们心疼孩子，要做的就是取得孩子信任，增加孩子信心。

这个孩子极度缺乏认可，所以老师们要尽力发现孩子的优点。班主任老师发现这个孩子很热心，喜欢给老师帮忙，就在每次排练的课间，让他帮老师干活儿。

孩子第一次干活儿后，老师当着全团孩子的面表扬他，认可他的行为，建立他的自信，让他觉得自己也可以很优秀。这种表扬和认可是拉近老师和孩子内心距离的最好方式，让孩子觉得老师值得信任，以后遇见同样的事，他就可以信任老师，找老师帮忙处理，避免自己犯错误。老师当着全团孩子表扬他，让他起立，全团孩子给他鼓掌时，他的眼角含着晶莹剔透的泪水。

现在，他成了团里特别好的孩子，积极阳光，特别热心，爱帮助别人，团里的小朋友们和老师都喜欢他。我还在央视舞台上看到这个曾经叛逆的小身影。老师们惊喜于他的变化，每次谈到他，都倍感欣慰。

一个老师的态度会影响一个班级和一个团体的态度，一个博学、文雅、充满爱心和同理心的老师是一个优秀学生团体的引领者，也是孩子们人生进步的灯塔，每一个老师都要有天使般的心灵，努力做灯塔一样的人。

20

格局决定命运的高度

李玫瑾老师在《幽微的人性》中说：

生活范围决定了视野，人的生活范围太小，芝麻大的事也会变成最大的事，人们的心胸有时与生活视野有关。视野越宽阔的人，心胸就越宽阔！

芳芳老师说

一个人有多大的格局，就有多大的发展。格局源于孩子的见识，见的世面多，面对大事和大场面时就从容淡定。

“天使”的孩子经常参加大型演出和活动，见识越来越多，就越来越淡定，越来越大气。

见识需要从小培养，想让孩子变得自信、从容，就要从小给孩子创造不同的锻炼和见识的机会，让孩子参与大场面，见识高级文明的绚烂多彩，让孩子拥抱大自然，体验世界各地的不同景色，让孩子参与集体活动和公益活动，学会与人合作，收获帮助别人的快乐。

孩子经历得多、见识得多，再遇见机会自然不会畏首畏尾，局促紧张；碰到问题自然不会焦虑自闭，暴躁短视；和朋友相处自然不会斤斤计较，患得患失。

未来社会需要有格局、有见识、有远见和有创造力的人才，孩子的这些特质不是在学科课堂里能得到的，是在生活中慢慢积累、锻炼和培养起来的。

教育是慢的过程，是积累的过程，更是给孩子努力创造各种优质的锻炼和见识机会的渗透过程。教育要注重细节的培养，从容大气、见多识广的孩子才是未来社会中最受欢迎的人才。

21

关于“讲故事”

在孩子成长过程中，最重要的影响来自家庭教育理念的渗透，如何更好地渗透教育理念，加深孩子的印象。

讲故事就是一种有效的方法。

听觉能激发孩子的想象力，生动的讲述也能增加孩子兴趣，增强孩子的记忆和语言表达能力，我们要做一个会讲故事的家长。

我父亲是丰子恺先生的外孙，从小生活在丰先生身边，直到父亲18岁考上北大，才离开丰先生的家，丰先生对父亲的影响是伴随他终生的财富。

我从小就听父亲讲丰先生的故事，每天最快乐的事就是全家人围坐在餐桌前，边吃饭边听父亲讲他的小时候，丰先生经常带他们出去玩、写生、旅游……

父亲也会把唐诗宋词用故事的方式讲给我们，因为他深情的讲述，那些难懂的古文在我们的脑子里清晰起来。

父亲教我们唱小时候丰先生带他们唱的歌，回忆起他们全家在除夕夜玩游戏“览胜图”（丰先生收集整理关于中国传统典籍故事的游戏），还有唱《归雁》的情景。

迄今为止，我们家还沿袭春节晚上做“除夜福物”（全家人每个人买一个礼物，在12点钟声敲响的时候互相抽取礼物）和“览胜图”这两个项目的传统。

父亲讲的故事深深吸引着我，他走过的名山大川的景色震撼着我，他讲过的唐诗宋词让我好奇和喜爱，带领我们玩的游戏让我充满兴趣，而积淀在故事情节和游戏环节里的道理深刻地影响着丰家一代又一代的孩子们。

父亲说，他是听着丰子恺先生讲故事长大的孩子，我是听着父亲讲故事长大的孩子。

因为父亲特别会讲故事，家里人的关系越来越亲密，氛围越来越和谐。

对孩子来说，家庭和谐是幸福和安全感的基础，和谐的家庭关系需要共同的语言和兴趣爱好来维系。

受故事的影响，我从小喜欢游历祖国的名山大川，足迹踏遍世界各地。

我见过太多壮美的景色，懂得自然的伟大，体会生活的美好，珍惜生命的价值。也是因为从小跟着父母四处穷游，也磨砺了性格，让我成为一个有韧性有想法乐观开朗豁达的人。

我感恩遇见如此幸福的家庭和爱我的父母，感谢他们没有逼我去做我不喜欢的事，感谢他们让我成为最好的自己，感谢他们让我拥有丰富多彩的人生经历。

现在的我，已为人母，我依然传承我的家学传统，宽松温和地对待孩子。

我从兜兜 4 个月开始就带着他全家之旅，如今他已走过中国的 20 多个城市，五六个国家。

我们用行动教会孩子热爱生活、善良厚道，在生活中帮助孩子提升责任感和韧性。

我们不指望孩子能取得多么伟大的成就，只希望他是一个善良正直、有责任感的人。

意义和目的小结

生命的意义是一个解构人类存在的目的与意义的哲学问题。

往大里说，就是经典的哲学三问：我是谁？我从哪里来？我要到哪里去？这是很多人终其一生都在追寻的问题。

其实，很多人并不缺乏人生目标，只不过有些目标设定过大，还没有来得及去追求可能就被现实打脸，早早地就放弃了。有些目标设定过于琐碎，生活被大大小小的目标充斥，就会发现有点不知所措。

积极心理学家安吉拉·达克沃思曾提出，只有厘清了目标之间的关系，我们才能让这些目标真正有效地指引我们做出改变。因此，在制定目标的时候，理想和现实的统一是首要考虑的一个原则。过大过空的目标会给你带来“理想很丰满、现实很骨感”的感觉，设定目标的时候可以借鉴“最近发展区”的理念，让你能够“跳一跳”就能“摘到桃子”。人这一生，到底怎么过才是正确的？才是有意义的、了无遗憾的？我们都是独一无二的个体，人生轨迹无法复制。因此，一千个人就有一千种生活的方式。

英国著名作家毛姆在《月亮与六便士》一书中，就写出了“在满地都是六便士的街上，他却抬头看见了月亮”。

通往理想的路从来都不好走，可这并不代表现实无法改变。

如果你也不想被生活选择，不如就从现在起，去做那个主动选择生活的人。其实，没有完美的选择，只有适合的人生。

无论是哪种选择，都取决于你如何看待生活的意义。

第6章 什么是积极成就？

01

拒绝包办，我不吃现成的

中国古代有个传说：一个孩子在家里娇生惯养，衣来伸手饭来张口。有一天，父母要离开孩子去外地走亲戚，于是烙了一张饼套在孩子脖子上，让孩子饿了就吃。几天后父母回家，发现孩子饿昏了，因为他只吃了自己嘴边的饼，其他地方的饼却没吃到。

这个故事是在嘲讽孩子的懒惰，但孩子懒惰的原因很可能与父母的教育方式有关。很多懒惰的孩子背后，都有过于勤快的父母。他们习惯为孩子包办一切，大到学习和发展，小到衣食住行，看似对孩子好，无形中却剥夺了孩子学习生活技能的机会。

刚刚姥姥来我家看兜兜，要带着兜兜去找哥哥玩。

临走时，兜兜说："妈妈，我想带着我的那个玩具去。"

我说："哪个玩具？"

他说："就是那个，就是那个……"

他话还没说完，姥姥就抢着说："就是新买的那个玩具！"

我又问："新买的哪个？"

"就是那个那个……"

在兜兜思考怎么形容的时候，姥姥说："就是大姨刚给买的那个。"

我又问兜兜："是大姨买的哪个？"

姥姥抢着说："就是那个能变成汽车和飞机的……"

整个过程，兜兜没说一句完整的话，也缺失了完整的思考。我试图在对话过程中对兜兜进行一次认知训练，引导他准确地描述那个玩具的形状、功能和来历，让他学会思考。可姥姥的出现打破了我的教育进程，好像生怕兜兜想不起来，着急地替他回答。

成年人对孩子的替代无处不在，替他们思考，替他们做一些琐事。这些行为不仅加重了孩子的依赖心理，也会让孩子逐渐变得懒惰，甚至成为“巨婴”。

我昨天又经历了同样的事，和朋友带孩子出去玩儿，孩子们在游乐园里玩水枪。兜兜水枪里的水很快用光了，他认真地琢磨怎么打开水枪往里面注水。这时，我的好朋友过去说：“来，我给你装水吧。”便好心地拿走兜兜的水枪帮他注水。

我想：“这真是一位勤快的爸爸，可这样的话，孩子还有机会思考和动手吗？”

孩子的成长过程是认识世界、了解世界、努力与外界产生联系的过程，也是一个试错的过程。作为家长，我们要给孩子试错的机会，谁不是在摔跟头的过程中学会走路的呢？

让孩子学着去做，给予孩子充分的信任，不怕孩子做错。

不仅仅是父母，我们整个社会都在试图简化孩子的认知和动手能力。

特别是玩具行业，都是越做越精致。乐高里有安装图解，按步骤装好就行；变形金刚的变化方式是设定好的，只能按照设计师的想法去进行……

我们小时候没有这种货架玩具，所有玩具都要自己动手 DIY。自己用冰棍棒做小手枪，自己制作网兜捉蜻蜓，自己用小板凳搭建小冰车……

现在呢？

你想要冰车，玩具公司能给你一个冰上劳斯莱斯；你想搭房子，玩具公司能给你推出紫禁城积木；你想看星星，玩具公司能给你模拟一个星空……孩子们得到的一切都是现成的，不需要自己动手和动脑。

当然，这是社会发展和进步的结果，对我们整体来说算得上是好事，但对孩子的成长来说却未必。这是摆在每个家长面前的困境，既要享受物质的丰裕，又要对孩子的成长负责。

我们要学着成为60分妈妈，把余下的40分留给孩子，让他们自己发挥。

我记得兜兜玩水枪的时候，我告诉他："没有水的时候，自己想办法加水，如果需要帮忙，我就在旁边。"没过一会儿，他给水枪装满水，跑过来说："妈妈，这个盖子太难按严实了，你帮我一下。"于是我帮他把盖子拧紧。

日常生活中，我也用这种处理方法。

当需要孩子自己陈述问题时，我先让他自己表达，说得不对的地方，我帮他纠正，但绝对不会替他把话都说明白。时间长了，他就学会了如何正确且完整地形容一件事。

我们要给孩子时间，放手让他们自己去尝试，不要过度参与他们的游戏，不要帮助他们思考，更不能代替他们学习和劳动。不要怕孩子出错和浪费时间，更不要担心孩子做得不好。

我们可以引导他们慢慢做好，危险的地方我们可以陪伴并告诉他们该如何避免危险。假如因为担心孩子就把所有的危险都规避掉，让孩子永远不懂什么是危险，岂不是更加危险？

孩子的路终究要自己走，我们不能怕他们摔倒，就剥夺他们独立行走的能力。

教育心理学的奠基人桑代克通过迷笼实验[①]揭示了学习的真谛：试误。

试误学习成功的条件主要有三个：准备律、练习律和效果律。儿童已经做好了学习的准备，练习律的实质就是强化刺激与反应的联结，学习就是在试误的过程中强化联结。

---

①迷笼实验：将饿猫放在特制的迷笼内，笼外放有一条鱼。猫在笼中乱撞乱跑时偶然触动了开关，从而得到这条鱼。在后续的重复实验中，饿猫的错误动作随着尝试次数的增多而逐渐减少，最后猫一进入迷笼就会去触动开关，从而一下就得到了食物。

02

再说“代替”

说到“代替”，我们是不是可以脑补出几个这样的画面？

画面一：一位老人带着一个小孩子在路上走，遇到了邻居。邻居问：“宝宝几岁了？”孩子还没来得及反应，老人抢答：“你说 4 岁了。”孩子开启复读机模式：“我 4 岁了。”

邻居又问：“吃饭了吗？”老人又抢答：“你说我吃饭了。”孩子又复读：“吃饭了。”邻居继续问：“这是去哪儿啊？”老人继续抢答：“你说去姥姥家。”孩子继续复读：“去姥姥家。”

画面二：孩子觉得妈妈太辛苦了，想给妈妈倒杯水，刚把水杯放在饮水机下面，妈妈冲过来，拉开孩子的手，火急火燎地说：“想喝水我给你倒，饮水机的水多热啊，把你手烫坏了怎么办？赶紧回房间写作业！”

画面三：孩子遇见一道数学题，有点犯难，尝试用自己的解题思路解答。爸爸看到他写的内容，感觉是错的，于是急了：“你这么做对吗？老师讲过没有？一看你白天上课就没认真听讲！这么简单的题都不会，动动脑子！你看，先算这个，然后算这个，答案不就有了吗！”

画面四：上学路上，孩子在前面跑，爷爷背着书包在后面追。到了学校门口，孩子接过书包，发现水壶没带，把书包往地上一扔，冲着爷爷大叫：“我水壶呢？怎么没给我带水壶？都是你不好，你现在就给我回家去取来！我不管！我现在就要喝水！我就要用我的小熊维尼水壶喝水！”

以上画面，我们是不是看着很熟悉？

因为怕孩子说错话或者担心孩子不敢说话，所以代替孩子回答问题；因为怕孩子干不好或者受到伤害，所以代替孩子做事情；因为怕孩子做错题，所以代替孩子思考甚至直接告诉孩子答案；因为想让孩子多休息几分钟，所以代替孩子收拾书包文具。

孩子年纪小，脑子里还没形成对世界的完整认知，没建立缜密的逻辑思维，更没有太多生活经验，所以日常琐事做不到完美。但孩子想要成长为大人，就是要经历从不会到会、从做不好到做得好、从不认识到熟悉的过程。

每个人要建立独立思维能力和解决问题的能力，都必须经历遇到问题、思考办法、动手尝试、深入探究和最终解决的过程。

即便尝试时出现错误，也是一种经验积累，会在头脑中留下深刻印象。

试错对孩子的学习和生活非常重要，所有成功都基于此。

家长的“代替”,切断了孩子的思考过程,消磨了孩子勇于尝试和探索的精神，长此以往，会让孩子养成一种生理和心理上的依赖，逐渐丧失自主学习和独立生活的能力。

为人父母，我们必须要清楚，无论我们的孩子现在多么可爱乖巧，未来也终归要独立生活。

我们不能代替他们一辈子！

家长一定要勇于放手，让孩子学会自己的事情自己做，对自己做的事负责，才能让孩子在未来的工作、学习和生活中逐渐独立，建设属于自己的美好人生。

帮孩子解决问题不如让孩子掌握解决问题的能力，授之以鱼不如授之以渔。

我们从现在开始就要放手，不再“替代”！

03

懂礼有礼，把修养变成习惯

中国是文明古国，有数千年的文化传承。孔子时代开始的古典六艺：礼、乐、射、御、书、数。第一个“艺”就是“礼”。我国很多传统文化与传统艺术的传承中，也有“学艺先学礼”的要求。

中国被称为“礼仪之邦”，吃饭有餐桌礼仪，喝茶有茶礼，面见长辈也有辈分之礼。“礼”对中国人的个人成长非常重要。

“礼”的内容很复杂，我们先说说“礼”字中的礼貌。

当我们与一个陌生人初次见面时，如果对方彬彬有礼，我们会认为对方有着很好的教养。这种教养也反映出对方所受到的家庭和学校的教育水平，影响我们对对方的综合评价，所以在孩子的教育过程中，一定要让孩子懂礼。

我家只要有客人来了，我一定让兜兜和我一起在门口迎接客人，这叫以礼相迎。客人走的时候，我们全家要将之送到门口，这叫以礼相送。

这只是最起码的礼貌，要养成习惯。

孩子作为家庭中的一员，对待客人的态度和行为直接影响到孩子未来的教养。我们要让孩子从小就懂得做人的道理。礼貌是一个系统的行为规范，跟长辈怎么称呼，拿东西要用双手，听人讲话要看着对方的脸，吃饭不能发出声音，站有站姿，坐有坐姿，这一切必须让孩子从小培养。

在天使童声合唱团，我们对孩子的身形礼仪有很严格的规定，进了团队第一件事就是学会坐姿要美。双腿平放地面，只坐凳子的三分之一，肩膀打开，挺胸抬头，双脚务必踩着地面，双腿并拢。

一方面，这是孩子最好的唱歌状态，有利于唱歌时候的气息通畅；另一方面，也能保证孩子的形体美。

身体时刻保持挺胸抬头的状态，孩子的精力也容易集中。

孩子们站起来的时候，我们要求后背立起来，肩膀打开，挺胸抬头，双腿立直。好多孩子爱犯懒，总驼着后背，我都跟孩子说："把后背挺起来，要不然我过去拍后背了啊！"

一个人的精气神决定了一个人做事成功的概率，也决定了别人对他的印象。

长期的身形训练对于孩子有着举足轻重的作用。平时在家时，家长们要注意孩子的身形礼仪，自己也要做到，为孩子树立好的榜样。

在礼貌方面，我们对孩子的要求也非常细致严格，见到老师，见到客人，都必须大声打招呼。我们经常外出表演，会有大巴车司机为我们服务，也会接触到导演组的老师们和现场的工作人员。老师会提前告诉孩子，见到为我们服务的或者合作的人都要主动打招呼。

我跟孩子们说过："跟人打招呼就三秒钟，不会费你多大劲儿，但是却会增加别人对你的好感，会认为你是个有教养、有礼貌的好孩子。"

当然，孩子们的礼貌习惯没有那么容易养成，这就需要教育者有耐心，只要孩子忘了，就要提醒并且让他补上，多次重复，孩子就会养成习惯。

除了日常生活中的习惯养成，我们还主张孩子多看书，学习礼仪知识。

"腹有诗书气自华"，爱看书的孩子，多半都是讲礼貌的孩子，"天使"一直严格地要求孩子，养成爱看书的好习惯。

团员每次参与"天使"的活动必须带一本课外书，只要有休息时间，就主动拿出书本来看。

这是"天使"所有孩子的好习惯，一直在传承延续。

因此，有“天使”的地方永远都是安安静静、踏踏实实的，孩子们有事做的时候认认真真排练做事，没事做的时候拿起书本踏踏实实看书，他们不会跑来跑去，更不会大声喧哗。

记得 2019 年北京国际电影节的后台，因为防爆安检，所有人员必须离开后台，但我们没有接到通知，还在自己的休息区候场。检查开始后，当防暴警察推门进入休息间时，吓了一大跳，他们说屋子里这么安静，还以为没人呢。

其实，当时屋子里坐着 100 个“天使”的孩子。

2017 年暑假，“天使”的孩子们去欧洲，一路上安安静静，所有孩子拿着自己的行李，候机的时候主动拿出书本阅读，赢得了很多人赞许的目光，甚至有人问孩子们是不是来自日本，我们的孩子骄傲地说：“我们是中国人。”

经过长期的礼貌习惯养成，“天使”的孩子们都成了懂礼貌的好孩子。

有些孩子跟随“天使”7 年甚至 8 年，是“天使”的老师们看着长大的，他们深谙“天使”的理念和要求，对“天使”的要求熟记于心，能做出很好的榜样。

在课堂上，他们是团里其他孩子学习和模仿的对象。

一队孩子们经过大门时，总会有大孩子跑到前面，给大家推着门，方便大家经过，而经过的孩子会礼貌地说一句“谢谢”。

上电梯之前，总会有一个大孩子帮忙挡着电梯门，让所有小朋友先上去。

这种榜样是一批一批地传承下来的，他们做的时候，学弟学妹们都看在眼里，记在心里。过不了多久，学弟学妹也会成为其他后辈学习的榜样，也会成为那个帮忙推着门的哥哥姐姐，成为“天使”文明礼仪要求的传承者。

不管在怎样的时代里，懂礼知礼都是最高级的修养之一，“礼”也是中华文明的核心价值，是这个古老民族代代传承、生生不息的文明根基。

我们让孩子养成“懂礼”的习惯，就是在传承我们的民族文明，赋予孩子最基本、最高级的教养。

04

系统脱敏，让孩子变强大

系统脱敏疗法又称交互抑制法，是由美国学者沃尔帕创立的。这种方法主要是诱导求治者，缓慢地暴露导致神经焦虑、恐惧的情境，通过心理的放松状态对抗这种情绪，从而达到消除焦虑或恐惧的目的。

如果求治者的症状是由外界刺激引起的，那么就可以在求治者能忍受的范围内，多次反复地呈现那种刺激，他便不会再感到焦虑和恐慌。

天使童声合唱团一直对孩子使用类似的心理辅导方式。

有些孩子参加考试的时候，时常表现出胆小、害怕、怯场的状态，其实他们唱得很好，可因为内向，没办法让更多人了解自己和认可自己。

这种孩子加入合唱团后，经过几年的锻炼，不但不再出现怯场的现象，甚至连性格都改变了。

记得一个少年团的小帅哥，当初来考试的时候，第一次没有通过，原因就是他一直躲在妈妈身后，不敢唱歌。

老师做了很久的思想工作，他还是开不了口。

在老师和妈妈的恩威并施下，他勉强唱了几句，音准和音色都相当不错，后来我才决定录取他。经过团里几年的训练，这个孩子成了学生团长，也成了老师的得力助手，学习成绩在学校里也是名列前茅。

更重要的是，这个孩子性格有了明显的变化，活泼开朗，谈吐大方，在孩子们中的威信非常高，经常在团里负责领唱部分。

像他这样的案例不胜枚举，我们提升了很多孩子的自信，改变了很多孩子的性格，就是利用了系统脱敏法。很多年龄较小的孩子，或没经正规训练的孩子都这样，在别人面前不敢表现自己，不敢跟别人交流。

家长们很焦虑，甚至逼孩子当着很多人的面唱歌跳舞，搞得孩子心理上更加惧怕自我表现，性格更加忧郁。

要想调整孩子的内向性格，需要给孩子时间，运用系统脱敏法，帮助孩子改变心理的焦虑和不安，提升自信，战胜自己。

家长们把孩子送到合唱团来，孩子每周都跟小伙伴们一起唱歌，小朋友之间慢慢地就混熟了，在心理上产生对环境的安全感，自然也敢跟着唱。

在合唱团组织的各种演出中，老师们很关注第一次上台的孩子的位置安排，会把这样的孩子特意放在队伍的中间位置，让孩子的前后左右都有人。

就像说相声的两个人，为什么逗哏更难一些呢？因为他前面没桌子挡着！

我们给很多人讲话的时候有深刻体会，把一张桌子摆在面前，挡着半个身体的时候，我们会更有安全感。孩子也一样，前后左右都有小伙伴的时候，在心理上的感觉是安全的，他也会鼓起勇气走上台去，跟其他小伙伴一起表演。

当孩子表演之后，得到了观众的掌声，对他们来说，就是得到了及时的认可和鼓励，会让他们有更多热情期待下一次的演出。

孩子的演出机会多了，锻炼多了，就会越来越自信。

等孩子慢慢建立起自信，我们再减少他身边挡着他的孩子，时日一长，很多孩子走到了第一排的位置都不再害怕了。

系统脱敏法需要给孩子一个适应和建立自信的过程，从量变到质变，不能急于求成。有些家长想锻炼孩子，直接把孩子扔到台上，会让孩子更加恐惧，甚至让孩子在心中强化恐惧感，再也不喜欢唱歌，相当于扼杀了孩子提升自信的可能。

教育就是一个慢慢陪伴和静待花开的过程，我们不能揠苗助长。

05

人人都要争第一

很多家长教育孩子的时候过于谨慎，害怕孩子争强好胜，并把这当成孩子的弱点。

可是我们仔细品味一下，“争强好胜”怎么会是弱点？

“我想赢”有错吗？“我想得第一”有错吗？

记得有一天，兜兜的爸爸带他去参加小区里的平衡车比赛，过了没多久，我就隐约听到兜兜惨烈的哭声。又过了一会儿，这爷俩就闷闷不乐地回家了。

我以为兜兜又和爸爸打起来了，一问原因才知道，原来是兜兜在平衡车比赛中没得第一。

我想这多大个事儿呀？至于哭成那样吗？

我刚要劝导，兜兜爸爸突然给我使了个眼色，我把话哽在喉咙里，没说出来。

晚上等兜兜睡了后，到了我俩每天研讨教育理念的时间。

我问兜兜爸爸：“刚刚我想劝兜兜来着，你怎么不让我说啊？”

他说：“你肯定想说，不是第一没什么不好吧？”

我说：“对啊。”

他说：“我觉得你不应该这么去说，这个年龄的孩子，认真和要强是好事。他必须有想得第一的心，不然以后没有目标和追求，浑浑噩噩的，你更着急。至于放平心态，我们用日常的态度去影响他就行了！”

我当时觉得他说得有道理，直到今天我看了一本关于心理学的书，里面正好提到了成就动机这个概念。

成就动机是指一个人试图追求和达到目标的驱动力，各人的成就动机不尽相同，每个人都处在一个相对稳定的成就动机水平上。

阿特金森认为，人在竞争时会产生两种心理倾向：追求成就的动机和回避失败的动机。

成就动机是人的心理中稳定的特质，个体记忆中存在着与成就相联系的愉快经验，当情境能引起这些愉快经验时，就能激发人的成就动机欲望。

成就动机强的人对工作学习非常积极，善于控制自己，尽量不受外界环境影响，充分利用时间，工作学习成绩优异。

人的活动总是指向一定的目标，总是力图在某些方面取得成就的。

孩子在很小的时候，求胜心比较强，跑步不得第一会哭，玩具拿不到最好的会哭，这样的行为通常被我们称为：要强。

孩子这种天生的好强心一定要加以呵护。

一个好强的孩子，愿意付出足够的努力去赢得胜利，未来的人生更容易成功。

在克服障碍和困难的过程中，成就动机能让人表现出极大的韧性和毅力，不达目的决不罢休。

我看过很多名人传记，发现每个成功人士都有一个特点——好胜心强，就是说他们都有非常高的成就动机，做的很多事其实和金钱没太多关系，他们只是希望把事情做好。怀着没有私心杂念的态度去做事，自然能克服很多挫折，面对失败的时候也不会气馁。

比如新冠疫情中的抗疫英雄们，出征之前没人想过回来之后我能得多少奖金、多少荣誉，他们想的是把老百姓的病治好，这是作为医生的职责。

其实，如果我们的成就动机很高的话，当我们克服困难，毫无杂念地把事情做好时，钱和地位自然就来了，不需要去争。

成就动机具有多级性，在幼儿、儿童、青少年、成年及至老年等不同时期，会呈现出不同情况。

儿童幼小时，言语学习、生活自理 、游戏等是主要活动，他们的成就动机就表现在努力做好这些事情上；入学后的儿童主要活动是学习，取得优良学习成绩是他们成就动机的主要目标；青少年时期，成就动机逐渐复杂化，除了追求好的学习成绩外，也追求文娱、体育、团体活动上的成功；至于成年人和老人，追求的是在劳动、工作、学术等方面有所成就。

当我们的孩子对学习和活动有高度的成就动机时，请家长们认真呵护。

天使童声合唱团的日常管理经常出现一些问题，有的孩子怕迟到，迟到就没有团里的邮票。可是家长说，不就迟到一次，没什么大不了的。

遇见刮风下雨时，家长懒得送孩子，干脆请一次假，感觉也没什么大不了的。

我有时和家长说，我们并不是不可以迟到、早退、不回课，按说合唱这种活动迟到和早退没什么大不了。可我们传达给孩子的做事态度就是“没什么大不了的”“无所谓”，孩子未来可能会对什么事都无所谓，就损伤了孩子的成就动机。

如果我们连续几次请假不来，可能孩子就没了心气，这个科目就不用学了。可怕的就是当孩子养成了这样的习惯，就会形成心理的破窗效应，人生将面临越来越挫败的结局。

人的成就动机是整个动机体系中的一种，它与求知、自我提高、创造以及赞誉、遵从、归属等动机交织在一起，相互渗透，相互作用。

成就动机高的人，会最大程度地激发个人的主观能动性，主动克服困难。

孩子的认真是上天赐予的礼物，孩子的成就动机是促使他们成功的原动力。

如果孩子天生认真，那就请呵护好那份纯真的成就动机。

如果不是，就耐心地培养他们的成就动机，教会他们根据成就、胜利、成功来考虑问题，承担个人责任，适度冒险，做一个成就动机高的人，也做一个有高成就的人。

06

“天使”到底做什么

很多人问我，天使童声合唱团到底想做什么？

这个问题也曾困扰过我，现在我已找到答案：“天使”只想做自己。我们从没想过代替谁、超越谁、否定谁、赢了谁。我们唯独想做的，就是做好自己。

我一直认为，这一辈子能把“老师”这两个字做好了，能把“老师”这个职业做明白了，就很不错了。“天使”在成长道路上遇到过许多坎坷，也遇到过形形色色的人。我们一直感恩的是，我们的同路人越来越多。

仅仅为了懂我们的人，爱我们的人，我们也要努力奋斗。

无为而治一直是“天使”的座右铭，我们不把时间和精力花在不值得的地方，我们更愿意把时间和精力花在专业上，花在孩子身上。

只有让孩子得到真正的成长，才是老师最重要的事情。教育是一个慢的过程，我们相信，总有一天，“天使”的孩子们会给我们最佳的答案。

疫情给过“天使”很大的打击，疫情最严重的时候，我问乐乐老师：“‘天使’能扛多久？”

他说：“两年。”

我说：“好的，那就两年，我不信疫情两年都结束不了，我要利用在家的时间做更多的事。”

疫情给我们提了一个醒，我们要努力奋斗，开疆扩土，用我们的资源和能力做更多的事。我们更加努力，让全世界的人爱听“天使”唱歌。

前段时间，我妈特别郑重地跟我说:“芳芳，妈给你一套房，保证你的团不行的时候，能给家长们退钱。”我说:“妈，你放心吧，我和兜兜爸爸说好了，如果真扛不住了，我们卖自己的房子。”

“天使”已经经营8年,这8年是用老师们的血汗换来的,如果真的扛不住了，我也得跟创业遇见坎坷那次一样，拿着钱，开着车，挨家挨户把钱给人送回去。

然后告诉大家，信得过芳芳的，等我东山再起的时候，您再让孩子回来。

我对自己有两条要求:第一，不能坑人家钱，这是祖宗教给我的道理;第二，不能亏跟着我的老师，人家是豁着家庭幸福跟你打拼的。

我相信只要有一口气在，我就能翻身。

好在一切都好，“天使”依然是那个“天使”。

今年的招生最难。老师们总结了几大难点：一是疫情，各行各业的人都在失业和赔钱；二是不能和新的家长面对面沟通和交流，没办法让大家了解“天使”;三是老师们说，没有芳芳老师的讲座，家长们的信任度不会太高。

可就在这样的情况下，“天使”的招生也比往年火爆，比去年翻了一番。我在教师群里发了好多截图，都是妈妈们爸爸们给他的亲戚朋友甚至是朋友的朋友在做推广。

我们不孤单，我们不是一个人，我们是好几百人的大集体，温暖的集体。

这么多爸爸妈妈的恩情怎么回报?

空闲时，我总幻想有一天孩子们长大了，而我和妈妈们老了，我们依然是最好的朋友，每天一起家长里短地谈天说地，说说孩子，说说孩子的孩子，聊聊当年他们成长的各种趣事，等着远在他乡的孩子们有空回来看看我们。

每当想到这样的画面，眼泪总不自觉地流下来。

世界上的事有很多，有意义的却不多；世界上的职业有很多，能像老师这样有幸福感的不多。好在，我为自己选择了一条最幸福的路。

很多人都喜欢拿“天使”和其他团队比较,我们“天使”不喜欢这样的方式，因为我们更懂得“天使”的独一无二。

队员小悦的妈妈在来信中对天使童声合唱团进行了系统总结。

> 依稀记得她一年级寒假前，穿着学校的运动校服，一件紫色的羽绒服外套，懵懵懂懂地到天使童声合唱团参加面试，好似是命中注定一样，偶然看到天使童声合唱团的介绍，进团第一节课就收到了圣诞节礼物，第一首歌学的是*You rise me up*，之后就是第一次集训。
>
> 转眼 6 年过去了，曾经那个自卑的“丑小鸭”，因为在合唱团这个大家庭里，变得羽翼丰满、自信乐观，我知道她收获了很多。
>
> **一个有精神的合唱团**
>
> 孩子进团这几年，不论参加演出还是录音，给我的感觉就是，老师对作品“精益求精”，一次次的排演中，孩子们学习到很多。
>
> 记得 2019 夏天，天使童声合唱团每周两天在世园会驻场演出，历时 4 个月，3040 人次参与，31 场驻场秀，每每想起那段时光，我和孩子都心潮澎湃。我觉得这就是“天使”精神，不管多少场演出，都认真完成好。
>
> **一个有情怀的合唱团**
>
> 如果你问我，孩子除了在这里学习合唱，还能获得什么？那我一定会和你说，老师不光管教授唱歌，还会把孩子思想品德、历史传承教育放在和教授演唱同样的位置。“天使”的备场的后台是安静的；“天使”走过的演出棚是整洁的。“天使”的孩子是有礼貌的，是孝敬父母的，是关心同学的。
>
> **一个有爱心的合唱团**
>
> 参加过天使童声合唱团很多公益演出，今年赶上孩子小升初，整理资料准备简历时，简历里很多跟着“天使”一起参加的志愿活动，“春蕾行动”、希望工程系列活动、松果公益等，每一次活动后，她都会和我分享公益的故事，记得有一次和来自大凉山的孩子们一起录制节目，她特别有感触，也更加珍惜现在拥有的一切。
>
> 2021 年，她到贵州黔西市定新小学支教，和那里的同学们同吃同住了一周，临走前的联欢会，演唱了天使童声合唱团和何沐阳老师合作的《梦

的溪流》，表达她对大山里的孩子们的祝福。

一个做专业的合唱团

入团6年，孩子的音乐专业素养提高了很多，进步很大。

她自己曾经在““天使”分享会”中说过，之前不认识那些密密麻麻的音符，老师让唱谱的时候她基本都在“摸鱼”，在“天使”老师的培养下，她的专业知识得到积累。如今，视唱对于她来说，就是手到擒来的本能，而且，她也在每周3小时的课程中，将一周学习的压力进行了释放，在音乐中找到快乐。

她曾经和我说过，她爱舞台，一上舞台就觉得自己充满了力量，看到镁光灯，就觉得眼睛里发光。

一个懂孩子的合唱团

这里有专业的老师，也有孩子们的朋友，老师和孩子打成一片，孩子们对他们有认同感，有了彼此的信任。

每周都能见到管理老师和班主任老师无微不至地安排孩子们的学习和生活，在这样的团体里，孩子们能发挥自驱力而不断进步。

每个学期期末前，老师们会和孩子们说，期末交考试成绩，平均分95分以上的会有奖励，分数进步较大的会有奖励。

当然，好的环境造就人，孩子在这样的集体中学习，发生了很大变化，担任学校班级的班长、合唱团团长、广播站组长，还取得三好生荣誉称号，等等。

人的一生，总要有一份自己专注的爱好，成就自己内心的一份满足和对自己的认可。她说从演出大团升到少年团，以后合唱团还要有青年团、成人团、老年团，反正要一直追随天使童声合唱团，直到团里不要她为止。

我很感恩遇到天使童声合唱团，也感谢自己当初的选择，教育孩子成长的道路上，“天使”陪伴，一路向前，让她成为那个眼中有光、心中有爱的少年。

07

2020 年“天使”首演

2020 年注定不平凡，新冠疫情突如其来，给很多活动按下了暂停键。就算用最快速度控制了疫情，对每个“天使”人来说，也像经历了几个世纪一样漫长。

这一切在昨天结束，“天使”拉开 2020 年线下第一演的序幕，接受中央电视台《回声嘹亮》庆祝反法西斯胜利 75 周年大型文艺晚会邀请，录制演唱歌曲。

昨天我们一行 20 人来到中央电视台，参与了拍摄任务。

孩子们有大半年的时间都没见面，也没聚在一起演出，能参加演出，心情都很激动。我也很激动，但我了解每个孩子的心情和状态，演出前，我在群里给孩子们提出严格要求，在央视门口集合时，希望孩子们保持“天使”的修养和素质，不要大声喧哗，不要扰乱秩序。

我给孩子们买了很多好吃的，谁爱吃巧克力，谁爱吃大白兔，我都了如指掌。感觉自己像个很久没见到孩子的妈妈，想把整个超市都搬空。

到了央视门口，下车时，我发现孩子们整整齐齐地排成两行。他们也在聊天儿，也在说话，但每个人的声音都很小很轻，没影响到其他的人。

见到我，孩子们像小鸟一样飞奔过来。我挨个儿和孩子们拥抱，此刻的心情真的像昨天的天气一样晴朗，我手里的东西也被孩子们抢着拿走了。

我挨着看每一个孩子，半年不见，他们都长高了很多。

他们排着整齐的队伍走进央视大院，我有些泪目，想起他们曾经背着小书包无数次走进这个大院，怎么忽然就长这么大了？

我忽然想起《乡愁》:“我的思念就像是一根长长的线，我在这头，孩子们在那头。孩子们的变化牵动着我的心，我对他们的爱像一张离程的车票，你们在世界的这头，我在世界的那头，渐行渐远的身影揉碎了妈妈牵挂的心。”

难怪小鸣妈妈打趣地跟我说:“疫情过去了，我们该把孩子还给你了。”

孩子们保持着“天使”的老传统，提前进入央视大厅。

我依然不忘嘱咐孩子们:“我们马上进入央视大厅了，大厅很高，很拢音，你声音稍微大一点儿，就会影响其他人的工作，所以请每个同学安静，保持低音状态，不要影响其他人。”

孩子们安安静静地走进大厅，来到了我们熟悉的工作环境，他们轻车熟路，坐在央视大厅的小凳子上。没等我说话，就自觉地拿出书，低头看书，我又看到了“天使”原本的样子，真的很开心。

吃饭时，孩子们来到央视的咖啡厅，大孩子们去领饭，然后发给所有同学。每个同学在领饭的同时，也领到一张湿纸巾。用湿纸巾擦完手之后，孩子们按老规矩，把湿巾纸留下来，目的是在吃完饭之后把桌面擦干净。

整个吃饭过程安静踏实，没有一点声音。吃完饭，孩子们自觉地把饭盒收起来，用湿纸巾擦干净桌面，然后把这一切扔进垃圾箱。先吃完的同学坐在原地不说话，等着其他同学。

做完这一切，总共用了不到半个小时。

直到夜里10点半左右，孩子们才入场。在台侧等候时间过长，有孩子悄悄说话。我提醒那几个孩子两三次，还有孩子没忍住。

我理解他们，毕竟很久没上台了，他们内心都激动。

我把孩子们悄悄带离了录影棚。来到楼道里，我说:“孩子们，知道我为什么把你们带出来吗?”他们知道芳芳老师不高兴了，低头不语。

我说:“我理解你们激动的心情。但我想说的是，作为演员，要有最基本的职业修养，其他人录制的过程当中，有任何一点声响，都会影响大家的工作和录制。因一个人的问题，要让所有人为你买单，这是演员最不专业的表现。芳芳老师想跟你们说，无论你们唱得多好，无论你们演得多好，无论你们多专业，可你们不注重细节，会被别人感觉很业余。我们不能因为一点点的细节小事，影响了整体的形象和状态。人生是由很多细节组成的，每一个细节都值得用心遵守和把控。所以孩子们，请你们注重细节，我们再进到影棚的时候，我希望看到不一样的你们，可以吗？”

孩子们纷纷点头。

昨天演出的时间非常紧张，我们没时间走台，就沿用之前演出的习惯，无论是否在舞台上走台，都先在台下认真练习几遍，便于尽快进入工作状态。

导演决定上台直接拍摄，孩子们自己走上台，灯光亮起的时候，我看到孩子们动人的面孔，看到他们眼里散发的自信的光芒，走队形的时候，没有一个孩子走错，状态非常完美。拍完一遍之后，我以为导演一定会说再来一遍，导演却说孩子们非常不错，一次过了，不用再拍了。我觉得兴奋，孩子们的表现确实无可挑剔，他们齐刷刷地给所有导演和工作人员鞠了一躬，大声说：“谢谢老师们。”

现场的所有工作人员都惊奇地抬起头。

总导演说：“我第一次听到演员跟我说谢谢，还有点不太适应呢。”我非常开心，这些大孩子们没有忘了“天使”的要求，没有忘记老师的嘱托。

昨天是疫情之后第一次线下演出，“天使”的哥哥姐姐们堪称楷模，他们没有忘记“天使”的要求，没有忘记“天使”的标准，为 2020 年开了一个好头儿。

孩子们用高标准、严要求打好了“天使”的第一仗，做到让所有人刮目相看。这就是“天使”的状态，这就是“天使”孩子应该有的状态，这就是“天使”的样子。

我希望接下来“天使”所有的演出，所有的活动都会是现在的这个样子。

这就是“天使”要培养出来的人，一个高修养、高素质、有专业精神的小演员。感谢孩子们的努力，感谢家长们的支持，我相信未来的“天使”一定是更美好的“天使”。

08
自律的孩子更成功

美国前总统西奥多·罗斯福说:“有一种品质,可以使一个人在碌碌无为的平庸之辈中脱颖而出。这个品质不是天资,不是教育,也不是智商,而是自律。”

很多人认为有一群人,有天生的神力,是上帝垂青的人。

其实,他们都是普通人,就像我经常和孩子们说,学习特别好的孩子,不是比你们聪明,而是比你们习惯好,比你们在学习上更自律。

谁都希望自己孩子能够懂得自律,那么这种品质该如何培养呢?

1. 给孩子充分的信任,让孩子从小学会管理自己

家长们对孩子多少都有些控制欲,认为孩子必须在大人的控制和监督下才能很好地完成各种任务。

对孩子来说,这其实是一种枷锁,束缚了孩子的发展空间,同时也影响了对孩子责任感的培养。

我们不妨开诚布公地与孩子谈谈做事的目的和要求,让孩子了解这件事做好了对他有什么益处,孩子会明确做事的目的,然后对自己提出要求。

家长试着信任孩子,告诉孩子,你相信她一定可以很好地践行自己设定的目标和要求。

把信任给孩子,孩子才能在心底激发出对自己人生的责任感,才能越来越独立和自律。

2. 着眼小目标，坚持才是硬道理

我们不能一步登天，所有的大成就都是由无数小成功堆砌而成的，一开始就给孩子描述特别宏伟的目标，只能让孩子觉得难以理解、遥不可及和高不可攀，无从下手。

想让孩子识字，先从一天认识 5 个字开始；学英语可以先从每天背 5 个单词开始；学习合唱先从每天练习 15 分钟开始……我们要根据孩子的能力，制定稍微踮起脚尖就可以够到的目标，慢慢坚持下去。然后再根据孩子的理解能力和承受能力逐步提升要求，但那一定是孩子自主确定的目标，而不是家长强加的。

学习和其他一切事都是从量变到质变，只要坚持，小乌龟也可以跑过小兔子。

3. 阶段性认可很重要

阶段性认可是指要正向肯定别人短时间内的工作或者学习成果。我们工作的时候，如果领导能发现我们短时期的成绩，加以肯定，一定会提升我们的工作热情，增加信心。

孩子也一样，我们要认可孩子的努力和进步，让孩子体会到努力带来的幸福。例如“天使”参与各种演出，目的之一就是给孩子一个阶段性的认可。演出不分大小，大到国家级舞台，小到在教室里给爸爸妈妈演唱，让孩子体会自己的努力被观众鼓掌认可的幸福，让孩子体会他们排练和回课所能得到的快乐和幸福，增强孩子们的自信和兴趣。

孩子在遇见困难和瓶颈时，我们不能让孩子放弃和逃避，而要勇敢面对。

习惯半途而废的孩子，性格里缺乏勇气和耐心，也缺乏基于自己的坚持和努力而获得的成功体验，这种孩子会缺乏自信。

4. 榜样的力量

榜样的力量无穷大，孩子的自律需要父母做榜样，如果父母都自律而勤奋，孩子一定会以父母为榜样，学会坚持和自律。

让我们从自己开始，成为一个努力而自律的人，为了孩子，也为了我们的幸福人生。

09

风雨过后见彩虹

2020 年春节，因为新冠疫情，整个世界像被按下了暂停键，大家不能聚会，不能串门，当人们沉浸在突如其来的惶恐时，天使童声合唱团大年初二就率先启动拍摄“天使”900 个孩子的虚拟云合唱项目。

别说孩子和家长，老师们都对这种方式和手法很陌生。

在家用什么设备、怎么统一标准、怎么做后期、怎么录音录像、怎么回课、如何修改……众多问题纷至沓来！

老师们一次次在云会议上商量分工，有的拍视频，有的做表格，有的拍照片。

要求发下去以后，全团家长们积极响应，孩子们纷纷拿起谱子，架上手机，学着拍摄视频。

第一波视频和音频很快便提交了，后期老师在群里把不合格的视频一个个打回来。有的孩子拍摄不清晰，格式小，有的孩子的视频拍摄抖动了，有的孩子视频角度不对，有的孩子脸都是黑的，看不清……

每天我接连不断地接到老师们家长们的微信和电话，有的孩子崩溃了，录了 100 遍还是不行，躲在墙角哭；有的家长崩溃了，跟老师说，“我们不录了我们放弃吧”；有的甚至是老师们扛不住了，说“太难了芳团”。

我和乐乐老师把儿子扔在姥姥家，我安抚老师们，兜兜爸爸挨个检查孩子们的视频。几百个视频提交上来，我们挨个看，每天都工作到深夜 3 点半。

连续奋战 10 多个日夜，900 个孩子的 MV 终于问世：我相信爱的光，相信美好在身旁；我相信心善良，相信你我的力量……孩子们的歌声萦绕耳畔，孩子们甜美的笑容绽放在镜头前，我相信所有的老师团员家长，都会感动流泪。

近千人的虚拟童声合唱也打动了数以千万计的网友，全网阅读播放量破亿。

这首歌曲的视频，被央视新闻客户端放在APP首页，滚动播放了一周，又被学习强国放在文化板块首页大图推送了一周。

这首作品获得了国际公益广告大赛金奖第一名的好成绩，当孩子们的视频出现在地铁和北京大大小小地标建筑的大展时，我们所有人都觉得努力没白费，一切坎坷都值得。

昨天晚上，我和海淀团周指挥聊起我们的虚拟合唱历程，她说了一段让我非常感动的话，她说："您可能无法想象这学期的云合唱给孩子们带来了什么。这种成长机会太难得，孩子们的成长真的是质的飞跃。"

"天使"从《我相信》开始，到2020年的6月为止，拍摄和录音的虚拟作品近15首。孩子们从之前的崩溃大哭，到后来的手到擒来，经历了难以形容的历练。就像指挥老师说的，这样的锻炼给孩子们带来惊人变化，家长们也变身优秀剧组成员。

爸爸们购置了专业的补光灯、背景布、麦克风；妈妈们给孩子们梳头化妆；老师们更是在一次次的锻炼之后逐步提升经验，总结出全套陪练方法。

在不能集结的疫情期间，"天使"可以在4天时间内完成虚拟合唱的录音录像后期过程。这种速度，让合作的导演和后期老师震惊。

5月，一场中宣部大型演出之前，导演组要在众多合唱团里优选，用云合唱的形式参加演出。我了解情况后，心里非常忐忑，我考虑很久，给导演打了一个电话，说："我给您打电话不是走后门，我们也从来不走后门。我只是想跟您说：'如果您想要找全国虚拟合唱做得最好的团队，非我莫属！因为我们的孩子们拍了6首虚拟作品，而且我们的6首作品已经在网上累计播放了3亿次。如果您需要一个特别能打硬仗的团队，我相信您选择"天使"是最理想的。'"

结果，“天使”用实力赢得机会，而孩子们和老师们的表现，以及提交视频的质量，被央视的导演组一致肯定赞扬。

我对此很欣慰，“天使”做的每一件事，“天使”的家人们付出的每一分努力，都会获得相应的回报。

迎接六一时，孩子们依然不能聚集，可演出邀约纷至沓来，为了不给孩子们、家长们、老师们增加负担，我们婉言谢绝了很多演出，甄选了最高级别的几场。

其中一场演出的导演跟我说：“芳芳老师，只针对虚拟合唱来说，如果您在全国说自己是第二，没人敢说第一！我们不会找任何人合作的，只有‘天使’。”

我想，世界上所有的成功，都没有太多捷径可以走，只要肯下笨功夫！我们“天使”的孩子家长和老师都是肯下笨功夫的人。

我跟周指挥说：“有时候遇见困难，我们扛过去了，会发现孩子和我们都成长了。咱们团的发展就是克服了一个个难以想象的困难以后成长的，想立于不败之地，就必须能做一般人做不到的事，能忍一般人忍不了的气，能付出一般人不能付出的苦！”

“天使”获得的一切，是靠“天使”几个月来日日夜夜的坚守，是“天使”900个孩子努力的硕果，是“天使”1800个家长的扶持，也是“天使”50多个老师的拼搏积累来的。

“天使”的成长，如同我们每个孩子的成长一样，只有努力扛过困难，才能破茧成蝶。没有扑火的勇气，哪有飞翔的力量？没有煎熬的过程，哪有成功的幸福？没有坚韧的意志，哪有不同寻常的成绩？成功的人没有特别好的运气，仅仅是比其他人更努力！

我相信爱的光，相信你我的力量，相信风雨过后有彩虹……一起期待再次见面的春暖花开。

“天使”会一如既往不忘初心，带领“天使”的几百个孩子，继续笨功夫积累法，用积跬步的精神，以至千里！

10

我心里的合唱（一）：展现爱与和谐的艺术之美

我从小在合唱团长大，浸润在合唱艺术里的时光是最幸福的十几年，也是奠定人生基础的十几年。

吴灵芬老师在我心里种下合唱的种子，而后又在我生命里生根发芽。

有人说“天使”的歌声在中国合唱历史上从没有过，有人说天使童声合唱团创造了教育的新业态，也有人说“天使”的发展速度前所未有，更有很多同行媒体想采访我，探索天使童声合唱团背后的秘密，搜索引擎里都有这样的问题：“天使”到底因何成功？

我想说的是，我们没有秘密，这一切源于我对合唱对教育的深刻理解。

很多人说，合唱不就是大家一起唱吗？

没错，合唱就是大家一起唱，但这是有非常专业的要求和技术含量的一起唱。

世界最知名的歌唱家在一起唱合唱，就是世界上最难听的合唱。

为什么？太个性化的声音，很难达到合唱的第一个要求——和谐统一。

和谐就是你中有我，我中有你；在合唱构建出的声音世界里，你就是我，我就是你。我们来自不同家庭，有不同个性，有不同经历，但我们努力让歌声融为一体，让情感产生共鸣。合唱中，没有我，只有我们。

这要求合唱者必须是心中充满合作精神，充满奉献精神的人。

合唱要求每个参与者声情统一，没有心理上的同频共振，声音很难融为一体，这早已超越了技能技巧和专业范畴，是精神层面的共融。

这是一种贴心温暖的感觉，每个合唱团员的关系就像是和声一样，相互依存、相互支撑、相互配合，有时你是我的眼睛，有时我是你的嘴巴，有时你是我的心，有时我是你的灵魂。我们有一个共同目的，就是一起演绎一首作品。

当我们完美呈现一首作品时，所有参与者都会感觉到幸福、快乐、放松和满足。这样的感受，只有经历过合唱的人才能切身体会。

在合唱里，我们看不到大汗淋漓的追逐，看不到刀光剑影的战斗，看不到紧张刺激的赛事，但歌声让我们的心贴得更近，我们会为彼此的声音做铺垫，为伙伴的成就而欣喜。合唱，是灵魂和情感的交织。

合唱团里长大的孩子，懂得如何将自己融入集体，拥有成就他人的格局，懂得欣赏他人的优势。一个有着博大胸怀，懂得成就别人的孩子，未来一定有非凡成就。

“天使”的老师有共同特质，心里都充满爱和阳光，他们爱生活、爱孩子，更爱合唱。无论唱什么作品，“天使”的老师必须让孩子懂得这首歌曲的创作背景和情感表达的含义。我一直固执地认为，演唱一首特别复杂的作品并不难，难的是把一首非常简单的作品唱出感情，打动人，这才是艺术创作，而非卡拉OK。

艺术源于生活，为了表达内心情感而产生，那么它必须要回到生活。没有情感基础，艺术就不能称之为艺术，只是满足利益或者虚荣心的工具。艺术家必须有生活、懂生活，才能创造艺术。

合唱指挥不是普通职业，不是唱两句歌，打个拍子，就能当指挥。合唱指挥是一个感情博物馆，必须对艺术有深入的热爱和理解，情感敏感而细腻，对人文、对历史、对社科广泛涉猎。

艺术作品源于不同的社会历史背景，没有上述那些，指挥怎么完美诠释和理解一首作品？指挥不是教唱歌的，是帮助合唱团处理作品的艺术家。

优秀的指挥就是一支热爱音乐的火把，带着一群被他点燃的小火苗，用歌声燃烧听众的心。然而这一切，源于一个字：“爱”！

11

我心里的合唱（二）：体现纯粹与包容的人文之美

童声合唱最重要的是干净。想让声音干净，孩子的心里必须干净，这种干净，源于教育者和教育环境的影响。

很多艺术培训为了迎合市场，迎合大众口味，吸引眼球，让孩子的声音成人化，的确吸引了不少关注，但作为艺术教育工作者，我不认同。

不是说这种声音不好听，只是孩子的声音需要的是干净、纯净，孩子没被社会的乌烟瘴气浸染，心灵最是真善美，这种美好，在一个人的一生中仅保存这几年。想学成人的声音，长大后有的是机会，但是再想回来唱童声就没可能了。

让孩子用成人的方法唱歌，就像给名贵小提琴染廉价油漆，丧失了本身高贵的气质和应有的价值。

孩子的声音必须清新脱俗，不沾染烟火气，犹如天籁。

而若想拥有这种干净的声音，要求孩子和老师都得有纯净的灵魂。

我们在合唱团的运作中，努力摒弃一切社会上不好的东西，坚守初心，不为世俗功利所打动，不屈服于利益价值。像抽丝剥茧一样，去粗取精，小心翼翼地把最美的、最理想的、最纯净的东西捧到老师和孩子们面前，不让他们带有一点瑕疵和世俗气息。

让他们活在理想世界吧！让他们变成仙子吧！

老师们和孩子的心灵世界不容亵渎，我经常跟老师们说："你们就保持童心和热情，生活的事交给我吧。"看到孩子们的纯净的眼睛，听到孩子们干净的声音，看到老师们因感动流下的泪，我总能想起丰子恺先生的话：我的心被四件事占据，天上的神明与星辰，人间的艺术与儿童。

合唱是你中有我我中有你，每个声部无法替代。

低声部像大树的根，扎在土里，越深越稳定；中声部像大树的身体，足够结实才能支撑最美的树冠；高声部像美丽的树冠，但是没有其他声部的支撑和配合，就成了浮云，飘忽不定，单薄无助。

每个人的声线生而不同，但上天赋予每一个人唱歌的权利，合唱就是包容不同人声特点的最宽容的艺术形式，让每个人的声音都有出色发挥的音区，让每个人都能享受歌唱。

很多音不准的孩子因合唱提升音准，很多羞涩腼腆的孩子因合唱变得活泼开朗，很多缺乏勇气的孩子因合唱找到快乐。

和谐的和声能给人温暖和舒适感，在享受和声的过程里，孩子们感受到小伙伴的团结、融合和接纳，进而提升安全感。被安全感包围的孩子性格开朗，整个人生充满阳光和歌声。

前两天，小雨妈妈家里有急事，需要找人帮忙，群里好多认识的和不认识的妈妈都伸出援助之手，帮小雨妈妈解决难题，小雨妈妈极为感动。

现在社会中，还能有一个集体，有人出现问题或需要帮忙时，所有人都能伸出援手的不多见了。

这就是合唱的魅力！“天使”的妈妈感受到了孩子们的感受。

我希望，天使童声合唱团就是一个平台，让所有人找到幸福和快乐。

为了这个目标，“天使”人将不忘初心，砥砺前行。

12

人生处处柳暗花明

因为疫情，很多人暂停了工作，比如说我；很多人因为孩子没法上学而焦虑不安，比如说可爱的妈妈们；还有家长的孩子处于毕业年级，孩子的去向不尽如人意而沮丧。

知道大家心情不太好，我给大家讲个小故事吧。

从前有个国王，每当有什么大事，国王都请教丞相，听听他的真知灼见。

有一天突然下雨，国王外出计划受阻。

国王问丞相："这场大雨下得好不好？"

"好！大雨一过。街道干净清洁，空气清新。国王您可以享受雨过天晴的美妙景物，又可深入民间巡视民情。"

国王听了很高兴。

有一次，国王又要外出巡察，天气炎热，国王汗流浃背，便问丞相："这样的热天，出门好不好？"

丞相不假思索地说："好！这样的天气是印度近日少有的，国王出巡，会更了解我国人民在这种天气下到底在做什么。"

国王觉得有道理，高兴地出门。

这位国王与丞相都有个共同的嗜好：打猎。国王每次打猎，只许丞相相伴。有一次，国王在检查猎器时，不小心被猎器斩断一截拇指，赶忙询问丞相："我的拇指被斩了一截，好不好？"

"好。国王陛下。"

国王满腔怒气，认为丞相落井下石，下令将丞相关起来。

国王到了牢房，对丞相说："你被关在牢房里，好不好？"

“好。很好！”

国王被气坏了：“既然你认为好，就在这儿住几天吧！”说完，生气地走开了。

两天后，国王的“打猎欲望”发作，想出去打猎，又碍于面子，不想释放丞相，只好单独骑马走了。丞相熟悉地理环境，时常凯旋。国王单独打猎时，一根兽毛也没捞到，他很不开心，骑马四处寻觅。

等太阳下山，飞鸟回巢，国王也累了，便下了马，牵着马儿往前走。

国王发现周边环境非常陌生，心想：“我一定是迷了路。”

突然，国王不小心跌进捕捉动物的陷阱，陷阱很深，国王三番四次地往上爬，都失败了。没过一会儿，一阵脚步声越来越近，国王高兴地呼救：“救命啊！”

国王被救了出来，不过，那些是邻国食人族的人，他们将国王带回部落。食人族上下皆大欢喜，围着国王歌舞。国王被绑在十字架上，脚下堆积着木柴，土人们准备点火，吃人肉。

仪式开始，酋长指示众人坐下，一名巫师开始祭礼，把清水喷在国王身上，逐步检查国王的身体部位，检查到国王的手时，低声感叹，不断摇头叹息。众人不知所以然。

巫师说：“我们族人只吃完整的动物，他的拇指断了，是不祥物，我们不可以吃他！”

酋长赶去查看，发现国王的拇指果然少了一截，下令放走国王。

国王劫后余生，拣回一条性命，非常激动，赶回国都的监牢拜见丞相，抱着这位“恩臣”哭了起来。

“我终于明白你为什么说我的断指是好事，它救了我一命，我错怪了你！”国王说，“我把你关了十多天，好不好？”

“好。很好！”

“为什么？”国王不解。

“陛下如果不把我关进监牢，我一定随从你去打猎，会一起被食人族抓去。您可以因为断指而保全性命，我却必死无疑，因为我很完整啊！”

国王茅塞顿开，领悟了一个真理：每件事都有两面性，是好是坏，在于自己。

这是我很多年前看的故事，对我影响深远，曾给很多朋友讲过，让很多朋友放下执念。

那个选择不去重点中学的孩子

我再讲一个真实的案例，一个朋友的孩子在重点小学，成绩中上等。

她是老师的孩子，有机会被分配到重点中学，但我那个朋友选择了一个中上等的中学，大家表示不解。

她说:“我闺女去了重点中学，成绩基本处于末流，跟不上，会损伤她的自尊心，不如去一所普通学校当一个好学生。而且我闺女的兴趣是美术，普通学校的学业压力没那么大,孩子当个名列前茅的孩子,还有时间培养特长,何乐不为?”

果然如她所料，女儿的学习很好，受到学校老师的各种表扬和重视，由以前小学的中等生一跃变成最棒的孩子，以优异成绩考上中央美院，又从中央美院考上国外知名的艺术大学。

归国后，事业风生水起，成了知名的饰品设计师，服务于全世界前几名的奢侈品公司。

如果她当年去了所谓名校，不敢想她的出路和未来会怎么样。

孩子能否去重点中学,不足以决定孩子的人生走向,我曾听很多妈妈碎碎念,说孩子考不上好中学就上不了好高中，进不了好大学，这辈子就完蛋了。

马云毕业的学校名不见经传，但也培养出了改变世界的企业家，有时换一种角度想问题，也许我们能看到柳暗花明。

孩子没去理想的学校，没准不是坏事，可能更能让孩子有自信，更有时间发挥特长。

我们必须相信，优秀的孩子走到哪里都优秀。

有的妈妈说，普通中学的孩子学习氛围不好，会影响孩子，那我们就锻炼孩子的抗干扰能力吧，在这种氛围里都能保持学习，未来一定不会差。

积跬步的精神，以至千里！

抓住机遇 积蓄能量

2020年的新冠疫情给全世界造成了极大损失，很多人失去赖以生存的工作机会，很多人抱怨，很多人抓狂，如果我们利用这个时间修炼内功，积蓄能量呢？

疫情改变了世界格局，之后很多行业要洗牌，利用这个机会，进行后疫情时代的布局也是不错的选择。

2019年，“天使”有146场大型演出，老师和孩子没时间修炼自己，虚拟合唱的形式被“天使”引入国内很多年，但我们一直没机会和时间去打造和实践。

疫情给了“天使”机会，我们就利用这个机会，充分锻炼队伍。

现在，每当我拿出“天使”在疫情期间的作品给合作伙伴看，导演们、艺术家们、音乐人们都竖起大拇指说:“‘天使’真牛！”

我之前没时间和妈妈们聊天，讲解“天使”的教育理念，梳理“天使”的教育故事，这一切在疫情期间全都实现了。

我深入结交了几百个“天使”一样善良的妈妈，得到了妈妈们对“天使”的支持和信任，感恩上天给我一段这样的时间，让我认识这么多可爱的朋友。

疫情期间，“天使”的老师们没一个人懈怠，利用各种机会充电，在腾讯会议上教研交流、写总结、学习各种软件、设计线上活动，和每个小朋友，还有家长们聊天谈心。

没有这样的时间和机会，我怎么能看到不离不弃、忠于职守的好伙伴呢？

我们还看到公司未来的发展方向，用多种渠道打造未来世界，才能让“天使”立于不败之地。

我和乐乐老师在妈妈们热情的帮助下，探索多种经营渠道和方式，并已把两年前对“天使”的设想变为了现实。

没有能力的公司在疫情期间倒闭破产，自怨自艾，有能力的公司在疫情期间艰苦奋斗，不忘初心，默默布局。

疫情过后，“天使”将以崭新的面貌出现在大家面前，“天使”将站在无可撼动的艺术教育的最前沿。

去年的忙碌让我没时间照顾儿子，在孩子的敏感期，错失了很多陪伴；我也没时间和父母聊天，错过了很多尽孝的机会；我也没时间和兜兜爸爸相互聊天、相互温暖，疫情的困苦反倒给了我们更多相处机会，更加惺惺相惜。

这是疫情带来的机遇，我倍加珍惜。

无论今天风雨多大，我相信希望就在不远的前方，努力的人自带光芒。

就让我们带着爱眺望，雨后天空更漂亮。

梦想就在不远的远方，伸手就能抓住星光，在那百花盛开的地方，迎面扑来幸福的香。

我想起丰子恺先生的一幅画，叫《跌一跤且坐坐》。

换个角度，我们会变得幸福和满足；换个方式，我们会感恩生活赐予的经历。

无论是个人还是公司的成长，都不可能一帆风顺，天将降大任于斯人，偶尔的困苦磨砺是上天给我们的考验。

丰子恺先生说:“天与我，相当厚；感恩一切遇见；你若爱，世界哪里都可爱。”

人生到处柳暗花明。

积极成就小结

人生的成功是由一个又一个小成就累加起来的，也就是积极成就中的“小步子法则”。“小步子法则”简单来说，就是在改变的道路上迈出小小的一步，获得一个小小的成功，让每一次的小成功，成为下一次改变的基础。

但需要注意的是，“小步子法则”的重点不是结果，而是要让你采取此时此地的行动。而“小步子法则”的核心，就是让你专注到当下你能做的事情上，至于这个事情能不能带来你想要的结果，这不是你能控制的。因此，也不需要你去关注。

由此可见，“小步子法则”的核心是专注于当下。

有一个“专注于当下”的故事是这样讲的：

从前，有一个老和尚带着一个小和尚下山去化缘，他们回到山脚下时，天已经黑了。

小和尚看着前方，担心地问老和尚：“师父，天这么黑，路这么远，山上丛林密布，还有悬崖峭壁，我们只有这一盏小小的灯笼，怎么才能回到家啊？”

老和尚看看他，平静地说了三个字：“看脚下”。

这个故事就告诉我们：不要去妄想控制自己无法控制的未来，而是从脚下可行的一小步去开始自我的发展。

“千里之行，始于足下。”

后记

结婚后，二人世界过烦了，总幻想能有个孩子，想的都是三个人牵手走在沙滩上的背影，三个人坐在地毯上一起看书的惬意，三个人在休息日里一起做家务布置房间的温馨……美好的画面充斥着每个妈妈的大脑，而这些美好的画面几乎像魔咒一样一步一步引领着我们下定决心做一个母亲。

怀孕的欣喜带给我们幸福的憧憬，然而前三个月的食不知味、夜不能寐把我们每个人折磨得骨瘦嶙峋。

不过最难熬的还是每天晨起时的呕吐打卡，曾有个妈妈跟我说："我刚怀孕的时候吃什么吐什么，吃三个豆包吐三个豆包，后来都吃五个豆包，还能赚两个。"三个月的孕初期反应后，还有接连不断的孕期高血压、妊娠糖尿病。我以为那是不用担心减肥的时刻，一定要过足嘴瘾，想吃啥吃啥，结果却是，啥都吃不下，啥都不敢吃。

难熬的孕期过去，终于闯过生死关，生了宝宝。生他的时候被痛苦折磨得反复发过几百次誓言，这辈子就要这一个，绝不再生！但是当看到宝宝那粉嫩的小脸和肉嘟嘟的小手，眼泪瞬间涌上眼眶，不管孩子刚生下来的时候多难看，都认定自己生了一个世界上最好看的宝宝，怀孕和生产的痛苦忘得一干二净。

我们以为终于完成任务了，其实一切刚刚开始。

孩子3岁前，妈妈们没有睡过一个整夜觉，喂奶、把尿、盖被子……折腾一夜，好不容易闭上眼，天亮了，孩子醒了，张嘴闭嘴要妈妈。

于是，揉着惺忪的睡眼陪孩子玩，喂孩子吃饭，等孩子吃完，自己的饭早就凉了。中午孩子睡了，自己困得不行，忽然发现家里的卫生还没做，等收拾完卫生，孩子醒了，继续陪玩……

每天的安排除了睡觉和三餐这种必备项目，亲子阅读、亲子游戏、亲子谈话……都是妈妈的“亲子项目”。

晚上哄睡肯定是每个妈妈的心头苦，各种好言相劝，用尽连哄带吓的手段，好不容易要哄着孩子睡着了，爸爸推门进来问一句：“睡着了吗？”妈妈没来得及回答，孩子一骨碌爬起来说：“还没呢。”妈妈心情像即将喷发的火山。

鸡飞狗跳的日子过了几年，想着孩子大了，能省点心了吧？可是又开始每天辅导学习的日子，语文、数学、英语……加上孩子的兴趣爱好，钢琴、合唱、芭蕾舞……每个老师都有各种练习和作业，算计着孩子的时间，一项一项完成。

还有语文的板报，英语的打卡，奥数的练习，艺术课的回课，孩子没学会，每个妈妈却三十六般武艺门门精通！

孩子的小升初、中考、高考，再长大了就是找工作、买房子、找对象，妈妈们每天活在各种焦虑里。

有事业的妈妈，除了把孩子照顾好，把家庭管理好，还要照顾老公，孝顺好老人，工作忙的时候，妈妈们说得最多的一句话就是，“你等一下，妈妈马上就来！”

超人妈妈们最大的幸福时光就是每天孩子们睡觉以后的时间，别管多晚，总不舍得睡。只有这个时间是属于自己的，哪怕坐在电脑前发呆也好！最轻松的时段就是孩子们去上学了，只有这个时候我们才有可能想想自己……

时光在一个个相似又忙碌的日子里飞逝，每个妈妈都在这样忙碌的时光里变身成为超级妈妈！儿子给我的评价就是：“我妈妈就是一个超级妈妈！她什么都会，什么都不怕！”每个超级妈妈虽然辛苦、虽然忙碌、虽然烦恼、虽然焦虑……可用不了几年，我们又在想着，再要一个宝宝吧，家里就一个孩子，太孤单了！二胎政策放开的一刹那，“健忘症”妈妈们又前赴后继怀上了二宝。于是，大的闹小的哭，家庭交响在很多个家庭里奏响了全新乐章。

生活就是这样，我们忙碌着、抱怨着，也享受着。带孩子的辛苦会被孩子的一声“妈妈我爱你”化解得灰飞烟灭，生活的艰辛会被全家聚会的欢乐冲刷得无影无踪，委屈的泪水会让孩子成人后美好的幻想冲击得烟消云散！

我们每天拉着大的哄着小的，像上紧了发条的表，不停地低着头转动着、奔跑着！当我们偶尔停下脚步时，看到的已是孩子们渐行渐远的身影，和自己日渐衰老的容颜。

妈妈，月光之下，
静静地，我想你了。
静静淌在血里的牵挂。
妈妈，你的怀抱，
我一生爱的襁褓，
有你晒过的衣服味道。
妈妈，月亮之下，

有了你我才有家。

离别虽半步即是天涯。

思念，何必泪眼，

爱长长，长过天年。

幸福生于会痛的心田，

天之大，

唯有你的爱，是完美无瑕。

天之涯，

记得你用心传话。

天之大，

唯有你的爱，我交给了她，

让她的笑像极了妈妈……

在一年中最美好的五月，静静地坐下来，短暂地休息一下，聆听孩子们唱给我们的歌："妈妈有了你，我才有家，离别虽半步即是天涯……"让孩子们用最真诚的歌声送给"天使"的每一位超人妈妈，希望每个超人妈妈都能幸福快乐！我相信，当我们听到孩子们的歌声，每个妈妈都会感觉，为了孩子，为了这个家，操劳一生，变身超人妈妈，是我们最大的幸福！

做有温度的事，唱有感情的歌